2025年度版

富山県の
保健体育科

過 去 問

協同教育研究会 編

協同出版

本書には，富山県の教員採用試験の過去問題を収録しています。各問題ごとに，以下のように5段階表記で，難易度，頻出度を示しています。

難 易 度

非常に難しい　☆☆☆☆☆
やや難しい　☆☆☆☆
普通の難易度　☆☆☆
やや易しい　☆☆
非常に易しい　☆

頻 出 度

◎　　　ほとんど出題されない
◎◎　　あまり出題されない
◎◎◎　普通の頻出度
◎◎◎◎　よく出題される
◎◎◎◎◎　非常によく出題される

※本書の過去問題における資料，法令文等の取り扱いについて
　本書の過去問題で使用されている資料や法令文の表記や基準は，出題された当時の内容に準拠しているため，解答・解説も当時のものを使用しています。ご了承ください。

はじめに～「過去問」シリーズ利用に際して～

　教育を取り巻く環境は変化しつつあり，日本の公教育そのものも，教員免許更新制の廃止やGIGAスクール構想の実現などの改革が進められています。また，現行の学習指導要領では「主体的・対話的で深い学び」を実現するため，指導方法や指導体制の工夫改善により，「個に応じた指導」の充実を図るとともに，コンピュータや情報通信ネットワーク等の情報手段を活用するために必要な環境を整えることが示されています。

　一方で，いじめや体罰，不登校，暴力行為など，教育現場の問題もあいかわらず取り沙汰されており，教員に求められるスキルは，今後さらに高いものになっていくことが予想されます。

　本書の基本構成としては，出題傾向と対策，過去5年間の出題傾向分析表，過去問題，解答および解説を掲載しています。各自治体や教科によって掲載年数をはじめ，「チェックテスト」や「問題演習」を掲載するなど，内容が異なります。

　また原則的には一般受験を対象としております。特別選考等については対応していない場合があります。なお，実際に配布された問題の順番や構成を，編集の都合上，変更している場合があります。あらかじめご了承ください。

　最後に，この「過去問」シリーズは，「参考書」シリーズとの併用を前提に編集されております。参考書で要点整理を行い，過去問で実力試しを行う，セットでの活用をおすすめいたします。

　みなさまが，この書籍を徹底的に活用し，教員採用試験の合格を勝ち取って，教壇に立っていただければ，それはわたくしたちにとって最上の喜びです。

協同教育研究会

C O N T E N T S

第1部

富山県の
保健体育科
出題傾向分析

富山県の保健体育科　傾向と対策

　2024年度は，例年と同じく中学校・高等学校の共通問題であり，出題形式は語群選択による記号補充問題，記述式による適語補充問題，記述説明問題の形式で出題された。

　大問は8問である。運動種目は大問1問(小問15問)，体育理論は大問4問(うち1問は学習指導要領とダブルカウント)，保健は大問1問，学習指導要領は大問3問が出題された。また，上記の大問数に含まれるが，時事的な問題として官公庁から出されている資料から，保健や体育理論に関わり大問2問が出題されている。

　体育と保健の全領域から出題されているので，教科書や学習指導要領の内容を十分に理解するとともに，幅広く豊富な知識・理解が求められる。体育理論に関わって7年間連続して，行政の施策や体育・スポーツに関わる時事的なトピックに関する問題が，空欄補充や記述説明の形式で出題されているのが特徴的である。一つ一つは難問ではないが，着実に学習を進め，幅広く知識を身に付けておくことが肝要である。

■学習指導要領

　学習指導要領については，中学校から大問2問，高等学校から大問1問と小問で1問の出題であった。中学校は，「F武道」の抜粋が記述式による適語補充問題(小問8問)，「H体育理論」の「内容の取扱い」の抜粋が語群選択による記号補充問題(小問10問)として出題された。高等学校は科目体育の「目標」の抜粋が記述式による適語補充問題(小問8問)として，また小問で「A体つくり運動」の内容について1問出題された。

　対策としては，学習指導要領解説の総則や改訂の趣旨，保健体育科の目標，各領域の目標及び内容，指導計画の作成と内容の取扱い，その他の総則に関連する事項等について，各校種とも精読して，十分に理解をしておくこと。

■運動種目

運動種目については，例年どおり15種目から出題された。①水泳：ルール，②テニス：ルール，③サッカー：ルール，④陸上競技：ルール，⑤卓球：ルール，⑥ソフトボール：ルール，⑦器械運動：技の分類，⑧バドミントン：用具の名称，⑨剣道：ルール，⑩ラグビー：ルール，⑪ハンドボール：ルール，⑫バレーボール：ルール，⑬柔道：ルール，⑭バスケットボール：ルール，⑮フォークダンス：技術用語，のように各運動種目につき小問1問ずつの幅広い出題であった。⑮の問題が2023年度のゴルフから2022年度のフォークダンスに戻っただけで，2023年度，2022年度と出題順も同じで，出題内容もルールと技術用語に関する変更程度でほぼ同様の出題であった。なお，2023年度には運動種目の成り立ちとして考案者名や歴史的背景なども出題されている。

対策としては，保健体育の実技の副読本や各競技団体から示されているルールブック等の活用が考えられる。ルールについては改正されることがあるので，最新の内容を確認すること。

■体育理論

体育理論については，2024年度は大問2問の出題で，2023年度と同じであった。問題文の説明から，「スペシャルオリンピックス」，「オーバーロード(過負荷)」，「アイソメトリックトレーニング」，「実生活に生かす運動」を答えさせる問題(記述式)が出題された。もう1問は，高等学校学習指導要領解説，「H体育理論」の「内容の取扱い」の抜粋が語群選択による記号補充問題として出題された。また，時事問題として体育理論関係では，2023年度に続いて「第3期スポーツ基本計画」より出題され，2024年度は3つの「新たな視点」についての，記述式の説明問題であった。

対策としては，まず中学校と高等学校それぞれの指導内容を理解し，使用されている保健体育科用教科書で学習することである。その上で，文部科学省，スポーツ庁，日本スポーツ協会等から発行されている日本のスポーツ振興の施策や運動部活動の在り方等について最新の情報に目を通しておく必要がある。

■保健分野・科目保健

　保健分野・科目保健については，2024年度は大問1問の出題で，2023年度より1問少なくなった。出題内容は，問題文の説明から，「基礎代謝量」，「制動距離」，「COPD」，「ヘモグロビン」，「着床」を答えさせる問題(記述式)が出題された。

　対策としては，保健体育科用教科書を活用して学習するとともに，欄外の用語解説や巻末資料の解説のページ等も確認しておきたい。また，2024年度は用語を答える問題のみであったが，これまでは，新型コロナウイルス，熱中症，学習指導要領に関わる問題も出題されているので，厚生労働省や内閣府などの保健に関する各官公庁のホームページも参照しておくことが大切である。

■その他

　ここ7年間連続して，体育・スポーツや保健に関する時事的な問題について，記述説明をするといった特徴的な出題が見られる。

　2024年度は，①「令和4年度全国体力・運動能力，運動習慣等調査」における体力低下の要因，②第3期「スポーツ基本計画」における3つの新たな視点について，記述式で説明させる問題が出題された。また，③部活動の地域移行に関わって，「学校部活動及び新たな地域クラブ活動の在り方等に関する総合的なガイドライン」(令和4年スポーツ庁・文化庁)の抜粋の適語補充問題が語群選択式で出題された。

　2023年度は，①「学校における新型コロナウイルス感染症に関する衛生管理マニュアル」(2022年文部科学省)，②「学校における熱中症対策ガイドライン作成の手引き」(令和3年環境省・文部科学省)，③「学校における体育活動中の事故防止及び体罰・ハラスメントの根絶について」(令和4年スポーツ庁)から出題された。

　2022年度は，①「学校の働き方改革を踏まえた部活動改革」(令和2年文部科学省)，②「学校の水泳授業における感染症対策について」(令和3年スポーツ庁)から出題された。

　対策としては，体育理論や保健の学習と併せて，学校教育や保健体育に関係して出題が予想される時事的な事柄について，文部科学省，ス

ポーツ庁，厚生労働省，IOCやJOC，IPC，各競技団体などからの情報や
通達を確認しておくことである。

出題傾向分析

過去5年間の出題傾向分析

◎：3問以上出題　●：2問出題　○：1問出題

分類	主な出題事項			2020年度	2021年度	2022年度	2023年度	2024年度
中学学習指導要領	総説							
	保健体育科の目標及び内容			◎	◎	◎	◎	◎
	指導計画の作成と内容の取扱い			◎	◎	◎		
高校学習指導要領	総説							
	保健体育科の目標及び内容			◎	◎	◎	◎	◎
	各科目にわたる指導計画の作成と内容の取扱い							
運動種目 中〈体育分野〉 高「体育」	集団行動							
	体つくり運動							○
	器械運動			○	○	○	○	○
	陸上競技			○	○	○	◎	○
	水泳			○	○	○	○	○
	球技	ゴール型	バスケットボール	○	○	○	○	○
			ハンドボール	○	○	○	○	○
			サッカー	○	○	○	○	○
			ラグビー	○	○	○	○	○
		ネット型	バレーボール	○	○	○	○	○
			テニス	○	○	○	○	○
			卓球	○	○	○	○	○
			バドミントン	○	○	○	○	○
		ベースボール型	ソフトボール	○	○	○	○	○
	武道	柔道		○	○	○	○	●
		剣道		○	○	○	○	●
		相撲						○
	ダンス				◎	○		○
	その他（スキー，スケート）ゴルフ			○	○		○	
	体育理論			◎	◎	◎	◎	◎
中学〈保健分野〉	健康な生活と疾病の予防				◎	◎	○	●
	心身の機能の発達と心の健康							
	傷害の防止				○	◎		○
	健康と環境						◎	○
高校「保健」	現代社会と健康			◎	●	◎	◎	
	安全な社会生活			○	○	◎		
	生涯を通じる健康			●		○		○
	健康を支える環境づくり			○	●		◎	

8

分　類	主な出題事項	2020年度	2021年度	2022年度	2023年度	2024年度
その他	用語解説・用語説明	◎	●	◎		
	地域問題	◎	◎	◎		
	時事問題 （コロナウィルス感染症対策・熱中症対策・部活動）				◎	◎

第2部

富山県の
教員採用試験
実施問題

2024年度　実施問題

【中高共通】

【1】次の(1)～(15)の文中の[　　]の中に入る最も適切なものを，それぞれ以下のア～ウの中から1つ選び，記号で答えよ。

(1)　水泳競技の平泳ぎでは，折り返し及びゴールタッチでは，[　　]で行わなければならない。

　　ア　どちらか一方の手　　　　　イ　両手が同時かつ触れた状態
　　ウ　両手が同時かつ離れた状態

(2)　テニス競技のサービスでは，各ゲームの最初のポイントは[　　]コートの後方から行う。

　　ア　右　　イ　左　　ウ　サーバーの任意に選んだ

(3)　サッカーにおいて，1チームは11名以下のプレーヤーで編成し，いずれかのチームが[　　]未満の場合，試合は開始も続行もされない。

　　ア　7名　　イ　8名　　ウ　9名

(4)　陸上競技において，三段跳びの屋外記録は，風速が追い風[　　]を超えた場合，参考記録として区別される。

　　ア　1.0m/秒　　イ　2.0m/秒　　ウ　3.0m/秒

(5)　卓球において，サービスを打つタイミングは，主審の宣告後，相手が構えてから行う。これより早いタイミングで出された場合，[　　]になる。

　　ア　相手のポイント　　イ　サービスの交代　　ウ　レット

(6)　ソフトボールにおいて，投手は全身の動きを[　　]完全に停止させ，その後，投球する。

　　ア　1秒以上5秒以内　　イ　2秒以上5秒以内
　　ウ　2秒以上7秒以内

(7)　鉄棒運動において，支持系の技群と懸垂系の技群があるが，[　　]は，懸垂系の技群に分類される。

　ア　後方膝掛け回転　　イ　前方倒立回転跳び

　ウ　前振り跳び下り

(8)　バドミントンのラケットにおいて，シャフトとヘッドをつなぐ部分を[　]という。

　ア　ストリングドエリア　　イ　ハンドル　　ウ　スロート

(9)　剣道において，自分の竹刀を落とした直後に相手から有効打突が加えられたときは，[　]としない。

　ア　反則　　イ　警告　　ウ　指導

(10)　ラグビーにおいて，ゲームの開始は，ハーフウェイライン中央からの[　]によるキックオフによって行う。

　ア　パントキック　　イ　ドロップキック　　ウ　プレースキック

(11)　ハンドボールにおいて，パッシブプレーの反則があった場合，相手チームに[　]が与えられる。

　ア　7mスロー　　イ　ゴールキーパースロー　　ウ　フリースロー

(12)　バレーボールにおいて，リベロは[　]およびスパイク・ブロックの試みをすることはできない。

　ア　サービス　　イ　アタックヒット　　ウ　レシーブ

(13)　柔道において，抑え技で[　]抑えたとき，一本となる。

　ア　20秒間　　イ　25秒間　　ウ　30秒間

(14)　バスケットボールにおいて，攻撃中に相手コートの制限区域内には[　]を超えてとどまることはできない。

　ア　3秒　　イ　5秒　　ウ　8秒

(15)　フォークダンスにおいて，[　]ポジションは，男性と女性が横にならび，男性が右手で女性の右腰に手をあて，男性の左手と女性の左手を前でつなぐものである。

　ア　クローズド　　イ　ショルダーウェスト

　ウ　スケーティング

(☆☆○○○○)

【2】次の各問いに答えよ。

(1) 知的障害のある人たちに様々なスポーツトレーニングとその成果の発表の場である競技会を，年間を通じ提供している国際的なスポーツ組織を何というか答えよ。

(2) トレーニングを成り立たせる原理として，トレーニングに用いる運動は，日常生活でふつうおこなっている運動よりも強いものでなければならないという原理があるが，それを何というか答えよ。

(3) 筋肉が長さを変えずに力を発揮するトレーニング法で，筋収縮を静的におこなうトレーニングを何というかカタカナで答えよ。

(4) 次の文は「高等学校学習指導要領(平成30年3月告示)の「第2章 各学科に共通する各教科」「第6節　保健体育」「第2款　各科目」「第1　体育」「2　内容」の「体つくり運動」からの抜粋である。文中の[　①　]にあてはまる語句を答えよ。

> ア　体ほぐしの運動では，手軽な運動を行い，心と体は互いに影響し変化することや心身の状態に気付き，仲間と主体的に関わり合うこと。
> イ　[　①　]運動の計画では，自己のねらいに応じて，健康の保持増進や調和のとれた体力の向上を図るための継続的な運動の計画を立て取り組むこと。

(☆☆◎◎◎◎)

【3】次の文中の[　①　]～[　⑤　]にあてはまる語句をそれぞれ答えよ。

(1) 人は，安静にしているときでも，生命を維持するためにエネルギーを必要とする。このエネルギー量を[　①　]量という。

(2) 自動車のブレーキが利き始めてから，実際に停止するまで進む距離を[　②　]という。

(3) 慢性閉塞性肺疾患の略称をアルファベット4文字で[　③　]という。

(4) 一酸化炭素は，主に物質が不完全燃焼することによって発生する，

無色，無臭の気体だが，体内に入ると酸素と赤血球中の[　④　]の結合を妨げる性質がある。

(5)　受精卵が卵管から子宮に入り，子宮内膜に定着することを[　⑤　]という。[　⑤　]すると妊娠が成立する。

(☆☆☆◎◎◎◎)

【4】次の文は，「中学校学習指導要領(平成29年3月告示)」の「第2章　各教科」「第7節　保健体育」「第2　各学年の目標及び内容」「体育分野　第1学年及び第2学年」「2　内容」の「F　武道」からの抜粋である。文中の[　①　]〜[　⑧　]にあてはまる語句をそれぞれ答えよ。ただし，同じ番号には同じ語句が入るものとする。

(1)　次の運動について，技ができる楽しさや喜びを味わい，武道の特性や[　①　]，[　②　]的な考え方，技の名称や行い方，その運動に関連して高まる体力などを理解するとともに，基本動作や基本となる技を用いて[　③　]な攻防を展開すること。
　　ア　柔道では，相手の動きに応じた基本動作や基本となる技を用いて，[　④　]たり抑えたりするなどの[　③　]な攻防を展開すること。
　　イ　剣道では，相手の動きに応じた基本動作や基本となる技を用いて，打ったり[　⑤　]たりするなどの[　③　]な攻防をすること。
　　ウ　[　⑥　]では，相手の動きに応じた基本動作や基本となる技を用いて，押したり寄ったりするなどの[　③　]な攻防をすること。
(2)　攻防などの自己の課題を発見し，合理的な解決に向けて運動の取り組み方を工夫するとともに，自己の考えたことを他者に伝えること。
(3)　武道に積極的に取り組むとともに，相手を尊重し，[　②　]的な行動の仕方を守ろうとすること，分担した役割を果たそう

とすること，一人一人の違いに応じた課題や[　⑦　]を認めよ
うとすることなどや，[　⑧　]を用いないなど健康・安全に気
を配ること。

(☆☆☆○○○○)

【5】次の文は，「高等学校学習指導要領(平成30年3月告示)解説　保健体
育編　体育編」の「第2章　保健体育科の目標及び内容」「第2節　各
科目の目標及び内容」からの抜粋である。文中の[　①　]～[　⑧　]に
あてはまる語句をそれぞれ答えよ。

「体育」

●2　目標

　　体育の目標は，保健体育科の目標を受け，これを「体育」と
しての立場から具体化したものであり，小学校，中学校及び高
等学校12年間の[　①　]を踏まえるとともに，特に中学校第3学
年との[　②　]を重視し，高等学校における体育の学習指導の
方向を示したものである。

　　　体育の[　③　]・考え方を働かせ，課題を発見し，合理
　的，計画的な解決に向けた学習過程を通して，心と体を一
　体として捉え，生涯にわたって豊かなスポーツライフを継
　続するとともに，自己の状況に応じて体力の向上を図るた
　めの資質・能力を次のとおり育成することを目指す。
　(1)　運動の合理的，計画的な実践を通して，運動の楽し
　　　さや喜びを深く味わい，生涯にわたって運動を豊かに
　　　継続することができるようにするため，運動の[　④　]
　　　や体力の必要性について理解するとともに，それらの
　　　[　⑤　]を身に付けるようにする。
　(2)　生涯にわたって運動を豊かに継続するための課題を
　　　発見し，合理的，計画的な解決に向けて思考し判断す

16

> るなどの意欲を育てるとともに，健康・安全を確保して，生涯にわたって継続して運動に親しむ態度を養う。

(☆☆☆◎◎◎)

【6】スポーツ庁・文化庁が令和4年12月に策定した「学校部活動及び新たな地域クラブ活動の在り方等に関する総合的なガイドライン」「Ⅲ 学校部活動の地域連携や地域クラブ活動への移行に向けた環境整備」「1 新たなスポーツ・文化芸術環境の整備方法」「(3) 段階的な体制の整備」からの抜粋である。文中の[A]～[I]にあてはまる語句を，以下の【語群】のア～ツからそれぞれ1つずつ選び，記号で答えよ。ただし，同じ記号には同じ語句が入るものとする。

> (3) 段階的な体制の整備
> 　学校部活動の地域連携や地域クラブ活動への移行に向けた環境整備に当たっては，地域の[A]に応じたスポーツ・文化芸術活動の最適化を図り，生徒の[B]を解消する観点から，例えば，以下のような体制の整備を段階的に進めることが考えられる。
> ① [C]が運営団体となり，あるいは[C]が中心となって社団法人やNPO法人等の運営団体を設立して，スポーツ・文化芸術団体，大学，民間事業者，地域学校協働本部等として，[D]を活用して行われる活動に，指導者を派遣する体制。
> ② [E]地域スポーツクラブ，スポーツ少年団，クラブチーム，プロチーム，フィットネスジム，民間事業者，大学や，地域の体育・スポーツ協会，競技団体，文化芸術団体など多様な運営団体・実施主体が，社会体育・教育施設や文化施設，自らの保有する施設を活用して，多様な活動に親しむ機会を確保し，[F]等の生徒が参加する体制。
> ※ なお，直ちに前記①②のような体制を整備することが困

17

難な場合には，当面，学校部活動の地域連携として，必要に応じて拠点校方式による[　G　]も導入しながら，学校設置者や学校が，学校運営協議会等の仕組みも活用しつつ地域の協力を得て，[　H　]や外部指導者を適切に配置し，生徒の[　I　]を確保することが考えられる。

【語群】

ア	活動意欲	イ	体格差	ウ	実情
エ	県	オ	公共施設	カ	部活動指導員
キ	高等学校	ク	学校施設	ケ	市区町村
コ	国	サ	活動環境	シ	公認スポーツ指導者
ス	体験格差	セ	総合型	ソ	兼職兼業
タ	中学校	チ	気候	ツ	合同部活動

(☆☆◎◎)

【7】次の文は，「中学校学習指導要領解説　保健体育編」(平成29年7月)の「第2章　保健体育科の目標及び内容」「第2節　各分野の目標及び内容」〔体育分野〕「2　内容」「H　体育理論」「内容の取扱い」からの抜粋である。文中の[　①　]～[　⑩　]にあてはまる語句を，以下の【語群】のア～ナからそれぞれ1つずつ選び，記号で答えよ。ただし，同じ番号には同じ語句が入るものとする。

H　体育理論

内容の取扱い

〈中　略〉

(ア)　「H体育理論」は，[　①　]において，全ての生徒に履修させるとともに，「指導計画の作成と内容の取扱い」に，授業時数を[　①　]で[　②　]時間以上を配当することとしているため，この点を十分考慮して指導計画を作成する必要がある。

(イ)　〈中　略〉

(ウ) 「H体育理論」の内容に加え，各領域との関連で指導することが効果的な各領域の特性や成り立ち，[③]の名称や行い方などの知識については，各領域の「(1)知識及び技能」に示すこととし，知識と技能を[④]に関連させて学習させることにより，知識の[⑤]を一層実感できるように配慮しているため，この点を十分考慮して指導する。

(エ) 第1学年及び第2学年の内容の(2)の(ア)「運動やスポーツが心身及び[⑥]に及ぼす効果」を取り上げる際には，以下の点を踏まえて他の領域との関連を図る。

〈中　略〉

(オ) 主体的・対話的で深い学びの実現に向けた授業改善を[⑦]する観点から，必要な知識の定着を図る学習とともに，生徒の[⑧]を深めるために発言を促したり，気付いていない[⑨]を提示したりするなど，学びに必要な指導の在り方を追求し，生徒の[⑩]を捉えて指導を改善していくことが大切である。

【語群】

ア	7単位	イ	相互	ウ	1学年	エ	多面的
オ	3単位	カ	留意点	キ	社会性	ク	必然性
ケ	各学年	コ	思考	サ	視点	シ	資質
ス	重要性	セ	指導方法	ソ	推進	タ	人間性
チ	2学年	ツ	学習意欲	テ	5単位	ト	技術
ナ	学習状況						

(☆☆◎◎◎)

【8】次の各問いに答えよ。

(1) スポーツ庁が令和4年12月に示した「令和4年度全国体力・運動能力，運動習慣等調査結果のポイント」には，体力合計点については，令和元年度調査から連続して小・中学校の男女ともに低下したと記

19

されている。低下の主な要因として挙げられている3点について説明しなさい。

(2)　文部科学省が令和4年3月に策定した第3期「スポーツ基本計画」「第1部　我が国における今後のスポーツ施策の方向性」「第2章　中長期的なスポーツ政策の基本方針と第3期計画における「新たな視点」」に示されている3つの新たな視点を説明しなさい。

(☆☆☆☆◎◎)

解答・解説

【中高共通】

【1】(1)　ウ　　(2)　ア　　(3)　ア　　(4)　イ　　(5)　ウ　　(6)　イ
(7)　ウ　　(8)　ウ　　(9)　ア　　(10)　イ　　(11)　ウ　　(12)　ア
(13)　ア　　(14)　ア　　(15)　ウ

〈解説〉(1)　平泳ぎの，折り返し及びゴールタッチは，水面の上もしくは下のどちらでもよいが，両手が同時に，かつ離れた状態で行わなければならない。両方の手が同時でなくバラバラであったり，片手タッチになったりした場合は違反となる。　(2)　テニスでサービスを打つ位置は，その時の得点が奇数ポイントになる時は右側，偶数ポイントになるときは左側から打つ。第1サービスは奇数ポイントになるので右側から打つ。　(3)　サッカーは11人対11人で行われるが，いずれかのチームが7人未満になった場合は，人数が少なすぎるために試合が不成立となる。また，開始時点で7人未満の場合も試合は開始されない。　(4)　陸上競技の200m以内のトラック種目や，走幅跳及び三段跳の屋外記録は，平均秒速2.0mを超える追い風が走る方向や跳躍方向に吹いていたと測定された場合は，記録は公認されずに参考記録として区別される。　(5)　レット(Rede)は「やり直し」の意味で，卓球では結果が得点にならないラリーのことをレットといい，プレイはやり

直しになる。サービスでは，「審判が得点を読み上げる前に，サーブを出したとき」，「レシーバーが構えていないのに，サーブを出したとき」などはレットとなる。　(6)　ソフトボールでピッチャーが投球動作に入るときは，身体の前か横でボールを両手で持って，2秒以上5秒以内身体を完全に停止しなければいけない。不完全なセットで打者の目を欺くような行為を禁止するためである。　(7)　鉄棒運動で「支持系」は腕で体を支える体勢で行う技，「懸垂系」はぶら下がる体勢で行う技である。「前振り跳び下り」は懸垂振動をしながら前へ跳んで下りる懸垂系の技である。「後方膝掛け回転」は支持系，後方支持回転群，後方足掛け回転グループの技である。「前方倒立回転跳び」はマット運動の技である。　(8)　バドミントンのラケット全体をフレームといい，フレームは次の5つの部分で構成されている。①ハンドル(ラケットを握る部分)，②シャフト(ハンドルをヘッドにつなぐ棒の部分)，③スロート(シャフトをヘッドにつなぐ三角形のような形の部分)，④ヘッド(網目の外枠の部分)，⑤ストリングドエリア(シャトルを打つ網目の部分)。　(9)　剣道で，竹刀を落とした場合は，落とした方が1回の反則となる。この反則は審判が「やめ」と言った時点で成立するため，竹刀が落ちた直後で「やめ」と言う前に有効打突が加えられると，反則ではなく相手の「一本」となる。　(10)　ラグビーで「ドロップキック」はボールを一度地面にバウンドさせてから蹴るキック，「パントキック」は手で持ったボールをそのまま蹴るキック，「プレースキック」は，ボールを地面においてから蹴るキック。ゲーム開始のキックオフはドロップキックで行う。　(11)　ハンドボールのパッシブプレイとは，競技遅延になる消極的なプレイのことで，相手チームにフリースローが与えられる。フリースローは，相手チームが反則をした場合に，ゲームを再開する時に反則のあった地点から行うスローのことで，仲間へパスをしても，直接ゴールを狙ってもよい。　(12)　バレーボールでリベロができないことは，サービス，ブロック，ネットより高いボールのスパイク，セッター行為(リベロが前衛でオーバーハンドにより上げたボールを他のプレイヤーがネットより高い位置でスパイ

クすること)などである。　(13)　柔道の抑え込みは20秒で「一本」，10秒以上20秒未満で「技あり」になる。　(14)　バスケットボールの「制限区域」とは，エンドラインとフリースローラインの両端を結んだ長方形の区域のことで，最近は色を変えていることからペイントエリアとも呼ばれている。制限区域内にオフェンス側のプレイヤーが3秒を超えてとどまると，3秒ルールのバイオレーションとなる。(15)　フォークダンスの組み方で「スケーターズ・ポジション」ともいい，左手同士を男性の前でつなぎ，右手同士を女性の背面の腰のあたりでつなぐ。

【２】(1)　スペシャルオリンピックス　　(2)　オーバーロード又は過負荷(の原理)　　(3)　アイソメトリックトレーニング　　(4)　実生活に生かす

〈解説〉(1)　スペシャルオリンピックスは知的障害のある人たちのスポーツ大会の名称であるとともに，活動を提供している組織の名称でもある。名称が複数形で表されているのは，この名称が大会名のみでなく，年間を通して様々なプログラムが継続的に行われていることを意味している。　(2)　オーバーロードの原理とは，体力を高めるためには，現状の体力レベルよりも高い運動負荷(オーバーロード)を与える必要があること。　(3)　アイソメトリックトレーニングは，静的トレーニングや等尺性運動といわれるもので，筋肉の長さを変えないまま，一定の負荷を掛け続けるトレーニングである。「筋肉の長さを変えない」とは，関節を動かさずに固定することを意味する。例えば，腕立て伏せの姿勢から体を下ろした状態でキープしたり，空気椅子のように椅子に座ったような姿勢をキープしたりするトレーニングである。　(4)　「実生活に生かす運動の計画」は，従前の学習指導要領で「体力を高める運動」として示していたものを，体力の必要性を認識し，日常的に継続して高める能力の向上が重要であることから，「実生活に生かす運動の計画」として新たに示したもの。

【3】① 基礎代謝　②　制動距離　③　COPD　④　ヘモグロビン　⑤　着床

〈解説〉①　基礎代謝量とは，生命を維持するために最小限必要なエネルギーの消費量のこと。　②　制動距離はブレーキが効き始めてから車が止まるまでの距離のことで，空走距離はブレーキを踏んでから，実際にブレーキが効き始めるまでの距離のこと。「停止距離＝空走距離＋制動距離」である。　③　慢性閉塞性肺疾患のCOPDはchronic obstructive pulmonary diseaseの略。chronic＝慢性的な，obstructive＝閉塞性・妨害，pulmonary＝肺，disease＝病気・疾患の意味で，これまで慢性気管支炎や肺気腫と呼ばれてきた病気をまとめて1つの呼び名としたものである。長期間にわたる喫煙によって，空気の通り道となる気管支や酸素と二酸化炭素のガス交換を行う肺胞が壊れてしまう病気で，息を吐き出すことが困難になる。　④　血液中のヘモグロビンは酸素と結びついて全身に酸素を運ぶ役割をしている。一酸化炭素は酸素に比べて200倍以上もヘモグロビンと結びつきやすいため，一酸化炭素があるとヘモグロビンは酸素と結びつくことができず，血液の酸素運搬能力が低下してしまい酸素不足に陥る。これが一酸化炭素中毒である。　⑤　女性の膣内で射精された精子と卵巣から排出された卵子が，卵管内で結び付き，受精して受精卵となる。受精卵は細胞分裂を繰り返しながら子宮に移動し，子宮内膜に付着して胎盤をつくり始める。これを着床といい，妊娠の始まりである。

【4】① 成り立ち　②　伝統　③　簡易　④　投げ　⑤　受け　⑥　相撲　⑦　挑戦　⑧　禁じ技

〈解説〉①　「武道の特性や成り立ち」では，武道は，技を身に付けたり，身に付けた技を用いて相手と攻防したりする楽しさや喜びを味わうことのできる運動であること，武技，武術などから発生した我が国固有の文化として，今日では世界各地に普及していることを理解できるようにする。　②　「伝統的な考え方」では，武道は，単に試合の勝敗を目指すだけではなく，技能の習得などを通して，人間形成を図ると

いう考え方があることを理解できるようにする。　③　「簡易な攻防をする」とは，自由練習やごく簡易な試合で，相手の動きに応じた基本動作や，基本となる技を用いて，攻防を展開すること。　④　柔道では相手を攻めるときの基本が「投げ技」と「固め技」であり，「投げ技」は相手を投げる技，「固め技」は相手を抑える技である。よって「投げたり抑えたり」となる。　⑤　剣道では「打突」とその「受け方」が基本的な動作であり，「打突」は相手を竹刀で打つこと，「受け方」は打ってきた相手の竹刀を受けることである。よって「打ったり受けたり」となる。　⑥　相撲の技能は，押し，寄りから派生しており，相撲は押したり，寄ったり，いなしたりする攻防を展開する。⑦　「一人一人の違いに応じた課題や挑戦を認めようとする」とは，体力や技能の程度，性別や障害の有無等に応じて，自己の状況に合った実現可能な課題の設定や挑戦を認めようとすること。　⑧　「禁じ技」とは，安全上の配慮から，中学校段階では用いない技を示している。柔道では絞め技や関節技，剣道では突き技，相撲では反り技，河津掛け，さば折り，かんぬきなどが禁じ技である。

【5】①　一貫性　②　接続　③　見方　④　多様性　⑤　技能　⑥　協働　⑦　参画　⑧　違い
〈解説〉①　「12年間の一貫性を踏まえる」とは，高等学校保健体育科では，「体育」において，小学校から高等学校までの12年間の一貫した教育課程の中で，全ての児童生徒が学習する教科・科目としての最終段階の役割を担うこと。　②　「体育」では，入学年次において，高等学校段階の学習に円滑に接続できるよう中学校第3学年と同様の「内容の取扱い」を示し，義務教育段階での学習内容の確実な定着を図ることを重視している。　③　「体育の見方・考え方」は，運動やスポーツを，その価値や特性に着目して，楽しさや喜びとともに体力の向上に果たす役割の視点から捉え，自己の適性等に応じた『する・みる・支える・知る』の多様な関わり方と関連付けること。　④　「運動の多様性や体力の必要性について理解する」とは，興味，関心，能力，

運動習慣等の個人差を踏まえ，「する，みる，支える，知る」の視点から運動やスポーツの多様な楽しみ方を理解するとともに，生涯にわたってそれぞれのライフステージやライフスタイルに応じて体力の向上を図る能力を育てることの大切さを示したもの。　⑤　「それらの技能を身に付ける」とは，中学校段階からの学習を踏まえ，発達の段階に応じて生涯にわたって運動を豊かに継続するための技能や動きを身に付けること。　⑥　「運動における競争や協働の経験を通して」とは，運動には，一定の条件の下で技などを競い合うこと，仲間と協働して演技や表現をすること，作戦を立てて攻防をすることなどがあるが，体育の学習が技能の獲得のみにとどまらず，社会生活における望ましい態度や行動にもつながることを示している。　⑦　「参画」に関しては，グループの課題などの話合いなどで，自らの意思を伝えたり，仲間の意見を聞き入れたりすることを通して，仲間の感情に配慮して合意形成を図ろうとするなどの意思をもち，チームやグループの意思決定などに参画しようとする意欲を高めること。　⑧　「一人一人の違いを大切にする」については，体力や技能の程度，性別や障害の有無等にかかわらず，人には違いがあることに配慮し，よりよい環境づくりや活動につなげようとすることに主体的に取り組もうとする意思をもち，「一人一人の違い」を越えて取り組もうとする意欲を高めること。

【6】A　ウ　　B　ス　　C　ケ　　D　ク　　E　セ　　F　タ　　G　ツ
　　H　カ　I　サ
〈解説〉A・B　学校部活動の地域移行は，地域の持続可能で多様な環境の一体的な整備により，地域の実情に応じスポーツ・文化芸術活動の最適化を図り，体験格差を解消することを目指すものである。　C　新たな地域クラブ活動を行う環境の整備は，各地域クラブ活動を統括する運営団体や，個別の地域クラブ活動を実際に行う実施主体が進めることが考えられる。市区町村は，関係者の協力を得て，地域クラブ活動の運営団体・実施主体の整備充実を支援する。なお，市区町村が運

営団体となることも想定される。　Ｄ　新たな地域クラブ活動の活動場所については，「地域クラブ活動の運営団体・実施主体は，公共のスポーツ・文化施設や，社会教育施設，地域団体・民間事業者等が有する施設だけではなく，地域の中学校をはじめとして，小学校や高等学校，特別支援学校や，廃校施設も活用する」と示している。　Ｅ　「総合型地域スポーツクラブ」は，身近な地域でスポーツに親しむことのできるスポーツクラブで，子供から高齢者まで(多世代)，様々なスポーツを愛好する人々が(多種目)，初心者からトップレベルまで，それぞれの志向・レベルに合わせて参加できる(多志向)という特徴をもち，地域住民により自主的・主体的に運営されるスポーツクラブのこと。Ｆ　本体制には，「中学校」等の生徒が参加すると示している。新たな地域クラブ活動の活動内容については，「地域クラブ活動の運営団体・実施主体は，地域の実情に応じ，生徒の自主的・自発的な活動を尊重しつつ，総合型地域スポーツクラブなど他の世代向けに設置されている活動に生徒が一緒に参画できるようにする」と示している。Ｇ　合同部活動は，複数の学校で一つの部活動を拠点校等に設置することをさし，1人以上の指導者(顧問等)がその一つの部活動に対して配置される。それぞれの学校に部活動がありそれぞれに指導者がいて，一時期に大会に同じチームとして出場する合同チームや，一緒に練習をする合同練習とは区別される。　Ｈ　学校教育法施行規則第78条の2に「部活動指導員は，中学校におけるスポーツ，文化，科学等に関する教育活動に係る技術的な指導に従事する」と規定されている。部活動指導員は，学校設置者が雇用する正規の職員であり，学校の教育計画に基づき校長の監督を受け，部活動の実技指導や大会・練習試合等の引率等を行う。　Ｉ　少子化が進展する中，学校部活動を従前と同様の体制で運営することは難しくなってきており，学校や地域によっては存続が厳しい状況にある。生徒の豊かなスポーツ・文化芸術活動を実現するためには，学校と地域との連携・協働により，持続可能な活動環境を整備する必要がある。

【7】① ケ　② オ　③ ト　④ イ　⑤ ス　⑥ キ
　　⑦ ソ　⑧ コ　⑨ サ　⑩ ナ

〈解説〉①・②　「A体つくり運動」と「H体育理論」については，豊かな
スポーツライフの実現に向けて基盤となる学習であることから，「A体
つくり運動」については各学年で7単位時間以上を，「H体育理論」に
ついては各学年で3単位時間以上を配当する。　③～⑤　運動種目にお
ける具体的な知識と体育理論における汎用的な知識との往還を図った
り，運動に関する領域と体育理論等との相互関連を図ったりする中で，
知識の重要性を一層実感し，各領域の特性や魅力を理解したり，運動
やスポーツの価値等を理解したりすることができるようにすることが
大切である。例えば，運動種目の各領域における「運動の特性や成り
立ち」，「技術の名称や行い方」などの具体的な知識と，体育理論の
「する，みる，支える，知る」に関わる運動やスポーツへの多様な関
わり方などの汎用的な知識との関連を図ることである。　⑥　運動や
スポーツは，体力や技能の程度，年齢や性別，障害の有無等の様々な
違いを超えて行う際に，違いに配慮したルールを受け入れたり，仲間
と教え合ったり，相手のよいプレイに称賛を送ったりするなどにより
社会性が高まる。　⑦　「主体的・対話的で深い学び」は，「知識及び
技能」，「思考力，判断力，表現力等」，「学びに向かう力，人間性等」の
育成すべき資質・能力を育むための「授業改善の視点」である。学習指
導要領では，「『主体的・対話的で深い学び』の実現に向けた授業改善の
推進」が，改訂の基本方針の一つとなっている。　⑧～⑩　(オ)の項は，
学習指導要領解説において，「A体つくり運動」から「H体育理論」ま
でのすべての運動領域の「内容の取扱い」に共通に示されている文章
である。思考を深めるために発言を促したり視点を提示したりするこ
とは，他者との対話を通して自己の思考を広げ深める対話的な学びや，
試行錯誤を重ねながら深い学びを促す指導であり，個々の生徒の学習
状況を把握して個に応じた支援を行うことが大切である。

【8】(1)　(解答例)　体力低下の要因①は「1週間の総運動時間が420分以上の児童生徒の割合は増加しているものの以前の水準には至っていない」であり，慢性的な運動不足は体力・運動能力の発達にも影響を及ぼすことが考えられる。要因②は「肥満である児童生徒が増加している」ことであるが，肥満である児童生徒はその他の児童生徒と比較し体力合計点が低いためである。要因③は「朝食欠食や睡眠不足，さらに，スクリーンタイム増加などの生活習慣の変化」である。これについては，児童生徒の基本的な生活習慣の改善を図り，児童生徒自身がスクリーンタイムにルールを設定して利用できるような習慣づくりが大切になる。　　(2)　(解答例)　視点①「スポーツを『つくる／はぐくむ』」とは，社会の変化や状況に応じて，既存の仕組みにとらわれずに柔軟に見直し，最適な手法・ルールを考えて作り出すことを表す。視点②「スポーツで『あつまり，ともに，つながる』」とは，様々な立場・背景・特性を有した人・組織があつまり，ともに課題に対応し，つながりを感じてスポーツを行うことを表す。視点③「スポーツに『誰もがアクセスできる』」とは，性別や年齢，障害，経済・地域事情等の違い等によってスポーツの取組に差が生じない社会を実現し，機運を醸成することを示している。これらを通じて，国民がスポーツを「する」，「みる」，「ささえる」ことを真に実現できる社会を目指すとしている。

〈解説〉(1)　「全国体力・運動能力，運動習慣等調査」は毎年4～7月の間に各学校において実施され，同年12月にはその調査結果が公開される。本問は令和4年度の調査結果からの出題であるが，2024年1月現在，すでに令和5年度の調査結果がスポーツ庁のホームページ上に公開されている。令和5年度の調査結果に目を通し特徴等を押さえておくこと。要因①　体力・運動能力を支える日頃の運動習慣については，令和3年度と令和4年度を比較すると，1週間の総運動時間420分以上の割合は，わずかに増加している。一方で，1週間の総運動時間60分未満の割合は中学校女子を除き，ここ数年間増加傾向にある。ただし，中学校女子は小学校男女及び中学校男子と比べ，これまで一貫して1週間

の総運動時間が60分未満の割合が最も多いことから，小・中学校男女ともに運動習慣の改善が求められる。　要因②　また，中学校男子以外は，1週間の総運動時間が60分未満(0分を含む)に肥満の割合も高い。また，肥満傾向児の出現率は小中学校男女ともに増加傾向にある。要因③　児童生徒の基本的な生活習慣に関しては，朝食摂取や睡眠時間は低下傾向が，スクリーンタイム(平日1日当たりのテレビ，スマートフォン，ゲーム機等による映像の視聴時間)は増加傾向が続いており，改善に努めていかなければならない。近年，朝食を毎日食べる児童生徒の割合が年々減少傾向にあり，特に令和4年度は中学校女子の朝食欠食割合が増加した。また睡眠時間に関して，令和3年度調査と比較すると小学校，中学校ともに8時間以上の割合は減少した。スクリーンタイムに関しては，小学校，中学校ともに増加を示しているが，特に中学校の約45％が1日3時間以上であり，令和4年度は5時間以上の割合の増加幅が男女ともに大きい。学校におけるICT利用が進む中，児童生徒にとってはこれまで以上にスマートフォンやタブレット，パソコン等が身近な道具となり，学習での利用も含めてスクリーンタイムが増加することはやむを得ないが，自由時間として利用する時間については一定のルールを設け，適切に利用できるようにすることが望まれる。　(2)　出題の「第3期スポーツ基本計画」(計画期間：2022(令和4)年度〜2026(令和8)年度)は，今後のスポーツの在り方を見据え，期間中に国等が取り組むべき施策や目標等を定めた計画となっている。東京オリンピック・パラリンピック競技大会(東京大会)のスポーツ・レガシーの発展に向けて，特に重点的に取り組むべき施策とともに，出題の「新たな3つの視点」とそれを支える具体的な施策が示されている。　視点①　「スポーツを『つくる／はぐくむ』」の具体的な施策として，「柔軟・適切な手法や仕組みの導入等を通した，多様な主体が参加できるスポーツの機会創出」，「スポーツに取り組む者の自主性・自律性を促す指導ができる質の高いスポーツ指導者の育成」，「デジタル技術を活用した新たなスポーツ機会や，新たなビジネスモデルの創出などDX(デジタルトランスフォーメーション)を推進」が挙げられて

いる。　視点②　「スポーツで『あつまり，ともに，つながる』」の具体的な施策として，「施設・設備整備，プログラム提供，啓発活動により誰もが一緒にスポーツの価値を享受できる，スポーツを通じた共生社会の実現」，「スポーツ団体のガバナンス・経営力強化，関係団体等の連携・協力による我が国のスポーツ体制の強化」，「スポーツ分野の国際協力や魅力の発信」が挙げられている。　視点③　「スポーツに『誰もがアクセスできる』」の具体的な施策として，「住民誰もが気軽にスポーツに親しめる『場づくり』等の機会の提供」，「居住地域にかかわらず，全国のアスリートがスポーツ医・科学等の支援を受けられるよう地域機関の連携強化」，「本人が望まない理由でスポーツを途中で諦めることがない継続的なアクセスの確保」が挙げられている。

2023年度 実施問題

【中高共通】

【1】次の(1)～(15)の文中の[　]の中に入る最も適切なものを，それぞれ以下のア～ウの中から1つ選び，記号で答えよ。

(1) 水泳競技において，水泳が近代オリンピック種目に加えられたのは[　]大会からである。

　　ア　第1回　　イ　第2回　　ウ　第3回

(2) ソフトテニスにおいて，[　]が基本的な握り方になる。フォア，バックとも握り替えをせず，同じ面でボールをとらえる。

　　ア　ウエスタングリップ　　イ　セミイースタングリップ

　　ウ　イースタングリップ

(3) サッカーにおいて，間接フリーキックが誰にも触れず直接ゴールインした場合は，相手チームの[　]となる。

　　ア　間接フリーキック　　イ　直接フリーキック

　　ウ　ゴールキック

(4) 陸上競技のトラック競技において，フィニッシュは[　]の一部が決勝線に到達したときである。

　　ア　頭　　イ　足　　ウ　胴体

(5) 卓球において，コートの側面ではなく角にボールが当たった場合をエッジボールといい，[　]返球になる。

　　ア　有効　　イ　無効　　ウ　反則

(6) ソフトボールにおいて，タイブレークとは延長8回より無死走者[　]から攻撃をはじめるルールである。

　　ア　一塁　　イ　二塁　　ウ　三塁

(7) マット運動の技の体系において，[　]は，手(頭・首)と足の支えによって回転する運動で，回転経過の中に体の曲げ伸ばしの動作が見られるが，伸身体勢が特徴になる。

　　ア　接転技群　　イ　ほん転技群　　ウ　支持技群

(8)　バドミントンにおいて，フロントコートからのショットで，ネットを越えてすぐ落下するように飛んでいくフライトを[　　]という。

　　ア　ロブ　　イ　ヘアピン　　ウ　プッシュ

(9)　剣道において，有効打突とは「充実した気勢，適正な姿勢をもって，竹刀の打突部で打突部位を刃筋正しく打突し，[　　]あるもの」と規定されている。

　　ア　残心　　イ　懸待一致　　ウ　動中静

(10)　ラグビーにおいて，手または腕で，相手のデッドボールラインの方向にボールを落とす，押す，たたくなどして押し進める反則を[　　]という。

　　ア　オフサイド　　イ　スローフォワード　　ウ　ノックオン

(11)　ハンドボールにおいて，「明らかなシュートチャンス」が反則によって妨害された場合，相手チームに[　　]が与えられる。

　　ア　7mスロー　　イ　8mスロー　　ウ　9mスロー

(12)　バレーボールにおいて，同じチームが3回を超えてボールに触れたときの反則を[　　]という。

　　ア　キャッチ　　イ　ダブルコンタクト　　ウ　フォアヒット

(13)　柔道において，相手の顔面に直接手や足をかけると[　　]が与えられる。

　　ア　注意　　イ　指導　　ウ　反則負け

(14)　バスケットボールは，アメリカの国際YMCAトレーニングスクール体育指導者の[　　]により考案された。

　　ア　カール・シュレンツ　　イ　J.ネイスミス　　ウ　J.ギブ

(15)　ゴルフにおいて，各ホールを基準打数であがることを[　　]という。

　　ア　パー　　イ　ボギー　　ウ　バーディー

(☆☆◎◎◎◎)

【2】次の各問いに答えよ。

(1) 2024年にパリで開催されるオリンピック競技大会の追加競技を4つ全て答えよ。

(2) 命にかかわるような事故や災害を経験したときに，それが心の傷となり，ストレスの症状が出る「心的外傷後ストレス障害」の略称を，アルファベット4文字で答えよ。

(3) ドーピングの根絶と公正なドーピング防止活動の促進を目的として，1999年に国際オリンピック委員会(IOC)から独立して，「世界ドーピング防止機構」が設立されたが，その通称をアルファベットで答えよ。

(4) ろう者のオリンピックとして4年に1度，夏季及び冬季に開催される大会を何というか答えよ。

(☆☆☆◎◎◎)

【3】次の文は，文部科学省が2022年4月に策定した「学校における新型コロナウイルス感染症に関する衛生管理マニュアル～「学校の新しい生活様式」～」(2022.4.1 Ver.8)からの抜粋である。文中の[　①　]～[　⑦　]にあてはまる語句を，以下の【語群】のア～ソからそれぞれ1つずつ選び，記号で答えよ。ただし，同じ番号には同じ語句が入るものとする。

第2章　学校における基本的な新型コロナウイルス感染症対策について

2. 基本的な感染症対策の実施

(1) [　①　]を絶つこと

　　学校内で[　①　]を絶つためには，外からウイルスを持ち込まないことが重要です。特に，[　②　]不明の感染者が発生しているような地域においては，児童生徒等，教職員及びその家族の[　③　]を徹底するようにします。

3. 集団感染のリスクへの対応

---

(3) 「密接」の場面への対応(マスクの着用)

　① マスクの着用について

　　3) 体育の授業においては，マスクの着用は必要ありません。ただし，十分な[　④　]がとれない状況で，十分な呼吸ができなくなるリスクや[　⑤　]になるリスクがない場合には，マスクを着用しましょう。

6. 出席停止等の取扱い

　① 出席停止の措置を取るべき場合

　　児童生徒等の感染が判明した場合又は児童生徒等が感染者の[　⑥　]に特定された場合には，[　⑦　]法第19条の規定に基づく出席停止の措置を取ります。

【語群】

ア　熱中症	イ　クラスター	ウ　身体的距離
エ　感染源	オ　抵抗力	カ　重症化
キ　感染経路	ク　学校保健	ケ　健康観察
コ　学校保健安全	サ　休養	シ　発熱
ス　自宅待機	セ　濃厚接触者	ソ　抗原定性検査

(☆☆☆◎◎◎)

【4】次の文は，「中学校学習指導要領解説　保健体育編」(平成29年7月)の「第2章　保健体育科の目標及び内容」「第1節　教科の目標及び内容」からの抜粋である。文中の[　①　]〜[　⑧　]にあてはまる語句をそれぞれ答えよ。

●1　教科の目標

　教科の目標は，中学校教育の中での保健体育科の特性を[　①　]的に示すとともに，小学校の体育科及び高等学校の保健体育科との関連で，中学校としての[　②　]や基本的な指導の方向を示したものである。

　今回改訂した保健体育科の目標は，[　③　]段階で育成を目

指す資質・能力を踏まえつつ，引き続き，体育と保健を関連させていく考え方を強調したものである。

　体育や保健の見方・考え方を働かせ，課題を発見し，合理的な解決に向けた学習過程を通して，心と体を[　④　]として捉え，生涯にわたって心身の健康を保持増進し豊かな[　⑤　]を実現するための資質・能力を次のとおり育成することを目指す。

(1)　各種の運動の特性に応じた技能等及び[　⑥　]生活における健康・安全について理解するとともに，基本的な技能を身に付けるようにする。

(2)　運動や健康についての[　⑦　]を発見し，合理的な解決に向けて思考し判断するとともに，他者に[　⑧　]力を養う。

(☆☆☆☆◎◎)

【5】次の文は，「高等学校学習指導要領」(平成30年3月告示)「第2章　各学科に共通する各教科　第6節　保健体育」「第2款　各科目　第2　保健」からの抜粋である。文中の[　①　]～[　⑧　]にあてはまる語句をそれぞれ答えよ。ただし，同じ番号には同じ語句が入るものとする。

---

(4)　健康を支える環境づくりについて，自他や社会の課題を発見し，その解決を目指した活動を通して，次の事項を身に付けることができるよう指導する。

　ア　健康を支える環境づくりについて理解を深めること。

　　(ア)　環境と健康

　　　　人間の生活や産業活動は，自然環境を汚染し健康に影響を及ぼすことがあること。それらを防ぐには，汚染の防止及び改善の対策をとる必要があること。また，環境[　①　]活動は，学校や地域の環境を健康に適したものとするよう

[　②　]が設定され，それに基づき行われていること。

(イ)　食品と健康

食品の安全性を確保することは健康を保持増進する上で重要であること。また，食品[　①　]活動は，食品の安全性を確保するよう[　②　]が設定され，それに基づき行われていること。

(ウ)　保健・医療制度及び地域の保健・医療機関

生涯を通じて健康を保持増進するには，保健・医療制度や地域の[　③　]，保健センター，医療機関などを適切に活用することが必要であること。

また，医薬品は，[　④　]や安全性が審査されており，販売には制限があること。疾病からの回復や悪化の防止には，医薬品を[　⑤　]使用することが有効であること。

(エ)　様々な保健活動や社会的対策

我が国や世界では，健康課題に対応して様々な保健活動や社会的対策などが行われていること。

(オ)　健康に関する環境づくりと社会参加

自他の健康を保持増進するには，[　⑥　]の考え方を生かした健康に関する環境づくりが重要であり，それに積極的に参加していくことが必要であること。また，それらを実現するには，適切な健康[　⑦　]の活用が有効であること。

イ　健康を支える環境づくりに関する[　⑦　]から課題を発見し，健康に関する原則や概念に着目して解決の方法を思考し判断するとともに，それらを[　⑧　]すること。

(☆☆☆◎◎◎◎)

【6】文部科学省が令和4年3月に策定した第3期「スポーツ基本計画」「第1部　我が国における今後のスポーツ施策の方向性」「第1章　社会変化の中で改めて捉える「スポーツの価値」」「2．スポーツ基本計画における「スポーツ」の捉え方」からの抜粋である。文中の[　①　]～[　⑧　]にあてはまる語句を，以下の【語群】のア～タからそれぞれ1つずつ選び，記号で答えよ。ただし，同じ番号には同じ語句が入るものとする。

(「[　①　]の人類の文化」としての「スポーツ」)

　平成[　②　]年に公布された基本法の前文冒頭において「スポーツは，[　①　]の人類の文化である」と記されている。第2期計画でも示したように，この「スポーツ」には，競技スポーツに加え，散歩やダンス・健康体操，ハイキング・サイクリング，野外活動やスポーツ・レクリエーション活動も含まれており，正に「文化としての[　③　]」を意味する広い概念である。

(基本計画で取り扱う「スポーツ」)

　こうした「スポーツ文化」の成熟を目指して第3期計画を策定するに当たり，まずは「スポーツ」の捉え方を整理する必要がある。

　具体的には，基本法前文において「スポーツは，心身の健全な発達，健康及び体力の保持増進，精神的な[　④　]感の獲得，自律心その他の精神の涵養等のために個人又は集団で行われる運動競技その他の[　③　]であり，今日，国民が[　⑤　]にわたり心身ともに健康で文化的な生活を営む上で[　⑥　]のもの」と示されていることも踏まえながら，第3期計画では，「スポーツ」は「する」「みる」「ささえる」という様々な形での「[　⑦　]」参画を通して，「楽しさ」や「[　⑧　]」を感じることに本質を持つものとして捉えることとしている。

【語群】

ア	23	イ	身体活動	ウ	充足	エ	不可欠
オ	喜び	カ	世界中	キ	自発的な	ク	価値
ケ	29	コ	世界共通	サ	生涯	シ	多様性
ス	感動	セ	豊かさ	ソ	計画的な	タ	運動遊び

(☆☆☆◎◎◎◎)

【7】次の文は，「中学校学習指導要領解説　保健体育編」(平成29年7月)の「第2章　保健体育科の目標及び内容」「第2節　各分野の目標及び内容」〔体育分野〕「2　内容」「C　陸上競技」「内容の取扱い」からの抜粋である。文中の[　①　]～[　⑩　]にあてはまる語句を，以下の【語群】のア～ナからそれぞれ1つずつ選び，記号で答えよ。

C　陸上競技

　内容の取扱い

(ア)　陸上競技の領域は，第1学年及び第2学年においては，[　①　]生徒に履修させることとしているが，第3学年においては，器械運動，陸上競技，水泳及び[　②　]のまとまりの中から1領域以上を選択して履修できるようにすることとしている。

　　したがって，指導計画を作成するに当たっては，[　③　]の見通しをもって決めることが必要である。

(イ)　陸上競技の運動種目は，[　④　]種目(短距離走・リレー，長距離走又はハードル走)から一以上を，[　⑤　]種目(走り幅跳び又は走り高跳び)から一以上をそれぞれから選択して履修できるようにすることとしている。特に，第3学年では，これらの中から[　⑥　]に適した運動種目を選択できるようにするとともに，第1学年及び第2学年の学習を一層深められるよう配慮することが必要である。

(ウ)　主体的・対話的で深い学びの実現に向けた[　⑦　]を推進

する観点から，必要な知識及び[　⑧　]の定着を図る学習とともに，生徒の思考を深めるために発言を促したり，気付いていない視点を提示したりするなど，学びに必要な指導の在り方を追究し，生徒の学習状況を捉えて指導を改善していくことが大切である。

　その際，互いに教え合う時間を確保するなどの工夫をするとともに，指導事項の精選を図ったり，運動観察の[　⑨　]を明確にしたり，[　⑩　]を効果的に活用したりするなどして，体を動かす機会を適切に確保することが大切である。

【語群】

ア	競走	イ	球技	ウ	全ての	エ	教材
オ	協力	カ	跳躍	キ	ダンス	ク	武道
ケ	技能	コ	自己	サ	技術	シ	発達
ス	3年間	セ	ICT	ソ	1年間	タ	競争
チ	指導方法	ツ	躍動	テ	一部の	ト	ポイント
ナ	授業改善						

（☆☆○○○○）

【8】次の各問いに答えよ。

(1) 環境省・文部科学省が令和3年5月に示した「学校における熱中症対策ガイドライン作成の手引き」にある暑さ指数(WBGT)に基づく運動等の指針を中心とした熱中症予防の体制整備のポイント9点のうち，3点について説明しなさい。

(2) スポーツ庁が令和4年2月24日に示した「学校における体育活動中の事故防止及び体罰・ハラスメントの根絶について」に示されている学校における体育活動中の事故防止のため，周知された内容3点について説明しなさい。

（☆☆☆☆☆○○）

解答・解説

【中高共通】

【１】(1)　ア　　(2)　ア　　(3)　ウ　　(4)　ウ　　(5)　ア　　(6)　イ
(7)　イ　　(8)　イ　　(9)　ア　　(10)　ウ　　(11)　ア　　(12)　ウ
(13)　イ　　(14)　イ　　(15)　ア

〈解説〉(1)　近代オリンピック競技の第1回アテネ大会では，陸上，水泳，体操，レスリング，フェンシング，射撃，自転車，テニスの8競技が行われた。水泳の競技種目は自由形1種目で，当時は平泳ぎが主流だった。　(2)　フォアハンドにもバックハンドにも対応可能な，基本的なラケットの握り方はウエスタングリップで，地面と水平に置いたラケットを真上から握る持ち方である。ほかには，ラケット面に手のひらを当てて，そのまま手をグリップまで移動させて握るイースタングリップ，地面に垂直に立てたラケットをそのまま上から握るコンチネンタルグリップなどがある。　(3)　直接フリーキックは，蹴ったボールがゴールに入ると得点になるが，間接フリーキックはゴールに直接ボールが入っても得点にはならずに，相手のゴールキックで試合が再開される。　(4)　陸上競技のトラック種目では，胴体部分がフィニッシュラインを通過したときがゴールと認定される。胴体とは身体の頭・首・腕・脚・手・足を含まない部分を指し，トルソーとも呼ばれる。　(5)　卓球で，打ったボールが台の面の角(エッジ)に当たった場合をエッジボールといい，正しいリターンとして有効返球になる。ボールが台の側面(サイド)に当たった場合は無効であり，打った側の失点となる。　(6)　タイブレークは，ソフトボールで7回を終わって同点の場合に，勝敗を早く決定するために行われるルールである。前イニングの最終打者を二塁走者として，無死二塁の状況を設定してプレーを開始するゲーム方法である。　(7)　マット運動は，回転系と巧技系で構成される。回転系には，背中をマットに接して回転する「接転技群」や，背中をマットにつけずに手や足の支えで回転する「ほん転

技群」がある。　(8)　プッシュは，ネット前に浮いてきた球を，コートに鋭く突きさすショット。ロブは，ネット前からアンダーハンドで相手コートの奥深くへ返球するショットである。　(9)　残心とは，打突後にも油断せずに，相手の攻撃に応じられる心構えや身構えのことである。　(10)　ラグビーのプレーの原則は，ボールを持った人が常に先頭というもので，ボールを前にパスしたり，ボールを前に落としたり，選手がボールより前でプレーすることが禁じられている。

(11)　ハンドボールの7mスローは，明らかな得点機会を反則により阻止されたときや，守備側選手が攻撃を止めようとゴールエリア内に入ったときなどに，攻撃チームに与えられる。　(12)　バレーボールでは，自陣にボールが入ってきた場合，3打数以内で相手コートに返す必要があり，接触が4回以上になるとフォアヒット(four hit)の反則となる。　(13)　柔道では，軽微な違反行為に対しては「指導」が，重大な違反行為に対しては「反則負け」が罰則として与えられる。相手と組み合わなかったり，消極的な姿勢を取ったりすると「指導」が与えられ，「指導」を3回受けると「反則負け」になる。　(14)　バスケットボールは，アメリカのジェームズ・ネイスミスにより冬季の屋内競技として考案された。なお，カール・シュレンツはハンドボールの考案者，ジェームズ・ギブは卓球の考案者である。　(15)　パーとは，各ホールで決められている規定打数のこと，またその規定打数と同じ打数でホールアウトすることをいう。パーの語源はラテン語の「等しい・同じ」にある。なお，ボギーは規定打数に対して1打多い打数，バーディーは規定打数より1打少ない打数でホールアウトすること。

【2】(1)　ブレイクダンス(ブレイキン)，サーフィン，スケートボード，スポーツクライミング　(2)　PTSD　(3)　WADA　(4)　デフリンピック

〈解説〉(1)　オリンピック2024パリ大会の追加種目は，新種目としてブレイクダンス(ブレイキン)，2020東京大会からの継続種目としてサーフィン，スケートボード，スポーツクライミングがある。サーフィン

の開催地は，フランスの海外領土であるタヒチに決められた。東京大会で実施された野球，ソフトボール，空手は落選となった。　(2)　災害や事故で死の危険に直面するような恐怖や悲しみは，心の深い傷となり，悪夢に苦しむなどの症状を繰り返すことがある。こうした症状を1か月以上続くものをPTSD(心的外傷後ストレス障害)という。1か月未満の場合はASD(急性ストレス障害)と診断される。　(3)　WADA(世界アンチ・ドーピング防止機構)はWorld Anti-Doping Agencyの略称で，世界各国におけるドーピングの根絶と公正なドーピング防止活動の促進を目的とする国際的な機関である。　(4)　デフリンピックは，耳の聞こえない選手のためのオリンピックのこと。「Deaf」は英語で「耳が聞こえない人」という意味で，オリンピックと同じように4年に1度，夏季大会と冬季大会が2年ごとに交互に開催される。競技ルールはオリンピックと同じだが，耳が聞こえない選手のための視覚的保障がなされた競技環境が工夫されている。

【3】① エ　② キ　③ ケ　④ ウ　⑤ ア　⑥ セ
⑦ コ

〈解説〉①～③　感染症に感染する要因としては，病原体(感染源)，感染経路，宿主(主体)の3つがある。基本的な感染症対策はこれら3つの要因への対策であり，「感染源を絶つこと」，「感染経路を絶つこと」，「(宿主の)身体全体の抵抗力を高めること」の3つとなる。「感染源を絶つ」ためには，発熱や咳等の症状がある場合等には登校しないことの徹底，登校時の健康状態の把握(健康観察)などを示している。また，「感染経路を絶つ」ためには，3密の回避，人と人との距離の確保，マスクの着用，手洗いなどの手指衛生，換気等の基本的な感染対策を推奨している。　④，⑤　「集団感染のリスクへの対応」としては，「密閉，密集，密接」の3密の回避を促している。なお，「学校の体育の授業におけるマスク着用の必要性について」(令和2年　スポーツ庁)では，「運動を行う際にマスクを着用する場合，十分な呼吸ができなくなるリスクや熱中症になるリスクが指摘されております。このような運動

時のマスク着用による身体へのリスクを考慮して，学校の体育の授業におけるマスクの着用は必要ありませんが，……」と指摘されているなど，場面や状況，発達段階等に応じた適切な対応が求められている。⑥　感染者や濃厚接触者の児童生徒には，出席停止の措置がとられる。また，発熱や咳等の症状がみられるもの，同居の家族に未診断の発熱等の症状がみられる者等についても，出席停止の措置を取ることができる。　⑦　学校保健安全法第19条には，「校長は，感染症にかかつており，かかつている疑いがあり，又はかかるおそれのある児童生徒があるときは，政令で定めるところにより，出席を停止させることができる。」と規定されている。

【4】①　総括　②　重点　③　義務教育　④　一体　⑤　スポーツライフ　⑥　個人　⑦　自他の課題　⑧　伝える
〈解説〉①～⑤　「総括的に示す」は，保健体育科の全体の特性や教科で果たす役割をまとめて示したものである。「重点」については，「生涯にわたって心身の健康を保持増進し，豊かなスポーツライフを実現するための資質・能力を育成すること」が，保健体育科(体育科)の究極的な目標であり，重点でもあるといえる。「心と体を一体として捉え」は，心身ともに健全な発達を促すためには心と体を一体として捉えた指導が重要であることを示したもので，平成10(1998)年に上位目標に示されて以降，引き続いて強調されている。　⑥　知識及び技能に関する目標(1)における，校種別の健康安全についての理解の対象は，小学校では「身近な生活」，中学校では「個人生活」，高等学校では「社会生活」と，発達段階に応じてその範囲が広げられている。
⑦，⑧　思考力，判断力，表現力等に関する目標(2)における，運動や健康についての課題の発見の対象を校種別にみると，小学校では「自己の課題」，中学校では「自他の課題」，高等学校では「自他や社会の課題」と，発達段階に応じて示されている。一方，「他者に伝える力を養う」は，小学校から高等学校まで一貫した目標として示されている。このように，校種別に対比してみることも，12年間の学習の系統

性をみる上で大切な視点である。

【5】① 衛生　② 基準　③ 保健所　④ 有効性　⑤ 正しく　⑥ ヘルスプロモーション　⑦ 情報　⑧ 表現

〈解説〉今回の学習指導要領改訂においては，個人及び社会生活における健康課題を解決することを重視する観点から，人々の健康を支える環境づくり等の充実が図られ，従前の「現代社会と健康」，「生涯を通じる健康」，「社会生活と健康」の3項目が，「現代社会と健康」，「安全な社会生活」，「生涯を通じる健康」，「健康を支える環境づくり」の4項目とされた。　①，②　環境衛生活動や食品衛生活動は，それぞれに設定された基準に基づいて行われている。　③～⑤　地域の保健機関としては，保健所や保健センターなどがある。医薬品は，医療用医薬品，要指導医薬品，一般用医薬品の三つに大別され，承認制度によってその有効性や安全性が審査されており，販売に規制が設けられている。また，使用法を守り正しく使う必要がある。　⑥　ヘルスプロモーションは，1986年にWHO(世界保健機関)が提唱した新しい考え方で，「人々が自らの健康をコントロールし，改善できるようにするプロセスである」と定義されている。　⑦，⑧　イは，思考力，判断力，表現力等に関する内容である。健康を支える環境づくりに関わる情報から課題を発見し，疾病等のリスクの軽減，生活の質の向上，健康を支える環境づくりなどと，解決方法を関連付けて，思考，判断，表現することをねらいとしている。

【6】① コ　② ア　③ イ　④ ウ　⑤ サ　⑥ エ　⑦ キ　⑧ オ

〈解説〉問題文は「第3期スポーツ基本計画」からの抜粋だが，第3期計画を策定するにあたりスポーツの捉え方を整理する必要性から，「スポーツ基本法」及び「第2期スポーツ基本計画」に記述された言葉を引用しながら説明している。　①，②　平成23(2011)年に公布された基本法とは「スポーツ基本法」である。その前文の冒頭には「スポーツ

は，世界共通の人類の文化である。」と示されている。

③〜⑥　スポーツ基本法の前文の文章が引用されている。前文では，スポーツの価値や意義，スポーツの果たす役割の重要性が示されている。　⑦，⑧　スポーツ基本計画で取り扱うスポーツは，「する」「みる」「ささえる」という様々な形での自発的な参画を通して，人々が感じる「楽しさ」や「喜び」に本質を持つものを基本としている。

【7】①　ウ　②　キ　③　ス　④　ア　⑤　カ　⑥　コ
⑦　ナ　⑧　ケ　⑨　ト　⑩　セ

〈解説〉①〜③　第1学年及び第2学年においては，体育分野の「A体つくり運動」から「H体育理論」までの全ての領域について必修である。第3学年においては，「A体つくり運動」及び「II体育理論」は必修で，「B器械運動，C陸上競技，D水泳，Gダンス」のまとまりから1領域以上，「E球技，F武道」のまとまりから1領域以上を選択して，それぞれ履修することとされている。指導計画の作成に当たっては，カリキュラム・マネジメントの視点を踏まえ，3学年間の見通しをもって決めることが必要である。　④〜⑥　陸上競技には，トラックにおいて主に走力を競う競走種目と，フィールドにおいて主に跳躍力を競う跳躍競技がある。中学校においては，競争種目として短距離走・リレー，長距離走，ハードル走，跳躍種目として走り幅跳びと走り高跳びがある。　⑦〜⑩　今回の学習指導要領改訂における基本的な考え方として，3つの柱の資質・能力の育成に向けて，主体的・対話的で深い学びの実現に向けた授業改善を進めることが強調されている。その育成を目指す3つの柱は，「知識及び技能」，「思考力，判断力，表現力等」，「学びに向かう力，人間性等」である。また，保健体育科においては，必要に応じて，コンピュータや情報通信ネットワークなどを適切に活用し，学習の効果を高めるよう配慮することが示されている。体育分野においては，学習に必要な情報の収集やデータの管理・分析，課題の発見や解決方法の選択などにおける，ICTの活用が考えられる。

【8】(1)　(解答例)・教職員への啓発：児童生徒等の熱中症予防について，全教職員で共通理解を図るため研修を実施する。　　・児童生徒等への指導：学級担任は，児童生徒等が自ら熱中症の危険を予測し，安全確保の行動をとることができるように指導する。　　・各校の実情に応じた対策：近年の最高気温の変化や熱中症発生状況等を確認し，地域や各学校の実情に応じた具体的な予防策を学校薬剤師の助言を得て検討する。　　(2)　(解答例)・授業等において使用する用具の安全確保　　・運動会，体育祭等で実施される組体操の安全対策　　・体罰やハラスメントの根絶

〈解説〉(1)　熱中症予防の体制整備のポイントとしてはほかに，「体調不良を受け入れる文化の醸成」，「情報収集と共有」，「暑さ指数を基準とした運動・行動の指針を設定」，「暑さ指数の把握と共有」，「日々の熱中症対策のための体制整備」，「保護者等への情報提供」がある。具体的な内容は，出題の手引で確認しておくこと。　　(2)　「授業等において使用する用具の安全確保」については，授業等において使用する用具は，破損状態にあるものや，老朽化して安全に使用できない恐れのある用具については使用しないなど，適切に対処するとともに，正しい方法での用具の使用を徹底することにより，事故の発生を未然に防ぐことなどが示されている。「運動会，体育祭等で実施される組体操の安全対策」については，「組体操等による事故防止について」(平成28年　スポーツ庁)を踏まえた適切な安全対策を確実に講じられない場合には，組体操の実施を厳に控えること，安全対策については，学校の判断のみに委ねず，教育委員会等において安全対策の内容を把握し，その妥当性や実施の可能性に責任を持ち，必要に応じて学校への指導助言を行うことなどが示されている。「体罰やハラスメントの根絶」については，「運動部活動での指導のガイドライン」(平成25年　文部科学省)等に示されている，限度を超えた肉体的・精神的な負荷や，セクシャルハラスメント，パワーハラスメントなどの体罰やハラスメントは，いかなる場合でも決して許されないことであり，全ての指導者が認識を共有し，指導を徹底することの必要性が示されている。

2022年度 | 実施問題

【中高共通】

【1】次の(1)〜(15)の文中の[　]に入る最も適切なものを，それぞれ以下の①〜③の中から1つずつ選び，番号で答えよ。

(1)　水泳中，体の中心線を軸として，左右に回転する動きを[　]という。

① スカーリング　② ローリング　③ キャッチアップ

(2)　テニスにおいて，ボールに順回転をかけるショットをトップスピン系，逆回転をかけるショットを[　]系という。

① カット　② フック　③ スライス

(3)　サッカーにおいて，キックオフ時の相手プレーヤーは[　]以上ボールから離れる。

① 9.15m　② 10.15m　③ 11.15m

(4)　陸上競技の走り幅跳びにおいて，競技者が8名以下の場合は各々に[　]の試技が与えられる。

① 3回　② 5回　③ 6回

(5)　卓球において，促進ルールが適用された場合，サーバーがサービスも含めて[　]回打球するまでの間に得点しないと，レシーバーの得点となる。

① 9　② 11　③ 13

(6)　ソフトボールにおいて，打撃専門のプレーヤーを[　]という。

① DH　② PH　③ DP

(7)　鉄棒運動において，手の甲が見えるように親指と親指が内側に向く握り方を[　]という。

① 片逆手　② 逆手　③ 順手

(8)　バドミントンにおいて，ラケットと腕でVの字ができるように角度をつけて握ることを[　]という。

　　① サムアップグリップ　　② リストスタンド

　　③ コンチネンタルグリップ

(9) 剣道において，反則を犯すと1回ごとに[　　]が行われ，2回犯すと相手に1本が与えられる。

　　① 指導　　② 注意　　③ 宣告

(10) ラグビーにおいて，ボールがタッチラインの外に出た場合は，[　　]からゲームが再開される。

　　① プレースキック　　② スクラム　　③ ラインアウト

(11) ハンドボールにおいて，ゴールエリア上の空間でキャッチしシュートするプレーを[　　]という。

　　① エアショット　　② スカイプレー　　③ ゴールタイプ

(12) バレーボールは，アメリカのYMCA体育指導者の[　　]により考案された。

　　① ホルガー・ニールセン　　② J.ネイスミス

　　③ ウィリアム・G・モーガン

(13) 柔道において，自分の技から自分の技をかける場合を連絡技，相手の技を利用して自分の技をかける場合を[　　]と呼ぶ。

　　① 連続技　　② 応じ技　　③ 変化技

(14) バスケットボールにおいて，バックコートでボールを保持したチームは[　　]秒以内にフロントコートにボールを進めなければならない。

　　① 8　　② 10　　③ 12

(15) フォークダンスにおいて，円周上を逆時計回りに移動することを[　　]という。

　　① CCW　　② LOD　　③ 逆LOD

(☆☆☆☆○○○○○)

【2】次の各問いに答えよ。

(1)　2022年5月に日本で開催が予定されている，世界最大級の生涯スポーツの総合競技大会の名称を答えよ。

(2)　望まない受動喫煙の防止を図るため，「国及び地方公共団体の責務等」や，「多数の者が利用する施設等における喫煙の禁止等」等の項目について，2018年7月に一部改正する法律が成立し，2020年4月より全面施行された法律を答えよ。

(3)　重度脳性麻痺者もしくは同程度の四肢重度機能障がい者のために考案されたスポーツで，ジャックボールという的に向かってボールを6球ずつ投げ(あるいは転がしたり，他のボールに当てたりして)，的にいかに近づけるかを競う競技の名称を答えよ。

(4)　要介護状態に至る前段階として位置づけられるが，身体的脆弱性のみならず精神・心理的脆弱性や社会的脆弱性などの多面的な問題を抱えやすく，自立障害や死亡を含む健康障害を招きやすいハイリスク状態を何というか，カタカナ4文字で答えよ。

(☆☆☆◎◎◎◎)

【3】次の文中の[　①　]〜[　⑧　]にあてはまる語句や数値をそれぞれ答えよ。

(1)　応急手当には，傷病の[　①　]を防ぐ，傷病者の苦痛や[　②　]を和らげる，治療の効果を高め，治療後の[　③　]を早めるなどの目的がある。

(2)　災害の被害を少なくするには，自分や家族の生命・安全を自らが守る自助や近隣が互いに助け合って地域を守る[　④　]，さらに自治体，警察や消防等が復旧対策の活動を行う公助が大切である。

(3)　中学生がインフルエンザに感染し，発病した場合は.「発症した後[　⑤　]日を経過し」，かつ「[　⑥　]した後[　⑦　]日を経過するまで」学校を休まなければならないことが，[　⑧　]法施行規則で定められている。

(☆☆☆◎◎◎◎)

【4】次の文は,「中学校学習指導要領(平成29年7月告示)」の「第2章　各教科」「第7節　保健体育」「第3　指導計画の作成と内容の取扱い」からの抜粋である。文中の[　①　]～[　⑮　]にあてはまる語句を,以下の【語群】のア～トからそれぞれ1つずつ選び,記号で答えよ。

> 1　指導計画の作成に当たっては,次の事項に配慮するものとする。
> (1)　[　①　]など[　②　]や[　③　]のまとまりを見通して,その中で育む資質・能力の育成に向けて,生徒の[　④　]・[　⑤　]で[　⑥　]の実現を図るようにすること。その際,体育や保健の[　⑦　]・[　⑧　]を働かせながら,運動や[　⑨　]についての[　⑩　]の課題を[　⑪　]し,その[　⑫　]な解決のための活動の[　⑬　]を図ること。また,運動の楽しさや[　⑭　]を味わったり,[　⑨　]の大切さを実感したりすることができるよう[　⑮　]すること。

【語群】

ア　時間	イ　健康	ウ　自他	エ　対話的	オ　主体的
カ　留意	キ　特性	ク　充実	ケ　見方	コ　合理的
サ　過程	シ　関係	ス　喜び	セ　向上	ソ　考え方
タ　内容	チ　発見	ツ　判断	テ　単元	ト　深い学び

(☆☆☆○○○○)

【5】次の文は,「高等学校学習指導要領(平成30年3月告示)」の「第2款　各科目」「第1　体育」「2　内容」「H　体育理論」からの抜粋である。文中の[　①　]～[　⑯　]にあてはまる語句をそれぞれ答えよ。ただし,同じ番号には同じ語句が入るものとする。

(3)　豊かなスポーツライフの[　①　]の仕方について，課題を
　　[　②　]し，その解決を目指した活動を通して，次の事項を身
　　に付けることができるよう指導する。

　　ア　豊かなスポーツライフの[　①　]の仕方について理解する
　　　こと。

　　　(ア)　スポーツは，各[　③　]における身体的，心理的，社
　　　　会的特徴に応じた[　④　]な楽しみ方があること。また，
　　　　その楽しみ方は，個人のスポーツに対する[　⑤　]など
　　　　によっても変化すること。

　　　(イ)　生涯にわたってスポーツを継続するためには，
　　　　[　⑥　]に応じたスポーツとの関わり方を見付けること，
　　　　[　⑦　]と生活の調和を図ること，運動の[　⑧　]を生み
　　　　出す工夫をすることなどが必要であること。

　　　(ウ)　スポーツの推進は，様々な施策や組織，人々の
　　　　[　⑨　]や参画によって支えられていること。

　　　(エ)　人生に[　⑩　]をもたらす貴重な[　⑪　]的資源とし
　　　　て，スポーツを未来に[　⑫　]するためには，スポーツ
　　　　の可能性と問題点を踏まえて適切な「する，みる，
　　　　[　⑬　]，[　⑭　]」などの関わりが求められること。

　　イ　豊かなスポーツライフの[　①　]の仕方について，課題を
　　　[　②　]し，よりよい解決に向けて[　⑮　]し判断するとと
　　　もに，[　⑯　]に伝えること。

(☆☆☆○○○○○)

【6】文部科学省が平成29年3月に策定した第2期「スポーツ基本計画」
「第2章　中長期的なスポーツ政策の基本方針」「2　スポーツで「社会」
を変える I」からの抜粋である。文中の[　①　]～[　⑧　]にあてはま
る語句をそれぞれ漢字で答えよ。

(2)　スポーツは[　①　]社会や健康長寿社会の実現，経済・地域の活性化に貢献できる。

　障害者スポーツを通じて障害者への理解・共感・[　②　]が生まれる。

　子供，高齢者，障害者，女性，外国人などを含め全ての人々が分け隔てなくスポーツに親しむことで，心のバリアフリーや[　①　]社会が実現する。

　スポーツを楽しみながら適切に継続することで，生活習慣病の予防・改善や介護予防を通じて[　③　]を伸ばすことができ，社会全体での医療費抑制につながる。

　民間事業者において働き方を見直し，スポーツの習慣づくりを通じて「健康[　④　]」を推進することにより，働き方改革にも貢献できる。

　〈中　略〉

　人口減少や高齢化が進む中，スポーツ資源を地域の魅力づくりやまちづくりの核とすることで，地域経済の活性化など[　⑤　]に貢献する。

　スポーツは，人を元気づけるとともに，人を結びつける力を持っており，状況や社会を変える可能性を持つことから[　⑥　]からの復興に貢献する。

　アスリートは，不断の努力の積み重ねにより人間の[　⑦　]を追求しており，その活躍や努力は人々に夢と希望を届け，チャレンジする勇気を社会全体にもたらす。また，トップアスリートが才能を開花させる過程で培われた技術や知識・経験，生き方は社会的な[　⑧　]でもあり，それらは多くの人々にスポーツの魅力を広げ，社会に活力をもたらすものである。

(☆☆☆◎◎◎)

【7】次の文は.「中学校学習指導要領解説　保健体育編」(平成29年7月告示)の「第2章　保健体育科の目標及び内容」「第2節　各分野の目標及び内容」〔体育分野〕「2　内容」「D　水泳」「内容の取扱い」からの抜粋である。文中の[　①　]～[　⑩　]にあてはまる語句を，以下の【語群】のア～トからそれぞれ1つずつ選び，記号で答えよ。

D　水泳　　……中略……

　内容の取扱い　　……中略……

　　(ア)　水泳の領域は，第1学年及び第2学年においては，全ての生徒に履修させることとしているが，第3学年においては，器械運動，陸上競技，水泳，及び[　①　]のまとまりの中から[　②　]領域以上を選択して履修できるようにすることとしている。　　……中略……

　　(イ)　……中略……

　　(ウ)　水泳では，[　③　]などの適切な[　④　]のつくり方を工夫したり，[　⑤　]の場合も，状況によっては，安全の確保や練習に対する[　⑥　]として参加させたりするなど配慮をするようにする。また，水泳の学習は[　⑦　]に影響を受けやすいため，教室での学習として[　⑧　]を活用して[　⑨　]を確かめたり，課題を検討したりする学習や，保健分野の応急手当と[　⑩　]させた学習などを取り入れるなどの指導計画を工夫することが大切である。

【語群】

ア　水温	イ　武道	ウ　クロール	エ　ICT
オ　バディシステム	カ　見学	キ　泳法	ク　背泳ぎ
ケ　グループ	コ　気候条件	サ　協力者	シ　3
ス　資料集	セ　関連	ソ　2	タ　球技
チ　技能	ツ　スタート	テ　ダンス	ト　1

(☆☆☆◎◎◎◎)

【8】次の各問いに答えよ。

(1)　文部科学省が令和2年9月に示した「学校の働き方改革を踏まえた部活動改革」の中の「休日の部活動の段階的な地域移行(令和5年度以降，段階的に実施)」に示されている具体的な方策3点について説明しなさい。

(2)　スポーツ庁が令和3年4月9日に示した「学校の水泳授業における感染症対策について」にある，感染症対策徹底のために水泳授業で講じるべき具体的な対策3点について説明しなさい。

(☆☆☆☆◎◎)

解答・解説

【中高共通】

【1】(1) ②　(2) ③　(3) ①　(4) ③　(5) ③　(6) ③　(7) ③　(8) ②　(9) ③　(10) ③　(11) ②　(12) ③　(13) ③　(14) ①　(15) ②

〈解説〉(1)　ローリングは，クロールと背泳ぎにおいて，抵抗を減らすために必要な技術的ポイントである。　(2)　テニスのショットには，スライスのほか，フラット，スピンがある。スライスショットではボールに逆回転がかかるため，ボールを浮かせ滞空時間を長くすることができる。また，ボールがコートにバウンドした後に変化するため，相手のミスを誘うきっかけにもなる。　(3)　キックオフだけでなく，フリーキックの際も相手プレーヤーは，9.15m以上離れていなければならない。　(4)　走り幅跳びで8人を超える競技者が競技を行う場合には，各競技者は3回の試技が許される。その中で上位8人には，さらに3回の試技が許される。競技者が8人以下の場合には，各競技者に6回の試技が許される。　(5)　卓球の促進ルールでは，レシーバーが13回返球すると，レシーバーのポイントとなる。サービスは1本交替と

なる。　(6)　ソフトボールの指名選手はDP(DESIGNATED PLAYER)という。守備につくこともでき，スターティングプレーヤーであれば，リエントリー(再出場)もできる。　(7)　握り方には，鉄棒を上から握る「順手」，鉄棒を下から握る「逆手」，片方が順手，もう片方が逆手の「片逆手」などがある。　(8)　バドミントンのグリップには，多くのショットに対応できるイースタングリップ，バックハンドの際に多用されるサムアップグリップ，ラケットと腕でVの字ができるように角度をつけるリストスタンドなどがある。　(9)　剣道で反則が生じた場合，審判の「止め」の宣告で，選手はすぐに試合を中断する。一方が反則を二回行った場合はもう一方の１本となる。　(10)　ラグビーのラインアウトは，サッカーでいうスローインに相当する。ボールがタッチを割った地点をラインオブタッチ，ゲームを再開するポイントをマークオブタッチと呼ぶ。　(11)　ハンドボールのスカイプレーでは浮かせるようにして上空に上げられたボールに対して，タイミングを合わせてジャンプすることが重要になる。2名が連続してスカイプレーを行うことを「ダブルスカイ」，3名になると「トリプルスカイ」といわれる。　(12)　バレーボールは，1895年，アメリカのYMCA(キリスト教青年会)の体育指導者，ウイリアム・G・モーガンによって考案された。モーガンは，バスケットボールのような身体接触を伴うものではなく誰もが安全に楽しめるスポーツ競技として，テニスなどを参考にバレーボールを考案したとされる。　(13)　柔道における変化技とは，相手がかけてきた技に対し，そのまま切り返して投げたり，その技の力を利用して効率よく投げたりするためにかける技のことをいう。　(14)　バスケットボールには「3秒ルール」「8秒ルール」「24秒ルール」があるので，混同しないよう気をつけたい。　(15)　フォークダンスのLODとはLine Of Danceの頭文字で，時計の針の動きと反対の方向に移動することをいう。

【2】(1)　ワールドマスターズゲームズ　　(2)　健康増進法　　(3)　ボッチャ　　(4)　フレイル

〈解説〉(1)　ワールドマスターズゲームズは，国際マスターズゲームズ協会(IMGA)が4年ごとに主催する，30歳以上の成人・中高年の一般アスリートを対象とした世界最大級のスポーツの国際総合競技大会である。　(2)　健康増進法第25条では，「多数のものが利用する施設を管理する者は，これらを利用する者について，受動喫煙を防止するために必要な措置を講ずるように努めなければならない」としている。(3)　ヨーロッパで誕生したボッチャは，ジャックボール(目標球)と呼ばれる白いボールに，赤・青のそれぞれ6球ずつのボールを投げたり，転がしたり，他のボールに当てたりして，いかに近づけるかを競い合うターゲット型の障がい者スポーツで，パラリンピックの正式種目となっている。1984年に初の世界大会(ニューヨーク)が，1996年に国内で初の競技会が開催された。　(4)　フレイルは，日本老年医学会が2014年に提唱した概念で，「frailty（虚弱）」からきている。要介護状態に至る前段階として位置づけられ，身体的な機能や認知機能の低下が見られる状態のことを指す。フレイルは，筋力低下などの身体的要素，認知症や抑うつなど精神的・心理的要素，独居や経済的困窮などの社会的要素で構成される。適切な治療や予防を行うことで要介護状態に進まずにすむ可能性がある。

【3】①　悪化　②　不安　③　回復　④　共助　⑤　5
⑥　解熱　⑦　2　⑧　学校保健安全

〈解説〉①〜③　応急手当は，その場に居合わせた人(バイスタンダー)が目的を理解し，適切に行うことがその後の回復に大変重要である。応急手当の意義と手順を必ず確認しておくこと。　④　災害への備えを考えるとき，「自助」「共助」「公助」の3つがあり，自身にできるのは「自助」と「共助」である。一人ひとりが「自分の身は自分で守る」，「自分たちの地域は自分たちで守る」という考えを持ち，日ごろから災害に備えておくことが重要である。　⑤〜⑧　出席停止の期間の基準は，学校保健安全法の施行規則によって「①治癒するまでの期間」，「②それぞれ定められた出席停止期間」，「③病状により感染の恐れが

ないと医師が認めるまで」などと規定されている。

【4】① テ ② タ ③ ア ④ オ ⑤ エ ⑥ ト
⑦ ケ ⑧ ソ ⑨ イ ⑩ ウ ⑪ チ ⑫ コ
⑬ ク ⑭ ス ⑮ カ

〈解説〉「中学校学習指導要領（平成29年3月告示）」の「第2章　第7節　第3　指導計画の作成と内容の取扱い」は教科の目標などとともに出題頻度が高い。年間授業時数に関する問題もよく出されるので確認しておくこと。年間授業時数は105時間で，体育分野及び保健分野は3学年を通して体育分野は267単位時間程度，保健分野は48単位時間程度と示されている。また，「体つくり運動」の授業時数については各学年で7単位時間以上，「体育理論」の授業時数については各学年で3単位時間以上を配当することとしている。

【5】① 設計　② 発見　③ ライフステージ　④ 多様
⑤ 欲求　⑥ ライフスタイル　⑦ 仕事　⑧ 機会
⑨ 支援　⑩ 潤い　⑪ 文化　⑫ 継承　⑬ 支える
⑭ 知る　⑮ 思考　⑯ 他者

〈解説〉高等学校の体育理論は，入学年次においては「スポーツの歴史，文化的特性や現代のスポーツの特徴」を，その次の年次においては「運動やスポーツの効果的な学習の仕方」を，それ以降の年次においては「豊かなスポーツライフの設計の仕方」をそれぞれ取り上げる。「豊かなスポーツライフの設計の仕方」の内容については，各ライフステージには身体的，心理的，社会的特徴に応じたスポーツの楽しみ方があり，個人の欲求によっても変化すること，運動機会や活動の場を条件とする自らのライフスタイルに適したスポーツとのかかわり方があること，スポーツの振興を図る施策や条件整備が進められていること，スポーツを行う上では環境への配慮が求められていることなどを中心に構成されている。

【6】① 共生　　② 敬意　　③ 健康寿命　　④ 経営　　⑤ 地方
創生　　⑥ 災害　　⑦ 可能性　　⑧ 財産
〈解説〉スポーツ基本計画は，スポーツ基本法に基づきスポーツに関する
　　施策の推進を図るための指針として位置付けられるものである。平成
　　29(2017)年からの5年計画であり，中長期的なスポーツ政策の基本方針
　　として，「(1)スポーツで『人生』が変わる！」，「(2)スポーツで『社会』
　　を変える！」，「(3)スポーツで『世界』とつながる！」，「(4)スポーツ
　　で『未来』を創る！」を掲げ，スポーツ参画人口を拡大し，一億総ス
　　ポーツ社会の実現に取り組むこととしている。

【7】① テ　② ト　③ オ　④ ケ　⑤ カ　⑥ サ
　　⑦ コ　⑧ エ　⑨ キ　⑩ セ
〈解説〉水泳の内容の取扱いについての問題である。第1学年及び第2学年
　　においては全ての領域が必修だが，第3学年においては，器械運動，
　　陸上競技，水泳及びダンスのまとまりの中から1領域以上を選択し，
　　球技，武道から1領域以上を選択することとしている。体つくり運動
　　及び体育理論は全学年必修である。学年ごとの領域の取扱いについて
　　は確実に押さえておく必要がある。水泳では，自己観察や他者観察の
　　方法として，バディシステムなどで仲間の動きを観察したり，ICT を
　　活用して自己のフォームを観察したりすることが考えられる。こうし
　　た観察で，自己の取り組むべき技術的な課題が明確になり，学習の成
　　果を高めることができる。保健分野との関連について，具体的には，
　　「体育分野の『D水泳』の事故防止に関する心得では具体的な態度の視
　　点から，保健分野の(3)『傷害の防止』のア(エ)『応急手当』では応急
　　手当の適切な対処の視点から，それぞれ取り上げているので，この点
　　を十分考慮して関連のある指導を工夫する。」としている。

【8】(1)　(解答例)　・休日の指導や大会への引率を担う地域人材の確保。
　　・保護者による費用負担，地方自治体による減免措置等と国による支
　　援。　　・拠点校（地域）における実践研究の推進とその成果の全国

展開。　(2)　(解答例)　・学校プールについては，学校環境衛生基準に基づき適切に管理すること。　　・毎朝の検温や健康観察により学習前の児童生徒の健康状態を把握し，体調が優れない児童生徒の水泳授業への参加は見合わせること。　　・児童生徒に不必要な会話や発声を行わないよう指導するとともに，プール内で密集しないよう，プールに一斉に大人数の児童生徒が入らないようにすること。

〈解説〉(1)　「学校の働き方改革を踏まえた部活動改革」(令和2年9月)は，部活動の意義と課題をうけ，生徒にとって望ましい部活動の環境の構築と学校の働き方改革も考慮した更なる部活動改革の推進を目指したものである。部活動改革の第一歩として，休日に教科指導を行わないことと同様に，休日に教師が部活動の指導に携わる必要がない環境を構築することや，休日における地域のスポーツ文化活動を実施できる環境を整備すること等を改革の方向性として示すとともに，それらを着実に進めていくために，拠点校(地域)における実践研究を実施し，その成果や課題を基に，休日の部活動の段階的な地域移行を図ることや，合理的で効率的な部活動の推進を図ることを示している。

(2)　「学校の水泳授業における感染症対策について」(令和3年4月9日スポーツ庁)は，学校の水泳授業における感染症対策の徹底をお願いするものとして出されたものである。解答例の他，「4. 授業中，手をつないだり，体を支えたりするなど，児童生徒が密接する活動は避けること。」「5. 更衣室について」，「6. タオルやゴーグルなどの私物の取り違えや貸し借りの防止について」，「7. 感染症対策について学校内で共有するとともに，児童生徒や保護者の理解を図ること」，「8. 幼稚園のプールについて」も示されているので確認しておくこと。

2021年度　実施問題

【中高共通】

【1】次の(1)～(15)の文中の　　　　の中に入る最も適切な語句を，それぞれ以下の①～③の中から1つ選び，番号で答えよ。

(1)　水泳競技のスタートにおいて，出発合図前にスタートした競技者は　　　　となる。

　① 失格　　② 注意　　③ 指導

(2)　テニスにおいて，相手からの返球が短くなったとき，打球後にネットにつくために行うショットを　　　　という。

　① ボレー　　② パッシング　　③ アプローチ

(3)　サッカーにおいて，キックオフのボールが直接ゴールに入った場合，　　　　となる。

　① 得点は有効　　② 得点は無効で，キックオフのやり直し

　③ 得点は無効で，相手のキックオフ

(4)　陸上競技の競走競技において，走者ごとに割り当てられた走路のことを　　　　という。

　① レーンライン　　② セパレートレーン　　③ オープンレーン

(5)　卓球において，相手の強打に対しボールの勢いを吸収したり利用したりして返球する打法を　　　　という。

　① ツッツキ　　② ブロック　　③ ロビング

(6)　ソフトボールにおいて，中学生以上のベース間の距離は，　　　　mである。

　① 14.02　　② 18.29　　③ 18.44

(7)　鉄棒運動の技の体系は，支持系と　　　　に分けられる。

　① 回転系　　② 懸垂系　　③ 切り返し系

(8)　バドミントンにおいて，シャトルがどこに飛んできても追いつくことができるコート上の位置を　　　　という。

① ニュートラルポジション　②　ベストポジション

③　ホームポジション

(9)　剣道において，打突した後も油断することなく，相手の攻撃に対応できる身構え，心構えを□□□□という。

①　交剣知愛　②　恐懼疑惑　③　残心

(10)　ラグビーにおいて，相手と比較的離れているときに，タックルポイントをはずして相手を抜き去ることを□□□□という。

①　スワープ　②　チェンジオブペース　③　フラットアウト

(11)　ハンドボールの開始は，プレーヤーがセンターラインの中央を片足で踏みスローする「□□□□」によって開始する。

①　スローオン　②　スローイン　③　スローオフ

(12)　バレーボールの競技者の交代は，同一セット中に□□□回を限度とする。

①　4　②　5　③　6

(13)　柔道において，右組みの場合，右手が□□□，左手が引き手となる。

①　押し手　②　投げ手　③　釣り手

(14)　バスケットボールのフリースローは，審判からボールを渡されてから□□□秒以内にバスケットに向かってショットする。

①　3　②　5　③　8

(15)　ゴルフのオリンピック種目の採用において，1904年セントルイス大会以来，長く採用されていなかったが，□□□□オリンピックから復活した。

①　東京　②　リオデジャネイロ　③　ロンドン

(☆☆◎◎◎)

【2】次の各問いに答えよ。

(1)　乾湿温度計と黒球温度計から，乾球温度，湿球温度，黒球温度を測定し算出する，熱中症予防の温度指標の略称をアルファベット4文字で答えよ。

(2) オリンピック憲章(2019年6月26日から有効)にある「オリンピック・シンボル」の色を左から順に全て挙げよ。

(3) 運動のスピード養成と酸素負債能力の向上を主な目的として行われ，全力のランニング等の間に十分な休息時間をとって数本繰り返すトレーニングの名称を答えよ。

(4) 年齢や障がいの有無に関わらず，誰もが得点や勝敗に同じように関わることができるようにルールなどが工夫されたスポーツの総称を答えよ。

(☆☆☆○○○○○)

【３】次の文中の　①　～　⑧　にあてはまる語句をそれぞれ答えよ。

(1) エイズやO157による腸管出血性大腸菌感染症などのように，新たに注目されるようになった感染症を　①　という。

(2) 交通事故を起こすと，罰金や懲役刑が科せられる　②　上の責任，損害を賠償する　③　上の責任，違反や事故の種類や過失に応じて反則点数が科せられる　④　上の責任など，きわめて重い責任を負わなければならない。

(3) 医師が患者にわかりやすく選択肢をあげて説明し，患者が自主的に判断して受けたいという医療を安心して受けられるようにするべきであるという考え方を　⑤　という。

(4) 日本では，かつてはHIVに汚染された　⑥　が原因で感染が起こったが，現在では，ほとんどのHIV感染は性行為によるものである。

(5) 2000年にスタートした「健康日本21」を支える法律として，国民の健康づくりや病気予防をさらに積極的に推進することを目的に，2002年に制定された法律を　⑦　という。

(6) 海での事故の原因の一つで，海水が川のようになって沖へ戻る流れのことを　⑧　という。

(☆☆☆○○○○○)

【4】次の文は,「中学校学習指導要領解説　総則編」(平成29年7月)の「教育課程外の学校教育活動と教育課程との関連」の部分の抜粋である。文中の　①　～　⑮　にあてはまる言葉を下の【語群】のア～ノからそれぞれ1つずつ選び,記号で答えよ。ただし,同じ番号には同じ言葉が入るものとする。

> 　特に,学校教育の　①　として行われる部活動は,　②　との交流の中で,生徒同士や教員と生徒等の　③　の構築を図ったり,生徒自身が活動を通して　④　を高めたりするなど,その　⑤　が高いことも指摘されている。
>
> 　そうした　⑤　が部活動の充実の中のみで図られるのではなく,例えば,　⑥　の活動において　⑦　の指導との関連を図り,競技を「　⑧　こと」のみならず,|　⑨　,　⑩　,　⑪　」といった視点からスポーツに関する　⑫　やスポーツとの　⑬　関わり方及びスポーツがもつ様々な良さを実感しながら,　⑭　等に応じて,生涯にわたるスポーツとの豊かな関わり方を学ぶなど,教育課程外で行われる部活動と教育課程内の活動との関連を図る中で,その　⑮　が発揮されることが重要である。

〔語群〕

ア　保健体育科	イ　目的	ウ　知る
エ　運動部	オ　密接な	カ　自己の適性
キ　一環	ク　成果	ケ　多様な
コ　教育効果	サ　科学的知見	シ　知識
ス　地域	セ　異年齢	ソ　人間関係
タ　自己肯定感	チ　みる	ツ　技能
テ　感じる	ト　支える	ナ　教育的意義
ニ　する	ヌ　一部	ネ　必要性
ノ　放課後		

【5】次の文は，「高等学校学習指導要領(平成30年3月告示)比較対照表
【保健体育】」の「第2款　各科目」「第1　体育」「2　内容」「G　ダン
ス」からの抜粋である。文中の　①　～　⑮　にあてはまる語句を
それぞれ漢字で答えよ。ただし，同じ番号には同じ語句が入るものと
する。

改　訂 (平成３０年告示)	現　行 (平成２１年告示)
G　ダンス 　ダンスについて，次の事項を身に付けることができるよう指導する。 (1)　次の運動について，感じを込めて踊ったり　①　と自由に踊ったり，　②　や　①　の課題を解決したりするなどの　③　な楽しさや喜びを味わい，ダンスの　④　や　⑤　，　⑥　と表現の仕方，　⑦　や　⑧　の仕方，　⑨　の方法，体力の高め方などを理解するとともに，それぞれ　⑩　の表現や踊りを身に付けて　⑦　や　⑧　をすること。 ア　創作ダンスでは，表したいテーマにふさわしいイメージを捉え，　⑪　や　⑫　で，　⑬　の動きや空間の使い方で変化を付けて　⑭　に表現したり，イメージを強調した作品にまとめたりして踊ること。 イ　フォークダンスでは，日本の民踊や外国の踊りから，それらの踊り方の特徴を強調して，音楽に合わせて　③　なステップや動きと組み方で　①　と対応して踊ること。 ウ　現代的なリズムのダンスでは，リズムの特徴を強調して　⑮　で自由に踊ったり，変化とまとまりを付けて　①　と対応したりして踊ること。	G　ダンス (新設) (1)　次の運動について，感じを込めて踊ったり，　①　と自由に踊ったりする楽しさや喜びを味わい，それぞれ　⑩　の表現や踊りを高めて　⑦　や　⑧　ができるようにする。 (3)　ダンスの　④　や　⑤　，　⑥　と表現の仕方，体力の高め方，　⑨　の方法，　⑦　や　⑧　の仕方などを理解し，グループや　②　の課題に応じた運動を継続するための取り組み方を工夫できるようにする。 ア　創作ダンスでは，表したいテーマにふさわしいイメージをとらえ，　⑪　や　⑫　で，　⑬　の動きや空間の使い方で変化を付けて　⑭　に表現したり，イメージを強調した作品にまとめたりして踊ること。 イ　フォークダンスでは，踊り方の特徴を強調して，音楽に合わせて　③　なステップや動きと組み方で　①　と対応して踊ること。 ウ　現代的なリズムのダンスでは，リズムの特徴を強調して　⑮　で自由に踊ったり，変化とまとまりを付けて　①　と対応したりして踊ること。

(☆☆☆☆◎◎◎◎)

【6】富山県部活動の在り方に関する方針(平成31年2月15日)からの抜粋
である。文中の　①　～　⑦　にあてはまる語句をそれぞれ漢字で
答えよ。

(1)　　①　は，学校の設置者の方針に則り，毎年度，部活動におけ
る休養日及び活動時間等の設定を含む「学校の部活動に係る活動方
針」を策定し，当該活動方針及び部活動顧問から提出された活動計
画等を学校のホームページへの掲載等により公表する。

(2)　学校の設置者は，部活動の指導者(部活動顧問，部活動指導員や
外部指導者等。以下「部活動指導者」という。)を対象とする指導に
係る知識及び実技の質の向上並びに学校の管理職を対象とする部活

64

動の適切な運営に係る ② の確保を図るための研修等の取組を行う。

(3) 休養日については，年間で104日以上設けることとし，そのうち ③ は少なくとも52日以上を休養日とすること。

(4) 部活動指導者は， ④ 知見を有する保健体育担当の教師や養護教諭等と連携・協力し，発達の個人差や女子の成長期における体と心の状態等に関する正しい知識を得た上で指導を行う。

(5) 体罰は，「学校教育法」第11条で ⑤ されている行為であり，教職員個人の問題にとどまらず，学校が生徒や保護者からの信頼を大きく失ってしまい，本来行わなければならない教育活動が効果的に行えない状況になるなど，学校教育全体において絶対にあってはならないものである。

(6) 部費の事務処理については，学校という ⑥ の施設において教員により会計処理が行われていること，また，資金の拠出者である保護者への説明責任等を果たす必要があることから，県費外会計ではあるが，県費会計に準じた適正な事務処理が求められる。

(7) 事故が発生した場合は，部活動顧問は状況を把握するとともに，近くの人に協力を求める。応急手当を行うとともに，救急車を要請し，校長等の管理職へ ⑦ する。

(☆☆☆☆☆◎◎◎)

【7】次の文は，「中学校学習指導要領解説　保健体育編」（平成29年7月）の「第2章　保健体育科の目標及び内容」「第2節　各分野の目標及び内容」〔体育分野〕「2　内容」「F　武道」「内容の取扱い」からの抜粋である。文中の ① ～ ⑩ にあてはまる語句を，あとの【語群】のア～トからそれぞれ1つずつ選び，記号で答えよ。

F　武道

内容の取扱い

(ア)　武道の領域は，第1学年及び第2学年においては，　①　の生徒に履修させることとしている。また，第3学年においては，　②　及び武道のまとまりの中から1領域以上を　③　して履修できるようにすることとしている。

　　　したがって，　④　を作成するに当たっては，3年間の見通しをもって決めることが必要である。

(イ)　武道の運動種目は，柔道，剣道又は相撲のうちから1種目を選択して履修できるようにすることとしている。

　　　なお，学校や地域の実態に応じて，空手道，なぎなた，弓道，合気道，少林寺拳法，銃剣道などについても履修させることができることとしているが，原則として，柔道，剣道又は相撲に加えて履修させることとし，学校や地域の　⑤　がある場合には，替えて履修させることができることとする。それらの場合は，各学校が次の要件などを参考に　⑥　に判断することが必要であるとともに，　⑦　や基本となる技を身に付けさせたり，　⑧　を取り入れたりするなどの工夫をし，　⑨　，　⑩　な学習ができるようにすることが大切である。

【語群】

ア	水泳	イ	球技	ウ	選択	エ	体系的
オ	特別の事情	カ	適切	キ	期待	ク	安全
ケ	効果的	コ	基本動作	サ	希望	シ	ダンス
ス	全て	セ	継続的	ソ	指導方法	タ	計画
チ	応用	ツ	試合	テ	指導計画	ト	形

(☆☆☆☆○○○○○)

【8】次の各問いに答えよ。

(1) 第32回オリンピック競技大会(東京2020)を通じて，JOCが果たすべき役割と目標達成に向けた戦略を定めた「JOC GOAL & ACTION FOR TOKYO 2020」にある「JOCが果たすべき3つの役割」について説明しなさい。

(2) スポーツ庁が策定した「スポーツ実施率向上のための行動計画」(平成30年9月6日)で示す，計画を推進する意義について説明しなさい。

(☆☆☆☆☆○○○○○)

解答・解説

【中高共通】

【1】(1) ① (2) ③ (3) ① (4) ② (5) ② (6) ②
(7) ② (8) ③ (9) ③ (10) ① (11) ③ (12) ③
(13) ③ (14) ② (15) ②

〈解説〉(1) 水泳競技において，出発合図の前にスタート動作を始める(フォルススタート)違反をした場合は，失格になる。 (2) テニスにおいて，ネットプレーを行うために打つショットを，アプローチショットという。 (3) サッカーにおいて，前・後半開始時，延長戦の前・後半開始時，得点後のキックオフは，直接得点できる。 (4) 陸上競技で，セパレートレーンから他のレーンに侵入すると原則として失格になる。 (5) 卓球において，ツッツキとは，台上，または台のそばにおける短いスイングでのカット打法をいう。ブロックとは，前陣や中陣で相手のスマッシュやドライブボールに対してカウンターを決める打法で，ボールが上昇している時に面の角度を的確に調整する必要がある。ロビングは，相手からスマッシュなどで攻め込まれたときに，ボールを高く打ちあげて返球する打法。 (6) 14.02m(高校女子は，

13.11m)は，ピッチャープレートとホームプレートまでの距離である。
(7)　鉄棒運動の支持系には前方支持回転と後方支持回転，懸垂系には，懸垂の技群がある。切り返し系は，跳び箱運動である。　(8)　シングルスの場合ならコート中央のショートサービスラインよりやや後方がホームポジションとなる。前後左右どの方向にシャトルが飛んできても対応しやすいので，シャトルを打ち返した後はホームポジションに戻るようにする。　(9)　剣道では，有効打突は，充実した気勢，適正な姿勢をもって，竹刀の打突部で，打突部位を刃筋正しく打突し，残心のあるものとしている。　(10)　ラグビーで，相手と正対し，まず抜く方向と逆方向に踏み込んだ後，すばやく抜く方向にとびだし，大きく弧を描くようにしてトップスピードで相手を抜き去ることを，スワーブという。　(11)　スローオフは，前・後半の開始時と得点後に行う。得点後のスローオフでは，得点したチームは，どちらのサイドにいてもよい。　(12)　1セットに6回まで認められ，最大6名が同時に交代できる。交代してベンチに下がったプレーヤーは，1セットにつき1度だけ同じポジションで復帰できる。　(13)　右組みの場合，右手が釣り手となり相手の左襟をとり，左手は引き手で，相手の右袖をとる。
(14)　5秒以内にシュートしない，シュートのふりをする(フェイク)，フリースローラインに触れたり超えたりする，シュートのボールがリングに触れる前にフリースローラインを超す等の反則は，得点にならず，フリースローライン延長線上の外から相手側のスローインとなる。
(15)　オリンピックのゴルフ競技は，1900年と1904年の2回にわたり開催されたが，その後は長く採用されていなかった。

【2】(1)　WBGT　　(2)　(左から)青，黄，黒，緑，赤　　(3)　レペティション(トレーニング)　　(4)　ユニバーサルスポーツ
〈解説〉(1)　WBGTとは，暑さ寒さに関する気温，湿度，輻射熱，気流の4要素を取り入れた指標である。屋外で日射のある場合，WBGT＝0.7×湿球温度＋0.2×黒球温度＋0.1×乾球温度。室内で日射の無い場合，WBGT＝0.7×湿球温度＋0.3×黒球温度。WBGTを簡便に測定でき

る指標計がある。　(2)　オリンピック・シンボルの輪の色や，位置は，オリンピック憲章で決められている。オリンピック・シンボルはオリンピック・ムーブメントの活動を表すとともに5つの大陸の団結，さらにオリンピック競技大会に世界中から選手が集うことを表現している(日本オリンピック協会「オリンピズム」より)。　(3)　反復回数は，個人の体力レベル，コンディション，シーズンの時期によって異なるが，2～5回は必要である。　(4)　ユニバーサルスポーツには，標的の輪を目がけて，正確さを競うフライングディスク(アキュラシー)，アイマスクをして音の鳴るボールを使うブラインドサッカー，プラスチック製のストーンを専用のカーペット上で滑らせるユニカール，プラスチック製の軽いスティックとボールを使うネオホッケー等がある。

【3】①　新興感染症　②　刑事　③　民事　④　行政　⑤　インフォームド・コンセント(説明と同意)(納得診療)　⑥　血液製剤　⑦　健康増進法　⑧　離岸流
〈解説〉①　感染症を引き起こすウイルスの突然変異や，森林伐採などによる環境の激変によって野生動物と人間の距離が近くなったことが理由の一つと考えられている。他に，エボラウイルス，レジオネラ菌，C型肝炎ウイルス，鳥インフルエンザウイルス，SARSコロナウイルス，インフルエンザウイルス(A/H1N1)などがある。　②～④　交通事故の責任には，運転により人を死傷させる行為等の処罰に関する法律および道路交通法による刑事上の責任，民法及び自動車損害賠償保障法による民事上の責任，反則点数が科せられ免許停止・取り消し処分の行政上の責任がある。　⑤　医療を受ける患者や家族と，医療を提供する医師や看護師をはじめとする医療関係者との人間関係の基本となる考え方で，アメリカで確立した。　⑥　血液製剤は，人間の血液を原料として製造される医療品。かつては処理が不十分であったことから，日本では血液製剤を通してHIV感染が広まったが，現在では，若年層の占める割合が高くなっている。　⑦　健康増進法では，「国民は，健康な生活習慣の重要性に対する関心と理解を深め，生涯にわたって，

自らの健康状態を自覚するとともに，健康の増進に努めなければならない」ことが，国民の責務として示されている。　⑧　離岸流は，海岸地形がくぼんでいるところ，波の形が周りと違うところ，砂浜でごみがたまっているところ，突堤の近くで起こりやすく，幅10m〜30m程度で長さは数十m〜数百m，流れの速さは速い所で2m／秒である。流されたら，慌てず流れが弱くなってきたところで岸と平行に泳いで流れから抜け出せたら岸へ向かう。

【4】　①　キ　　②　セ　　③　ソ　　④　タ　　⑤　ナ　　⑥　エ
　　　⑦　ア　　⑧　ニ　　⑨　チ　　⑩　ト　　⑪　ウ　　⑫　サ
　　　⑬　ケ　　⑭　カ　　⑮　コ
〈解説〉「中学校学習指導要領(平成29年告示)解説　総則編」「第3章」「第5節　学校運営上の留意事項」からの出題。教育課程外の様々な教育活動を教育課程と関連付けることは，生徒が多様な学びや経験をする場や自らの興味・関心を深く追及する機会の充実につながる。

【5】　①　仲間　　②　自己　　③　多様　　④　名称　　⑤　用語
　　　⑥　文化的背景　　⑦　交流　　⑧　発表　　⑨　課題解決　　⑩　特
　　　有　　⑪　個　　⑫　群　　⑬　対極　　⑭　即興的　　⑮　全身
〈解説〉学習指導要領における該当項目を現行指導要領と改訂指導要領で，比較したものである。現行指導要領では，「仲間と自由に踊ったりする楽しさや喜びを味わい」と「グループや自己の課題に応じた運動を継続するための取り組み方を工夫できるように」が，改訂指導要領では，「仲間と自由に踊ったり，自己や仲間の課題を解決したりするなどの多様な楽しさや喜びを味わい」となっている。また，フォークダンスは世界各国・各地域で自然発生し，伝承されてきた地域固有のダンスであり，改訂指導要領では「日本の民踊や外国の踊りから」の語句が入っている。

【6】① 校長　② 実効性　③ 週末　④ 専門的　⑤ 禁止
⑥ 公　⑦ 連絡

〈解説〉「富山県部活動の在り方に関する方針」は，富山県教育委員会が
スポーツ庁「運動部活動の在り方に関する総合的なガイドライン」及
び，文化庁「文化部活動の在り方に関する総合的なガイドライン」に
則り策定した。この全17ページの中から抜粋された出題である。以下
に該当箇所を示す。　①　2　適切な運営のための体制整備　(1)部活
動の方針の策定等　イ　校長　②　(2)指導・運営に係る体制の構築
オ　③　3　適切な休養日と活動時間の設定　(2)　ア　④　4　適切な
指導の実施　(1)適切な指導　オ　部活動顧問等　(イ)　⑤　4　適切な
指導の実施　(2)部活動における不祥事の防止　ア　体罰の防止
⑥　4　適切な指導の実施　(2)部活動における不祥事の防止　ㅜ　部
費の適正な管理　⑦　(3)事故防止と事故への対応　エ　事故発生時の
対応

【7】①　ス　②　イ　③　ウ　④　テ　⑤　オ　⑥　カ
⑦　コ　⑧　ト　⑨　ケ　⑩　セ

〈解説〉武道は，第1学年，第2学年において，全ての生徒に柔道，剣道ま
たは相撲のうちから1種目を選択して履修させる。また，第3学年での
球技との選択履修を踏まえて3年間の指導計画を立てる。空手道，な
ぎなた，弓道，合気道，少林寺拳法，銃剣道などを学校や地域の実態，
特別な事情によって，柔道，剣道または相撲に加えるか代わりに履修
させる場合は，・施設，設備の整備と指導者の確保　・指導内容，方
法の体系的な整備　・当該校の教員が指導から評価まで行える体制の
整備　・生徒の興味関心が高い　・段階的な指導ができる体制等の要
件を学校が適切に判断し，効果的，継続的な学習ができる　ことが大
切である。

【8】(1)　(解答例)　JOCは，果たすべき役割として次の3つを掲げてい
る。「アスリートの育成・強化」スポーツを通じ，オリンピズムを体

71

現する人間力ある若者を育成するとともに競技力の向上に努める。「国際総合競技大会の派遣・招致，並びに国際化の推進」国際スポーツ組織間の交流ならびに国際総合競技大会を通じ，国際相互理解を深め，平和と友好を促進する。「オリンピズムの普及・推進」オリンピック・ムーブメントを推進し，スポーツの価値を伝え，オリンピズムの普及を図る　　(2)　(解答例)　継続してスポーツを実施することは，勇気，自尊心，友情などの価値の実感・高い生活満足度，ストレス解消，心身の健康増進，生活習慣病予防の効果があり，健康長寿社会の実現につながる。

〈解説〉(1)　JOCは，全ての人々にスポーツへの参加を促し健全な精神と肉体を持つ人間を育て，オリンピック・ムーブメントを力強く推進することを通じて，人類が共に栄え，文化を高め，世界平和の灯を永遠に灯し続けることこそJOCの理想であり，使命であるとして，3つの役割を掲げ，さらにその役割を果たすために次にあげる5つの活動を互いに連動させながら進めることで，JOCの使命の達成を目指している。○選手強化　○アスリート支援　○オリンピック・ムーブメント推進○国際連携　○自律・自立　　(2)　スポーツの「楽しさ」や「喜び」がスポーツの価値の中核であり，さらに，継続することで勇気，自尊心，友情などの価値を実感するとともに，自らも成長し，心身の健康増進や生きがいに満ちた生き方を実現していくことができる。また，生活習慣病に対する予防にもつながる。

2020年度　実施問題

【中高共通】

【1】次の(1)〜(15)の文中の[　]の中に入る最も適切な語句を，それぞれ下の①〜③の中から1つ選び，番号で答えよ。

(1)　跳び箱運動において，両腕の支えによって後頭部を跳び箱につけ，前方に回転する跳び方を[　]という。

　①　首はね跳び　　②　頭はね跳び　　③　前方倒立回転跳び

(2)　陸上競技のリレーにおいて，次走者がバトンを受け取るために，待つ位置を決める方法のことを[　]という。

　①　ラップトップ　　②　コーナートップ　　③　サイドトップ

(3)　水泳競技のクロールのストロークにおいて，手のひらが体の真下で「S字」を描くことを[　]という。

　①　ホバリング　　②　スカーリング　　③　アウトスイープ

(4)　バスケットボールにおいて，コート内でボールをコントロールしたチームは，[　]秒以内にシュートしなければならない。

　①　20秒　　②　24秒　　③　28秒

(5)　7人制ハンドボールのルーツは，19世紀末に[　]のラテンハイスクールの体育教師によって始められた。

　①　スペイン　　②　ノルウェー　　③　デンマーク

(6)　サッカーにおいて，ボールの後方から，ボール保持者の背後を通過し，前方のスペースに飛び出す動きを[　]という。

　①　オーバーラップ　　②　オーバーサイド
　③　オーバーエリア

(7)　ラグビーにおいて，ゴールポストの高さは[　]m以上なければならない。

　①　3.1　　②　3.4　　③　3.7

(8)　バレーボールにおいて，相手のブロッカーの手にボールをわざと

当てて，コートの外にたたき出すことを[　　]という。

① ブロックサイド　　② ブロックタッチ

③ ブロックアウト

(9) 卓球において，サービスは手のひらにボールをのせ，ほぼ垂直に[　　]cm以上投げ上げなければならない。

① 16　　② 17　　③ 18

(10) ソフトテニスにおいて，ラケットを地面と平行にスイングし，フォアハンドに振り抜くことを[　　]打法という。

① ロビング　　② ストローク　　③ シュート

(11) バドミントンにおいて，リアコートからのショットで，ネットを超えてすぐに落下するように飛んでいくフライトを[　　]という。

① ヘアピン　　② ドライブ　　③ ドロップ

(12) 柔道において，女子柔道は[　　]オリンピックから正式種目になっている。

① バルセロナ　　② シドニー　　③ アトランタ

(13) 剣道において，高校生の使用できる竹刀の長さは，[　　]cm以下である。

① 107　　② 117　　③ 127

(14) ソフトボールで，振り子のように腕を速く振って投球することを[　　]ショットモーションという。

① スリング　　② ウインドミル　　③ スタンダート

(15) ゴルフの試合において，使用するクラブの本数は[　　]本以内と定められている。

① 14　　② 15　　③ 16

(☆☆☆◎◎◎)

【2】次の各問いに答えよ。

(1) 2016年にリオデジャネイロで開催された国際オリンピック委員会総会において，正式決定した東京2020オリンピック競技大会の追加競技を5つ全て挙げよ。

(2) 東京2020教育プログラム「ようい、ドン！」では、多様な人々との交流や日本の伝統文化の学習など、様々な学習活動を通して3つのレガシーを目指しているが、3つのレガシーを全て挙げよ。

(3) 国際パラリンピック委員会が公認する教育プログラム「I'm POSSIBLE」に挙げられているパラリンピックの価値について、4つ全て挙げよ。

(4) 平成31年3月1日に設立された「一般社団法人　大学スポーツ協会」と、そのモデルとなったアメリカで1910年より存在する「全米大学体育協会」の通称をそれぞれアルファベットで答えよ。

(5) 平成30年11月にユニセフ(国連児童基金)と日本ユニセフ協会が発表した、スポーツと子どもの課題に特化したユニセフとして初めての文書の題名を答えよ。

(☆☆☆◎◎◎)

【3】次の文中の[　①　]〜[　⑩　]にあてはまる語句をそれぞれ答えよ。

(1) 車の安全性を高めるために、車にはアンチロック・ブレーキ・システム(ABS)のように事故を未然に防ぐための対策を[　①　]という。

(2) 高齢者や障害がある人の日常生活の妨げとなる障壁をなくしていこうとする考え方を[　②　]という。

(3) 「潜伏期間は2〜9日間、男性は尿道から膿が出て排尿時に痛みがあり、女性は自覚症状がない場合が多い」という症状の性感染症は【　　】内の3つのうち[　③　]である。
【性器クラミジア感染症　　淋菌感染症　　性器ヘルペスウイルス感染症】

(4) 適応機制において、抑えられた性的欲求等を学問・スポーツ・芸術等に向けることを[　④　]という。

(5) 大脳の働きで、欲求や情動が起こるのは[　⑤　]の働きによるもので、そうした欲求や情動をコントロールするのは[　⑥　]の働きである。

(6)　2003年に施行された，食品の安全性確保のための行政，生産者・製造者，消費者の役割などを示した法律を[　⑦　]という。

(7)　薬剤に対して耐性を獲得した菌のことを[　⑧　]という。

(8)　「組織呼吸を妨げたり，気道の線毛を破壊したりする」という性質をもつたばこの有害物質は，【　　】内の4つのうち[　⑨　]である。

　【タール　　一酸化炭素　　ニコチン　　シアン化物】

(9)　医師の診断に納得いかなかったり，確かめたりしたいことがある場合には，安心して治療を受けたり，誤診を防いだりするためにも，別の医療機関で専門家の意見を求めることを[　⑩　]という。

(☆☆☆◎◎◎)

【4】次の文は，平成31年2月に富山県教育委員会が策定した「富山県部活動の在り方に関する方針」の「1　部活動の位置付け」からの抜粋である。文中の[　①　]～[　⑫　]にあてはまる言葉を下の【語群】のア～ソからそれぞれ1つずつ選び，記号で答えよ。ただし，同じ番号には同じ言葉が入るものとする。

　部活動実施の際には，地域や[　①　]の実態に応じ，地域の人々の協力，[　②　]施設や[　②　]関係団体等の各種団体との連携などの[　③　]上の工夫を行うようにすることが求められる。

　また，生徒が取り組みたいスポーツの種目，身に付けたい[　④　]等や[　⑤　]の向上は様々であることから，[　①　]では，生徒の[　⑥　]なニーズを把握するとともに，それらに応え，部活動への参加の[　⑦　]を一層高めるために，[　⑧　]内容や実施形態の工夫，[　⑨　]制等による[　⑩　]種目・[　⑩　]分野の実施，[　⑩　]校による合同実施など部活動の充実に向けて検討し，さらに，[　①　]と地域関係者が相互に情報提供し，理解しつつ，[　⑪　]全体が連携，[　⑫　]した取組も望まれる。

【語群】

ア　運営　　イ　複数　　　ウ　記録　　エ　シーズン

76

オ　効果　　カ　地域社会　　キ　活動　　ク　協働

ケ　調和　　コ　学校　　　　サ　公共　　シ　技能

ス　他　　　セ　社会教育　　ソ　多様

(☆☆☆○○○)

【5】次の文は，中学校学習指導要領(平成29年3月31日告示)比較対照表【保健体育】からの抜粋である。「第1　目標」の中の　①　～　⑩　にあてはまる語句をそれぞれ答えよ。ただし，同じ番号には同じ語句が入るものとする。

改　訂（平成２９年告示）	現行（平成２０年告示・道徳改訂反映後）
第 7 節　保健体育	第 7 節　保健体育
第1　目標 　体育や保健の見方・　①　を働かせ，課題を発見し，　②　な解決に向けた学習過程を通して，　③　を一体として捉え，生涯にわたって心身の健康を　④　し豊かなスポーツライフを実現するための　⑤　・能力を次のとおり育成することを目指す。 (1)　各種の運動の特性に応じた　⑥　等及び個人生活における健康・安全について理解するとともに，基本的な　⑥　を身に付けるようにする。 (2)　運動や健康についての　⑦　の課題を発見し，　②　な解決に向けて思考し判断するとともに，　⑧　に伝える力を養う。 (3)　生涯にわたって運動に親しむとともに健康の　④　と　⑨　を目指し，　⑩　生活を営む態度を養う。	第1　目標 　③　を一体としてとらえ，運動や健康・安全についての理解と運動の　②　な実践を通して，生涯にわたって運動に親しむ　⑤　や能力を育てるとともに健康の　④　のための実践力の育成と　⑨　を図り，　⑩　生活を営む態度を育てる。 (新設) (新設) (新設)

(☆☆☆○○○)

【6】中学校学習指導要領解説　保健体育編(平成20年9月)での中学校「体育」の各領域及び内容の取扱いについて，次の①～⑥の記述が正しければ○を記入し，間違いであれば×を記入せよ。

①　体つくり運動の領域は，第1学年及び第2学年において，すべての生徒に履修させることとしている。

②　器械運動の運動種目は，第1学年及び第2学年において，マット運

77

動，鉄棒運動，平均台運動及び跳び箱運動の中からマット運動を含む二を選択して履修できるようにすることとしている。

③　陸上競技の運動種目は，第3学年では，競走種目，跳躍種目，投てき種目の中から自己に適した運動種目を選択できるようにするともに，第1学年及び第2学年の学習を一層深められるよう配慮することが必要である。

④　水泳の指導については，適切な水泳場の確保が困難な場合はこれを取り扱わないことができるが，水泳の事故防止に関する心得については，必ず取り上げること。

⑤　第3学年においては，「E球技」及び「F武道」のまとまりの中から1領域以上を選択して履修できるようにすることとしている。

⑥　武道の運動種目は，柔道，剣道のうちから1種目を選択して履修できるようにすることとしている。

(☆☆☆◎◎◎)

【7】次の文は，高等学校学習指導要領解説　保健体育編・体育編(平成21年7月)の「第1部　保健体育」「第2章　各科目」「第1節　体育」「3　内容　C　陸上競技」「ウ　投てき」からの抜粋である。各問いに答えよ。

> ウ　投てき
>
> (1)　砲丸投げ
>
> 砲丸投げでは，「[　①　]投げなどから砲丸を[　②　]出して投げること」をねらいとする。
>
> 「[　①　]投げ」とは，助走をつけずに，その場で上体を大きく後方に[　③　]，その[　③　]戻しの勢いで砲丸を[　②　]出す投げ方のことである。
>
> 「〜など」の例には，サイドステップや[　④　]といった準備動作を用いた投げ方がある。
>
> 「[　②　]出して投げる」とは，砲丸を[　⑤　]の下に保持した姿勢から，肘や肩に負担がかからないよう直線的に砲

78

丸を[⑥]出す動きのことである。

(2) やり投げ

　　やり投げでは,「[⑦]助走からやりを前方に[⑧]投げること」をねらいとする。

　　「[⑦]助走」とは,[⑨]のクロスステップ(両脚の交差)のことである。

　　「前方に[⑧]投げる」とは,やりを[⑩]に引いた状態から,やりに沿って[⑧]に力を加えて投げることである。

(1) 文中の[①]～[⑩]にあてはまる語句を,次の【語群】のア～ソからそれぞれ1つずつ選び,記号で答えよ。ただし,同じ番号には同じ語句が入るものとする。

【語群】

ア	頬	イ	真後ろ	ウ	グラウンド	エ	2～3回
オ	押し	カ	立ち	キ	ステップ	ク	傾け
ケ	ひねり	コ	5～6回	サ	突き	シ	グライド
ス	短い	セ	まっすぐ	ソ	顎		

(2) 「ウ 投てき」の本文中に記載されている砲丸投げとやり投げの投げ出しの角度について,どのように指導をすべきか,共通した指導内容を一般的な角度を用いながら答えよ。

(☆☆☆◎◎◎)

【8】次の各問いに答えよ。

(1) 一般社団法人日本スポーツツーリズム推進機構が示す「スポーツツーリズム」について説明しなさい。

(2) 外務省やスポーツ庁等が運営委員会として組織する「SPORT FOR TOMORROW」とはどのような事業か説明しなさい。

(☆☆☆☆◎◎)

解答・解説

【中高共通】

【 1 】(1)　①　　(2)　②　　(3)　②　　(4)　②　　(5)　③　　(6)　①
(7)　②　　(8)　③　　(9)　①　　(10)　③　　(11)　③　　(12)　①
(13)　②　　(14)　①　　(15)　①

〈解説〉(1)　跳び箱運動の回転系の技で，後頭部を跳び箱につけてから跳ねる跳び方を「首はね跳び」，頭を跳び箱につけてから跳ねる跳び方を「頭はね跳び」，頭や後頭部を跳び箱につけずに倒立の状態で回転して跳ぶ跳び方を「前方倒立回転跳び」という。　(2)　オープンコースの場合，前走者が反対側のコーナーを通過した順番に内側から並ぶ。　(3)　水泳競技で，腕で水をかく動作のことを「ストローク」と言い，ストロークを行う際は，腕と手のひらで水をしっかりととらえる「スカーリング」がきちんと出来ているかどうかがポイントとなる。　(4)　バスケットボールでは，ボールを完全に保持した瞬間から24秒以内にシュートを打たなくてはいけない。なお，シュートしたボールが空中で24秒を超えた場合，バスケットに入るか，リングに触れないとバイオレーションになる。　(5)　ハンドボールはデンマークで7人制が創案され，その後，ドイツで11人制が考案された。　(7)　ラグビーのゴールポストの高さは，ルールブックでは「3.4m以上」と規定されている。クロスバーの高さが3mなので，わずか40cmだけ上に出ていればよいことになっているが，実際には審判の判定のしやすさや選手のゴールのねらいやすさから，より高いラグビーゴールが使われている。　(8)　ブロックアウトは相手のブロックを利用するプレイなので，アタッカーは相手ブロックの状況を判断し，打点を変える力が必要である。　(10)　なお，「ストローク」とはボールを打つ動作全般や打球や打法の全般のこと，「ロビング」とは高く緩やかな放物線を描くように打ち上げられる打球をいう。　(11)　なお，「ヘアピン」とはネット前に来たシャトルを相手サイドのネット前に落とすショット，「ド

ライブ」とは床に対して平行に打つショットを指す。 (12) 女子柔道は1988年のソウル大会の公開競技を経て，1992年のバルセロナオリンピックから正式種目になった。なお，柔道がオリンピック競技種目になったのは，1964年の東京オリンピックからであり，最初は男子のみで行われていた。 (13) 剣道の竹刀の長さには規定があり，小学生以下，中学生，高校生，一般に分かれており，高校生は3尺8寸(117cm)以下，中学生は3尺7寸(114cm)以下となっている。また，長さに関しては男女関係ないが，重さに関しては中学生以上で男女別に規定がある。 (14) なお，「ウインドミル」は風車のように腕を大きく1回転させその遠心力を利用して投げる投法，「スタンダード」とはセットの状態から真っ直ぐ腕を後方へ引いてから投げる投法である。(15) ゴルフで使用できるクラブの本数は14本である。これはキャディーの負担を減らすため，1ダース(12本)にパター2本を加えた数にしたといわれる。

【2】(1) 野球/ソフトボール，空手，スケートボード，スポーツクライミング，サーフィン (2) 自信と勇気，多様性の理解，主体的・積極的な社会参画 (3) 勇気，強い意志，公平，インスピレーション(4) 一般社団法人大学スポーツ協会……UNIVAS 全米大学体育協会：NCAA (5) 子どもの権利とスポーツの原則

〈解説〉(1) なお，バスケットボールの3×3(スリー・バイ・スリー)，卓球の男女混合ダブルス，柔道の男女混合団体戦なども新たに加えられた。 (2) 本プログラムでは，東京2020オリンピック・パラリンピックが，全国の子どもたちにとって生涯にわたってかけがえのないような財産となるように展開するオリンピック・パラリンピック教育のプログラムである。 (3) 教材の名称"I'mPOSSIBLE"には，「不可能(インポッシブルImpossible)と思えたことも，考え方を変えたり，少し工夫したりすればできるようになる(I'm possible)」という，パラリンピックの選手たちが体現するメッセージが込められている。 (4) 一般社団法人 大学スポーツ協会(UNIVAS)は，アメリカの全米大学体育

協会(NCAA)を参考に，2019年に設立された大学スポーツを大学横断的・競技横断的に統括する組織である。UNIVASによって大学同士・競技団体同士の横の連携ができることで，よりよいスポーツ環境の整備が期待されている。　　(5)　世界各地で，暴力的な指導や子どもの心身の発達に配慮しない過度なトレーニングなど，スポーツが子どもに負の影響を与えるような問題が生じていることから発表された。

【3】①　アクティブセイフティ　　②　バリアフリー　　③　淋菌感染症　　④　昇華　　⑤　大脳辺縁系　　⑥　大脳新皮質　　⑦　食品安全基本法　　⑧　薬剤耐性菌　　⑨　シアン化物　　⑩　セカンド・オピニオン

〈解説〉①　一方，シートベルトやエアバックのように，事故による乗員の傷害を軽減するための対策をパッシブセイフティという。　　②　ユニバーサルデザインやノーマライゼーションとの使い分けに注意すること。高齢者や障害者の妨げになるものをバリア(障壁)と呼び，それをなくすことからバリアフリーといわれる。　　③　淋菌感染症は淋病とも呼ばれ，日本でも年間1万人ほどの患者が出るといわれている。　　④　欲求不満や葛藤の状態をやわらげ，心の安定を保とうとする働きを適応機制という。適応機制には，補償，昇華，同一化，合理化，逃避，抑圧，退行，攻撃などがある。それぞれの内容と具体例は頻出なので，おさえておくとよい。　　⑤～⑥　例として，欲求は「食べたい」など，情動とは「イライラ」などがあげられる。　　⑦　同法は「国民の健康の保護が最も重要」という基本理念のもと，リスクアナリシス(リスク分析)の考えを導入した法律といわれる。また，国，地方公共団体，食品関連事業者の責務や消費者の役割を明らかにしている。　　⑧　抗生物質などの薬剤が効かなくなるため，感染・発病した場合，場合によっては命を落とすこともある。　　⑨　なお，タールには発がん作用，ニコチンには動脈硬化や依存症を引き起こすといわれる。　　⑩　セカンド・オピニオンは，がんなど長期にわたる治療や重大な手術を受ける場合に，使われる。

【4】① コ ② セ ③ ア ④ シ ⑤ ウ ⑥ ソ
⑦ オ ⑧ キ ⑨ エ ⑩ イ ⑪ カ ⑫ ク

〈解説〉本資料を学習していることが望まれるが，学習していなくとも，
中学校・高等学校の学習指導要領解説では同様の文章が示されている
ので，解答できた受験生もいるだろう。なお，富山県では本方針のほ
かに，「運動部活動実施の手引き」や「富山県立学校に係る部活動の
方針」も公表している。相違点に注意しながら，学習するとよいだろ
う。

【5】① 考え方 ② 合理的 ③ 心と体 ④ 保持増進
⑤ 資質 ⑥ 技能 ⑦ 自他 ⑧ 他者 ⑨ 体力の向上
⑩ 明るく豊かな

〈解説〉問題では比較対照表を示しているが，要は教科目標の空欄補充問
題であり，旧目標を示したことで難易度が若干下がると思われる。教
科目標の大きな改訂の一つとして，「知識及び技能」，「思考力，判断
力，表現力等」，「学びに向かう力，人間性等」に関する目標が(1)～(3)
で新設されたことがあげられる。これらの文言の意味についても学習
指導要領解説を参照し，深く理解することが求められる。

【6】① × ② 〇 ③ × ④ 〇 ⑤ 〇 ⑥ ×

〈解説〉①「第1学年及び第2学年において」ではなく，「各学年において」
が正しい。体つくり運動は小学校から高等学校まで全ての学年で実施
される。 ③「投てき種目」は高等学校から行われるものであるため，
誤りとなる。 ⑥ 中学校における武道の運動種目は，柔道，剣道又
は相撲のうちから1種目を選択して履修できるようにすることとして
いる。

【7】(1) ① カ ② サ ③ ケ ④ シ ⑤ ソ
⑥ オ ⑦ ス ⑧ セ ⑨ エ ⑩ イ
(2) 〈解答例〉投げだしの速度を高めることに着目して，35～40度よ

り低い角度で指導する。

〈解説〉砲丸投げ，やり投げともに高等学校で初めて学習することから，より遠くへ投げたり，競争したりする特性や魅力を味わえるよう，段階的に指導を工夫することが求められる。また，本資料によると，砲丸投げ，やり投げとも一般的な角度として35～40度程度が適切と示されている。

【8】(1) 〈解答例〉「スポーツツーリズム」とは，スポーツの観戦者やスポーツイベントの参加者と開催地周辺の観光とを融合させ，交流人口の拡大や地域経済への波及効果などを目指す取り組みである。スポーツを「観る」，「する」だけでなく，大会の運営などスポーツを「支える」地域・団体などにも着目し，大会ボランティアとしての参加などもスポーツツーリズムの一つと位置付けている。

(2) 〈解答例〉「SPORT　FOR　TOMORROW」とは，2014年から東京2020オリンピック・パラリンピック競技大会を開催する2020年までの7年間で，開発途上国をはじめとする100カ国・1000万人以上を対象に，日本国政府が推進するスポーツを通じた国際貢献事業のことである。世界のよりよい未来をめざし，スポーツの価値を伝え，オリンピック・パラリンピック・ムーブメントをあらゆる世代の人々に広げていく取り組みである。

〈解説〉スポーツにおける国際交流や経済などの面での効果が注目され，近年ではこれらをより発展させていこうという動きがみられる。例えば，日本で開催された2002FIFAワールドカップや2019ラグビーワールドカップにおいて，チームキャンプ地を全国各地に設置したことで，地元地域の活性化と国際交流に貢献したといわれている。こういったアプローチは今後も増加することが予想され，新たな形も生み出されるだろう。これらの動きはスポーツ庁のホームページなどで確認しておきたい。

2019年度　実施問題

【中高共通】

【1】次の(1)～(15)の文中の[　　]の中に入る最も適切な語句を，それぞれ以下の①～③の中から1つ選び，番号で答えよ。

(1)　マット運動の技の体系において，回転系は接点技群と[　　]群に分けられる。

① ほん転技　② 支持技　③ 柔軟技

(2)　陸上競技のやり投げにおいて，飛行中のやり自体の向きと飛行方向のずれを[　　]という。

① 抑え角　② 傾斜角　③ 迎え角

(3)　水泳競技の背泳ぎにおいて，スタートおよび折り返し後，壁から[　　]の地点までに頭を水面上に出さなければならない。

① 15m　② 18m　③ 20m

(4)　バスケットボールにおいて，2対1，3対2など，攻撃側が防御側より多い状態を[　　]という。

① アウトオブバウンズ　② アウトナンバー
③ スライドストップ

(5)　ハンドボールにおいて，チームタイムアウトは，自チームがボールを保持しているときに，[　　]カードをオフィシャル席に提出すると認められる。

① グリーン　② ブルー　③ オレンジ

(6)　サッカーにおいて，ゴールキーパーが自分のペナルティーエリア内で，ボールを手でコントロールしている間が6秒を超えた場合，[　　]キックで再開される。

① 間接フリー　② コーナー　③ ペナルティー

(7)　ラグビーにおいて，防御側の背後をねらって，ボールを地上低く転がすキックのことを[　　]キックという。

　　① プレース　　② ドロップ　　③ グラバー

(8)　バレーボールにおいて，コートはセットごとに交換する。最終セットに限っては，いずれかのチームが[　　]を得た時に行う。

　　① 8点　　② 10点　　③ 12点

(9)　近代卓球は，[　　]のJ.ギブがセルロイドのボールを使ったのが始まりといわれている。

　　① アメリカ　　② イギリス　　③ フランス

(10)　硬式テニスにおいて，ネットをストラップによって[　　]mに引き下げる。

　　① 0.714　　② 0.814　　③ 0.914

(11)　バドミントンのダブルスにおいて，2人が適切な間隔をとって左右に位置しスマッシュなどの攻撃的なショットに対応するための防御的な陣形を[　　]フォーメーションという。

　　① トップアンドバック　　② サイドバイサイド

　　③ スマッシュストップ

(12)　「柔道指導の手引き(三訂版)」(文部科学省　平成25年3月)では，柔道の投げ技において，膝車は，[　　]系の技である。

　　① 支え技　　② 足払い技　　③ 刈り技

(13)　剣道において，攻撃と防御は表裏一体をなすものであることを[　　]という。

　　① 気剣体一致　　② 心気力一致　　③ 懸待一致

(14)　ソフトボールにおいて，1アウトランナー1, 2塁で，審判がインフィールドフライを宣告した場合，[　　]はアウトである。

　　① 1塁ランナー　　② 2塁ランナー　　③ 打者

(15)　フォークダンスにおいて，片足で高くジャンプして，踏み切り足と反対の足で着地するステップのことを[　　]という。

　　① スタンプ　　② ブラッシュ　　③ リープ

(☆☆☆◎◎◎)

【2】次の文中の[①]〜[⑩]にあてはまる語句を答えよ。

(1) オリンピック・ムーブメントの未来に向けた戦略的な工程表で，2014年12月にモナコで行われた第127次IOC総会において採択された20＋20の改革案を[①]という。

(2) 平成23年に制定されたスポーツ基本法には，スポーツに関する基本理念8項目が定められている。その1項目目に「スポーツを通じて幸福で豊かな生活を営むことが人々の[②]であることに鑑み，国民が生涯にわたりあらゆる機会と場所において，自主的・自律的に適性や健康状態に応じてスポーツを行うことができるようにする。」とある。

(3) 第2期「スポーツ基本計画」(平成29年3月　文部科学省)の「第3章　今後5年間に総合的かつ計画的に取り組む施策」においては，成人の週1回以上のスポーツ実施率を[③]％程度にすることを目指している。

(4) スポーツ庁の「平成29年度全国体力・運動能力，運動習慣等調査結果について」では，昭和60年度の調査結果と比較できる各テスト項目について，昭和60年度の平均値以上の児童生徒の割合を調査したところ，小学校5年生の[④]及び中学校2年生男子の50m走を除き，児童生徒の半数以上が昭和60年度の平均値を下回っているとしている。

(5) 文部科学省の「総合型地域スポーツクラブ育成マニュアル」では，「総合型」とは，3つの[⑤]を包含していることを指し，一つは種目の[⑤]，一つは世代や年齢の[⑤]，そして，もう一つは技術レベルの[⑤]としている。

(6) IOCは1984年に，スポーツに関連するトラブルをスポーツ界の枠内で解決をめざすことを目的に，[⑥]を設立した。

(7) トレーニングの効果をあげるための原則において，練習やトレーニングの内容を徐々に高めていく必要性のことを[⑦]性という。

(8) 空気中を丸いボールが回転しながら進むと，ボールの側面を進行方向に沿って流れる空気の流速が不均一になり，流速の遅い側から

速い側へ向かう揚力が発生することを[　⑧　]効果という。

(9)　心筋や平滑筋など，自分の意志でコントロールできない筋肉のことを[　⑨　]という。(漢字で答えよ。)

(10)　陸上競技，水泳，器械運動など，競争する相手から直接影響を受けることが少なく，解決すべき課題やそれに対応する技術が大きく変化しない，安定した環境の中で用いられる技術を[　⑩　]という。

(☆☆☆◎◎◎)

【3】次の文中の[　①　]～[　⑮　]にあてはまる語句を答えよ。

(1)　平均寿命から重病などによる介護を要するなどの期間を差し引き，健康的に過ごせる期間をあらわす指標を[　①　]という。

(2)　運動器(骨，関節，筋肉など)の障害のために自立度が低下し，介護が必要になる危険性の高い状態を[　②　]という。

(3)　糖尿病はすい臓から分泌される[　③　]というホルモンの不足や作用低下が原因で血糖値の上昇を抑える働きが低下してしまうため高血糖が慢性的に続く病気である。

(4)　わが国では1961年に誰もが必要な医療を，少ない自己負担で受けられるようになった。この仕組みを[　④　]制度という。

(5)　我が国において，人工妊娠中絶を認めている法律は[　⑤　]である。

(6)　エイズの病原体は[　⑥　]である。(アルファベット3文字で答えよ)

(7)　脳下垂体から分泌される性腺刺激ホルモンや成長ホルモンの働きにより，[　⑦　]器が発達するとともに[　⑦　]機能が発達する。

(8)　妊娠の届出，母子健康手帳の交付，健康診断，保健指導，訪問指導などを規定した法律を[　⑧　]という。

(9)　新薬の独占販売期間が終了した後に発売され，新薬と同じ有効成分で，効果・効能，用法・用量が同じであり，新薬に比べて低価格な薬を[　⑨　]医薬品という。

(10)　ヒトの骨格において，前腕には2本の骨があり，そのうち小指側の骨を[　⑩　]という。

(11)　ヒトの筋肉において，ハムストリングスとは大腿二頭筋と[　⑪　]，半膜様筋の総称である。

(12)　「熱中症事故の防止について(依頼)」(平成30年5月15日文部科学省初等中等教育局健康教育・食育課)では，熱中症の疑いのある症状が見られた場合には，早期に水分・[　⑫　]補給，体温の冷却，病院への搬送等適切な処置を行うことが必要としている。

(13)　食品の安全性の確保のために必要な規制その他の措置を講ずることにより，飲食に起因する衛生上の危害の発生を防止し，国民の健康の保護を図ることを目的とした法律は[　⑬　]である。

(14)　デンマークで「精神遅滞者にふつうに近い生活を確保する」という意味でつかわれ始め，その後，世界中に広がった，すべての人が，年齢や障害の有無にかかわらず，平等に通常の日常生活や社会活動を営むことを可能にするために社会を改善していくという社会福祉の理念を[　⑭　]という。

(15)　WHOがオタワ憲章のなかで提唱し，「人々が自らの健康をコントロールし，改善できるようにするプロセスである」と定義された概念を[　⑮　]という。

(☆☆☆◎◎◎)

【4】平成30年3月にスポーツ庁が策定した「運動部活動の在り方に関する総合的なガイドライン」について次の各問いに答えよ。

(1)　次の文は「適切な休養日等の設定」についての抜粋である。文中の[　①　]～[　⑤　]にあてはまる数字をそれぞれ答えよ。

○学期中は，週当たり[　①　]日以上の休養日を設ける。(平日は少なくとも[　②　]日，土曜日及び日曜日は少なくとも[　③　]日以上を休養日とする。週末に大会参加等で活動した場合は，休養日を他の日に振り替える。)

○1日の活動時間は，長くとも平日では[　④　]時間程度，学校の休

業日(学期中の週末を含む)は[　⑤　]時間程度とし，できるだけ
短時間に，合理的でかつ効率的・効果的な活動を行う。

(2)　「運動部活動の方針の策定等」について，運動部顧問が作成し校
長に提出するよう求められているものを3つ答えよ。

(☆☆☆◎◎◎)

【5】次の各問いに答えよ。

(1)　次の文は，高等学校学習指導要領解説(平成21年12月)「第2章　保
健体育科の目標及び内容　第2節　各分野の目標及び内容　3　内容
の取扱い」から抜粋したものである。文中の[　①　]～[　⑫　]に
あてはまる言葉を，あとの【語群】の(ア)～(ニ)からそれぞれ1つず
つ選び，記号で答えよ。

> (4)　自然とのかかわりの深いスキー，スケートや[　①　]
> 活動などの指導については，地域や学校の実態に応じ
> て積極的に行うことに留意するものとする。また，
> [　②　]についても履修させることができるものとす
> る。
>
> 　自然の中での[　③　]などの体験が不足しているなど，現在
> の生徒を取り巻く[　④　]環境の中では，自然とのかかわりを
> 深める教育が大切であることから，諸条件の整っている学校
> において，スキー，スケートや[　①　]活動など，自然とのか
> かわりの深い活動を積極的に奨励しようとするものである。
> 　指導に際しては，[　⑤　]，天候，[　⑥　]などの自然条件
> の影響を受けやすいことから，自然に対する[　⑦　]や計画の
> 立て方，[　⑧　]防止について十分留意する。
> 　なお，[　②　]については，地域や学校の実態に応じて，従
> 前同様，加えて履修させることができることとした。
>
> (5)　集合，整頓，[　⑨　]の増減，[　⑩　]変換などの行
> 動の仕方を身に付け，能率的で[　⑪　]な集団として

> の行動ができるようにするための指導については，内
> 容の「A体つくり運動」から「Gダンス」までの領域に
> おいて適切に行うものとする。

　集団として必要な行動の仕方を身に付け，能率的で[　⑪　]な集団としての行動ができるようにすることは，運動の学習においても大切なことである。

　集団としての行動については，運動の学習に[　⑫　]必要なものを取り扱うようにし，体つくり運動からダンスまでの各運動に関する領域の学習との関連を図って適切に行うこととした。(以下省略)

【語群】

(ア)　運動部	(イ)　季節	(ウ)　配慮
(エ)　列	(オ)　人数	(カ)　水辺
(キ)　レスリング	(ク)　特に	(ケ)　クライミング
(コ)　遊び	(サ)　キャンプ	(シ)　安全
(ス)　地形	(セ)　効果的	(ソ)　直接
(タ)　知識	(チ)　位置	(ツ)　事故
(テ)　未然	(ト)　方向	(ナ)　社会
(ニ)　地球		

(2)　高等学校学習指導要領解説(平成21年12月)では集団行動の指導の効果を上げるため，保健体育科だけでなく，何において指導するよう配慮する必要があるとしているか答えよ。

(3)　高等学校学習指導要領解説(平成21年12月)での高等学校「体育」の領域及び内容の取扱いについて，次の①～⑥の記述が正しければ○，間違っていれば×を記せ。

①　入学年次に履修可能な領域及び内容を「体つくり運動」，「器械運動(鉄棒運動)」，「陸上競技(競走)」，「体育理論」とする。

②　入学年次に履修可能な領域及び内容を「体つくり運動」，「武道(剣道・柔道)」，「球技(ネット型)」，「体育理論」とする。

③　入学年次に選択可能な球技の運動種目を「バスケットボール，サッカー，ハンドボール，ラグビー」とする。

④　「体つくり運動」と「体育理論」は入学年次とその次の年次にのみ履修可能とする。

⑤　入学年次の「体育理論」に配当する授業時数は3単位時間とする。

⑥　入学年次の「体つくり運動」に配当する授業時数は7～10単位時間程度とする。

(☆☆☆○○○)

【6】次の各問いに答えよ。

(1)　次の文は，中学校学習指導要領解説(平成20年9月)「第2章　保健体育科の目標及び内容　第2節　各分野の目標及び内容　〔保健分野〕　1　目標」からの抜粋である。文中の[　①　]～[　⑩　]にあてはまる言葉を，あとの【語群】の(ア)～(ネ)からそれぞれ1つずつ選び，記号で答えよ。

> 個人生活における健康・安全に関する理解を通して，生涯を通じて自らの健康を適切に管理し，改善していく資質や能力を育てる。

「個人生活における健康・安全に関する理解を通して」は，心身の機能の発達の仕方及び[　①　]機能の発達や[　②　]形成，欲求や[　③　]への対処などの[　④　]の健康，自然環境を中心とした環境と心身の健康とのかかわり，健康に適した快適な環境の維持と改善，[　⑤　]の発生要因とその防止及び[　⑥　]並びに健康な生活行動の実践と[　⑦　]の予防について，個人生活を中心として科学的に理解できるようにすることを示したものである。

その際，学習の展開の基本的な方向として，小学校での[　⑧　]に理解できるようにするという考え方を生かすととも

に，[　⑨　]な思考なども可能になるという発達の段階を踏まえて，心身の健康の保持増進に関する基礎的・基本的な内容について科学的に思考し，理解できるようにすることを目指したものである。

　「生涯を通じて自らの健康を適切に管理し，改善していく資質や能力を育てる」は，健康・安全について科学的に理解できるようにすることを通して，現在及び[　⑩　]の生活において健康・安全の課題に直面した場合に的確な思考・判断を行うことができるよう，自らの健康を適切に管理し改善していく思考力，判断力などの資質や能力を育成することを目指している。

【語群】

(ア)	生殖	(イ)	実験
(ウ)	疾病	(エ)	精神
(オ)	過去	(カ)	ブレインストーミング
(キ)	ストレス	(ク)	老化
(ケ)	抽象的	(コ)	応急手当
(サ)	心理的	(シ)	個別学習
(ス)	コンピュータ	(セ)	心
(ソ)	自己	(タ)	自然災害
(チ)	養護	(ツ)	一斉授業
(テ)	将来	(ト)	傷害
(ナ)	実践的	(ニ)	栄養
(ヌ)	具体的	(ネ)	家族

(2)　次の文は，中学校学習指導要領解説(平成20年9月)「第2章　保健体育科の目標及び内容　第2節　各分野の目標及び内容　〔保健分野〕　3　内容の取扱い」，「(10)　保健分野の指導に際しては，知識を活用する学習活動を取り入れるなどの指導方法の工夫を行うものとする。」に関する解説の抜粋である。文中の[　①　]～[　⑤　]に

あてはまる言葉を上記の【語群】の(ア)～(ネ)から選び，記号で答えよ。

> (10)は，知識の習得を重視した上で，知識を活用する学習活動を積極的に行うことにより，思考力・判断力等を育成していくことを示したものである。指導に当たっては，事例などを用いたディスカッション，[　①　]，心肺蘇生法などの実習，[　②　]，課題学習などを取り入れること，また，必要に応じて[　③　]等を活用すること，地域や学校の実情に応じて[　④　]教諭や[　⑤　]教諭，学校栄養職員など専門性を有する教職員等の参加・協力を推進することなど多様な指導方法の工夫を行うよう配慮することを示したものである。

(3) 次の文は高等学校学習指導要領解説(平成21年12月)「第1部　保健体育　第2章　各科目　第2節　保健　2　目標」である。[　①　]，[　②　]にあてはまる言葉を答えよ。

> [　①　]における健康・安全について理解を[　②　]ようにし，生涯を通じて自らの健康を適切に管理し，改善していく資質や能力を育てる。

(☆☆☆◎◎◎)

【7】次の各問いに答えよ。

(1) 日本陸上競技連盟が作成した「トップアスリートへの道～タレントトランスファーガイド～」において，「タレントトランスファー」とは，どのようなプロセスを指すとしているか説明しなさい。

(2) 日本パラリンピック委員会が示す「国際パラリンピック委員会が重視するパラリンピックの四つの価値」について説明しなさい。

(☆☆☆◎◎◎)

解答・解説

【中高共通】

【 1 】 (1) ①　　(2) ③　　(3) ①　　(4) ②　　(5) ①　　(6) ①
(7) ③　　(8) ①　　(9) ②　　(10) ③　　(11) ②　　(12) ①
(13) ③　　(14) ③　　(15) ③

〈解説〉(1)　器械運動の各種目には多くの技があることから，学習指導要領では，技を系，技群，グループの視点によって分類がされている。4種目について，理解しておく必要がある。　(2)　「やり」はその形状と重量から，飛行中に空気抵抗(揚力と抗力)を受ける。揚力は，やりを上に押し上げるように働き，抗力はやりを失速させる。飛行中のやり自体の向きと飛行方向のずれを迎え角といい，その大きさによって揚力と抗力の大きさは変化する。　(3)　平泳ぎ以外の泳法では，スタート及びターン後，壁から15mに達するまでに頭部は水面上に出ていなければならない。　(4)　攻防の局面においては，攻撃側の人数がマークする防御側より数的に優位な状況を意図的に作り出すことが必要となる。この状況をアウトナンバーという。　(5)　チームタイムアウトは，自チームがボールを所持している時に，グリーンカードをオフィシャル席に提出すると認められる。　(6)　ゴールキーパーが自分のペナルティーエリア内で，本問のような反則を犯した場合，間接フリーキックが与えられる。間接フリーキックや直接フリーキックになる反則については学習しておきたい。　(7)　ラグビーのキックには，パントキック，ドロップキック，プレースキック以外に本問のように防御側の背後をねらってボールを転がすようにするグラバーキックもある。　(8)　最終セットは15点制となっており，いずれかのチームが8点を得た時にチェンジコートになる。　(9)　卓球は，英語で「テーブルテニス」というように，テニスから派生し競技化された。近代卓球は，1898年イギリスのJ.ギブがセルロイドを使ったのが始まりといわれている。　(10)　硬式テニスのネットの高さは，0.914mである。ソ

フトテニスのネットの高さは，1.07mである。　(11)　ダブルスのフォーメーションには，攻撃的なトップアンドバック，防御的なサイドバイサイドなどがある。　(12)　支え技系には膝車，支え釣り込み足など，足払い技系には，出足払い，送り足払いなど，刈り技系には，大外刈り，大内刈り，小内刈りなどがある。　(13)　「気剣体一致」は，有効打突の条件となるものである。「心気力一致」は，「心」とは，観察力・不動心，「気」とは集中力・制圧力，「力」とは，瞬発力・智力を指している。　(14)　インフィールドフライは，守備側がフライを捕らないことによる攻撃側の不利を防ぐルールである。フェアな打球であれば，野手が捕らなくとも打者がアウトになる。　(15)　スタンプとは足裏全体で床を打つことである。ブラッシュとは，足のボールの部分で床をこすり上げることである。

【2】①　オリンピック・アジェンダ2020　②　権利　③　65
④　反復横とび　⑤　多様性　⑥　スポーツ仲裁裁判所
⑦　漸進　⑧　マグヌス　⑨　不随意筋　⑩　クローズドスキル

〈解説〉(1)　この改革案は，40の提案からなっており，オリンピック・ムーブメントの未来に向けた戦略的な内容となっている。　(2)　スポーツ基本法は，「スポーツは，世界共通の人類の文化である」という前文から始まっている。第1項目として，「スポーツを通じて幸福で豊かな生活を営むことは，全ての人々の権利」であるとしている。
(3)　第2期スポーツ基本計画は，2017年度〜2021年度までの5年間の取組み施策を示したものである。ライフステージに応じたスポーツ活動の推進とその環境整備を行う。その結果として，成人のスポーツ実施率を週1回以上が65％程度(障害者は40％程度)となることを目指すとしている。　(4)　「特に，ボール投げについては，特に小学5年生の割合が低く，また，平成22年度以降においても，小学校5年生，中学校2年生のいずれも低下傾向」としている。　(5)　総合型地域スポーツクラブは，平成30年7月現在で，創設準備中クラブを含めて，約3600クラ

ブが1741の市区町村において育成されている。「総合型のクラブ」は，種目の多様性，世代や年齢の多様性，技術レベルの多様性の3つの「多様性」を包含している。　(6)　スポーツ仲裁裁判所(CAS：Court of Arbitration for Sport)は，スポーツに関わる紛争を解決するための独立機関として，1983年に設立，1984年から活動を開始している。本部はスイスのローザンヌ。1994年にIOCから独立した。日本では，2003年に国内のスポーツ紛争を仲裁する独立機関として，日本スポーツ仲裁機構が設置された。　(7)　スポーツトレーニングを行う時は，5つの原則を意識して取り組むとよい。①全面性，②反復性，③個別性，④意識性，⑤漸進性である。　(8)　投げられたボールは，反対方向からの空気の抵抗を受けると同時にボールが回転することによって，ボールの周りにある空気も回転に引きずられ，ボールの回転に沿った空気の流れが生まれる。この回転しているボールに作用する力のことをマグヌス効果という。野球の変化球は，マグヌス効果と呼ばれる現象が起こるからである。　(9)　運動は，すべて筋肉の収縮弛緩によっている。しかし，筋肉には，意志によって収縮する随意筋(骨格筋)と意志とは無関係に働いている心筋，消化管，尿管などの運動を司る不随意筋(平滑筋)などがある。　(10)　スポーツ種目によって，そこで用いられる運動技能の特徴は異なる。水泳や，器械運動などのように外的条件(環境)に左右されず，安定した状況で用いられる技能をクローズドスキルという。一方，球技や武道のように，常に変化する状況で用いられる技能をオープンスキルという。

【3】①　健康寿命　　②　ロコモティブシンドローム　　③　インスリン　　④　国民皆保険　　⑤　母体保護法　　⑥　HIV　　⑦　生殖　⑧　母子保健法　　⑨　ジェネリック　　⑩　尺骨　　⑪　半腱様筋　⑫　塩分　　⑬　食品衛生法　　⑭　ノーマライゼーション　⑮　ヘルスプロモーション

〈解説〉　(1)　2000年にWHO(世界保健機関)が健康寿命を提唱している。2016年の調査によると，男性は72.14歳(平均寿命は80.98歳)，女性は

74.79歳(平均寿命は87.14歳)となっており，平均寿命と健康寿命との差は，男性8.84歳，女性12.35歳となっている。　(2)　加齢に伴う運動器の障害により要介護リスクの高い状態をロコモティブシンドロームいう。適切な身体活動を行うことで，リスクを軽減することができるとされている。　(3)　血糖値を下げる唯一のホルモンは，すい臓から分泌されるインスリンである。不適切な食生活や身体活動不足等によって内臓脂肪が蓄積し，糖尿病，高血圧等の生活習慣病等へのリスクが高まる。　(4)　1961年からすべての国民が何らかの公的医療保険に加入し，お互いの医療費を支えあう「国民皆保険制度」が実現した。この我が国の医療保険制度は，2000年にWHOから総合点で世界一と評価された。　(5)　母体の生命や健康を守ることを目的として，不妊手術及び人工妊娠中絶手術に関する事項を定めた法律を母体保護法という。　(6)　エイズは，エイズウイルス(HIV：human immunodeficiency virus)によって起こる病気である。Acquired(後天性)，Immuno(免疫)，Deficiency(不全)，Syndorome(症候群)の頭文字を取って，AIDSと名付けられた。　(7)　思春期になると，脳の視床下部から出るホルモンの作用により，下垂体から性腺刺激ホルモンが分泌され，その働きにより，生殖器(女子は卵巣，男子は精巣)の機能が発達する。その結果，生殖器から女性ホルモンや男性ホルモンが分泌され，それらの働きによって男女の体つきや機能の違いがはっきりしてくる。　(8)　母子保健法に規定されている内容は，母子に関する知識の普及，妊産婦と乳児を対象とした健康診査と保健指導，妊娠の届出と母子手帳の交付，妊産婦及び新生児や未熟児の訪問指導，低出生体重児の届出，養育医療の給付，母子保健センターの設置などとなっている。　(9)　ジェネリック医薬品は，「後発医薬品」と呼ばれ，特許存続期間の終了した先発医薬品と同じ有効成分を使って作られた医薬品である。価格が先発医薬品の2〜7割程度であることから，国の医療費の抑制にもつながる。　(10)　骨格は，主に骨が連結して体を支え，体系を形づくっている。前腕部には，親指側に橈骨，小指側に尺骨がある。身体の構造図は，中学校及び高等学校の保健体育の教科書を参照して学習すると

よい。 (11) ハムストリングスとは，大腿部後面にある筋肉群のことで，大腿二頭筋，半腱様筋，半膜様筋と呼ばれる3つの筋肉で構成されている。前面にある大腿四頭筋の拮抗筋として働き，主に膝関節の屈曲動作に大きく関与している。

(12) 熱中症は，従来，高温環境下での労働や運動活動で多く発生していたが，ヒートアイランド現象等による影響により，一般環境における熱ストレスが増大し，日常生活においても発生が増加していることに注意しておく必要がある。対策としては，こまめに水分・塩分(0.2％食塩水)の補給を行うとともに適宜休憩をいれることが大切になる。指導者は，常に生徒の健康観察・健康管理に留意する必要がある。

(13) 食品衛生法は，飲食に関する衛生上の問題が起きないように，食品添加物の指定，営業者に対する責任の強化，食品などの検査の充実や表示制度の改善等について定めた法律であり，時代に合わせてそのつど改正されている。2003年に制定された食品安全基本法と混同しないよう整理して理解しておきたい。 (14) ノーマライゼーションとは，日本語で「普通」と訳される。この考え方は，デンマークのニルス・バンクミケルソンによって「障害のある人たちに，障害のない人々と同じ生活条件を作り出すこと」とされ，知的障害者への在り方について初めて提唱された考え方である。 (15) ヘルスプロモーションとは，一人一人が健康を実現するための実践力を養うと同時に健康に生きるための個人を取り巻く環境づくりが重視される概念である。

【4】(1) ① 2 ② 1 ③ 1 ④ 2 ⑤ 3
(2) 年間の活動計画，毎月の活動計画，毎月の活動実績
〈解説〉(1) 「スポーツ医・科学の観点からジュニア期におけるスポーツ活動時間について」(平成29年日本体育協会)では，「行き過ぎたスポーツを行うことは，スポーツ外傷・障害やバーンアウトのリスクが高まり，体力・運動能力の向上につながらず，具体的には，休養日を少なくとも1週間に1〜2日設けること，さらに，週当たりの活動時間にお

ける上限は，16時間未満とすることが望ましい」と示されている。本ガイドラインは，これを受けて適切な休養日等の設定の規準を示した。ガイドラインでは，週当たり2日以上の休養日を設ける，1日の活動時間は，平日2時間程度，休業日は3時間程度と示されている。

(2)　校長は，毎年度「学校の運動部活動に係る活動方針」を策定し，教員，保護者，生徒へ周知する。また，ホームページへの掲載等により公表する。運動部の顧問は，校長の活動方針に基づいて，「年間の活動計画」，「毎月の活動計画」，「毎月の活動実績」を作成し，校長に提出しなければならない。

【5】(1)　①　(カ)　　②　(キ)　　③　(コ)　　④　(ナ)　　⑤　(イ)
　　　⑥　(ス)　　⑦　(タ)　　⑧　(ツ)　　⑨　(エ)　　⑩　(ト)
　　　⑪　(シ)　　⑫　(ソ)　　(2)　学校教育活動全体　　(3)　①　×
　　　②　×　　③　×　　④　×　　⑤　×　　⑥　○

〈解説〉(1)　自然の中での遊びなどの体験が不足しているなど，現在の生徒を取り巻く社会環境の中では，自然との関わりを深める教育が大切であるという認識のもと，体験的な学習を積極的に奨励しようとするものである。活動としては，スキー，スケート，水辺活動が挙げられている。授業で学習することが困難な場合は，修学旅行，宿泊体験学習などで，水辺活動，登山，ハイキング，スキーなどを保健体育科の学習に結び付けて計画することが考えられる。指導に際しては，季節，天候，地形などの自然条件の影響を受けやすいことから，自然に対する知識や計画の立案の仕方，事故防止について十分留意する必要がある。また，集団行動については，学校生活の中では集団で行動する機会が多いことから，集団の約束やきまりを守って行動すること，集団での行動の基本的な様式を学習することにより，集団としての秩序が保たれたり，集団として安全かつ能率的に行動することができる。集団行動には様々な行動様式と要領があるが，運動学習に直接必要なものだけを取り扱うようにし，体育領域のA体つくり運動からGダンスのまでの領域の学習と関連を図って適切に行うとしている。

(2)　集団行動の指導の効果を挙げるためには，学校の教育活動全体において指導するよう配慮する必要がある。　(3)　高等学校の体育領域については，A体つくり運動とH体育理論は，各年次を通してすべての生徒に履修させることとしている。B器械運動からGダンスについては，入学年次では，選択のまとまりの中から選択した領域について自主的に取り組むことができるようにしている。具体的には，B器械運動，C陸上競技，D水泳，Gダンスのまとまりの中から1領域以上，E球技，F武道のまとまりの中から1領域以上を選択して履修することができるように示されている。体育理論に配当する授業時数は，各年次で6単位時間数以上を配当するとしている。

【6】(1)　①　(エ)　　②　(ソ)　　③　(キ)　　④　(セ)　　⑤　(ト)
　　　⑥　(コ)　　⑦　(ウ)　　⑧　(ナ)　　⑨　(ケ)　　⑩　(テ)
(2)　①　(カ)　　②　(イ)　　③　(ス)　　④　(チ)　　⑤　(ニ)
(3)　①　個人及び社会生活　　②　深める
〈解説〉(1)　保健分野の目標は，学校段階の接続及び発達の段階に応じた指導内容の体系化の観点から，中学校は，引き続き個人生活における健康・安全に関する理解を通して，自らの健康を適切に管理し，改善していくための資質や能力の基礎を培い，実践力の育成を図るとしている。「個人生活における健康・安全に関する理解を通して」については，次の4点となっている。①心身の機能の発達の仕方及び精神機能の発達や自己形成，欲求やストレスへの対処などの心の健康，②自然環境を中心とした環境と心身の健康とのかかわりや健康に適した快適な環境の維持と改善，③傷害の発生要因とその防止及び応急手当，④健康な生活行動の実践と疾病の予防。また，後段の「生涯を通じて・・・育てる」については，現在及び将来の生活において，自らの健康を適切に管理し改善していく思考力・判断力などの資質や能力を育成することを目指している。　(2)　保健分野の指導に当たっての指導方法の工夫についての解説である。興味・関心を高める発問や教材・教具の工夫に加え，事例などを用いたディスカッション，ブレインス

トーミング，心肺蘇生法などの実習，実験，課題学習，コンピュータ等の活用，専門性を有する教員等との連携・協力(養護教諭，栄養教諭，学校栄養職員等)を推進するなど，多様な指導方法の工夫が求められる。

(3)　小学校・中学校・高等学校の接続と指導内容の体系化という観点から，小学校における「身近な生活における健康・安全に関する基礎的な内容を実践的に理解」，中学校における「個人生活における健康・安全に関する理解」，高等学校における「個人及び社会生活における健康・安全について理解を深める」ことが期待されている。「個人及び社会生活」，「理解を深める」は，高等学校の特徴といえる。

【7】(解答例)　(1)　タレントトランスファーとは，トップアスリートの育成について，単一種目の早期専門化によって育成を図るのではなく，多様なスポーツ経験をしながら高校期以降に自分に最適な種目を選択するというシステムで，競技者を育成しようとするものである。

(2)　スポーツを通じ，障害のある人にとってよりよい共生社会を実現することを理念とし，パラリンピアンたちに秘められた力こそがパラリンピックの象徴であるとして，「勇気」，「強い意志」，「インスピレーション」，「公平」の4つの価値を重視している。

〈解説〉(1)　日本陸上競技連盟は，2020年東京オリンピックのレガシーとなる陸上競技日本代表選手が活躍するための育成・強化に加えて，陸上競技を通じた国際人養成を目指した，タレントトランスファー(高校期以降の最適種目の選択)という構想を打ち出した。　(2)　国際パラリンピック委員会(IPC)は，2012年ロンドン大会から，パラリンピックの価値として，①勇気(Courage:マイナスの感情に向き合い，乗り越えようとする精神力)，②強い意志または決断力(Determination:難しいことがあっても諦めず限界を突破しようとする力)，③公平または平等：Equality:多様性を認め，工夫をすれば誰もが同じスタートラインに立てることに気づかせる力)，④インスピレーションまたは，鼓舞Inspiration：人の心を揺さぶり駆り立てる力)の4つを掲げている。オリンピックの3つの価値と併せて理解しておきたい。

2018年度 実施問題

【中高共通】

【 1 】次の(1)〜(15)の文中の[　　]の中に入る最も適切な語句を，それぞれ下の①〜③の中から1つ選び，番号で答えよ。

(1)　平均台運動の技の分類は，体操系，[　　]系，回転系がある。

　　① 支持　　② バランス　　③ 倒立

(2)　陸上競技の三段跳びにおいて，助走路の外にマーカーを[　　]個まで置くことができる。

　　① 1　　② 2　　③ 3

(3)　水泳競技において，プールの折り返し側から[　　]mに背泳ぎ用標識という旗付きのロープが張ってある。

　　① 5　　② 10　　③ 15

(4)　バスケットボールは，日本において1908年大森兵蔵により[　　]YMCAで初めて紹介された。

　　① 横浜　　② 大阪　　③ 東京

(5)　ハンドボールにおいて，パッシブプレーの反則があった場合，[　　]スローで再開される。

　　① 7m　　② クイック　　③ フリー

(6)　サッカーのワールドカップにおいては，タッチライン[　　]m，ゴールライン68mと決められている。

　　① 104　　② 105　　③ 106

(7)　15人制ラグビーにおいて，スクラムポジションのフロントローにおけるフッカーの両サイドのポジションは[　　]である。

　　① フランカー　　② プロップ　　③ ロック

(8)　バレーボールにおいて，[　　]は，ペネトレーションフォルトになる。

　　① パッシング・ザ・センターライン　　② フォアヒット

③　ダブルコンタクト

(9)　卓球において，ゲームが[　　]分経過しても終了しない場合促進ルールが適用される。

①　10分　　②　15分　　③　20分

(10)　テニスのダブルスにおいて，右コートでレシーブするプレーヤーと左コートでレシーブするプレーヤーを決めるが，[　　]の間これを変更してはならない。

①　1ゲーム　　②　1セット　　③　1マッチ

(11)　バドミントンのラケットにおいて，シャフトとヘッドを繋ぐ場所を[　　]という。

①　ストリングド・エリア　　②　ハンドル　　③　スロート

(12)　柔道において，2016年12月に国際柔道連盟(IJF)より審判規定改正の骨子が発表された。そのルール改正内容は有効が廃止され，指導が[　　]回で反則負けするなどである。

①　3回　　②　4回　　③　5回

(13)　ソフトボールにおいて，第3ストライクが打者の体に触れた場合は，[　　]になる。

①　死球　　②　打者アウト　　③　振り逃げ

(14)　マイムマイムは，[　　]のフォークダンスである。

①　デンマーク　　②　アメリカ　　③　イスラエル

(15)　ゴルフのクラブの握り方において，右手の小指を左手の人差し指と中指の間にからませる握り方を[　　]・グリップという。

①　オーバーラッピング　　②　インターロッキング

③　テンフィンガー

(☆☆☆☆◎◎◎)

【2】次の文は，文部科学省が平成29年3月に策定した第2期「スポーツ基本計画」「第1章　第2期スポーツ基本計画の策定に当たって」「2　第2期スポーツ基本計画の概要」からの抜粋である。文中の[　(1)　]～[　(7)　]に入る言葉を答えよ。

第2期計画では，多面にわたるスポーツの[　(1)　]を高め，広く国民に伝えていくため，計画が目指す方向性をわかりやすく簡潔に示すよう，第2章において，「スポーツの[　(1)　]」に関し，①スポーツで「[　(2)　]」が変わる，②スポーツで「[　(3)　]」を変える，③スポーツで「[　(4)　]」とつながる，④スポーツで「[　(5)　]」を創るという4つの観点から，全ての国民に向けてわかりやすく説明を行った上で，「スポーツ参画人口」を拡大し，他分野との連携・協力により「一億総スポーツ社会」の実現に取り組むことを，第2期計画の基本方針として提示した。(中略)

これらの施策の検討に当たっては，スポーツを通じた健康増進や[　(6)　]社会の実現，経済・地域の活性化など関係省庁との関わりが特に深い施策について，[　(7)　]第30条の規定に基づくスポーツ推進会議において関係省庁との連絡調整を行った。

(☆☆☆☆◎◎◎◎)

【3】次の各問いに答えよ。
(1) 世界保健憲章の第1条にあげられている世界保健機関の目的を答えよ。
(2) 世界保健機関の本部があり，毎年世界保健総会が開催される国名と都市名を答えよ。
(3) がん，循環器疾患，糖尿病及び慢性閉塞性肺疾患を中心とした「被感染性疾患」の略称をアルファベット3文字で答えよ。
(4) 第56回世界保健総会において採択され，2005年2月に発効したたばこに関するガイドラインを示した条約の日本語名を答えよ。
(5) 平成14年8月2日に公布され，第25条で受動喫煙の防止を謳った，我が国の法律名を答えよ。
(6) 労働者の業務上の理由または通勤による労働者の傷病などに対して必要な保険給付をおこない，あわせて被災労働者の社会復帰の促進などの事業をおこなう制度名を答えよ。
(7) 長時間労働や過大な仕事のストレスを背景として発病したり，悪

化した脳・心臓疾患(脳血管疾患および心臓疾患)により労働者が死亡することを意味する用語を答えよ。

(8) 男性になる性染色体の組み合わせと女性になる性染色体の組み合わせを答えよ。

(9) アルコールは体内に吸収されアルコール脱水素酵素によって何に分解されるか答えよ。

(10) 厚生労働大臣が認可する制度で総合衛生管理製造過程として運用されている食品衛生管理の方式をアルファベット5文字で答えよ。

(☆☆☆○○○○)

【4】次の文は，薬物乱用防止対策として，平成25年8月に政府が策定した「第四次薬物乱用防止五か年戦略」「3戦略目標」である。文中の[　①　]～[　⑧　]にあてはまる言葉を答えよ。

3　戦略目標　本戦略については，以下の目標を設定し，薬物乱用対策推進会議の下に関係省庁が緊密に連携し，各目標の達成に向けた取組を推進する。

目標1・・青少年(※)，家庭及び地域社会に対する啓発強化と[　①　]意識向上による薬物乱用未然防止の推進

目標2・・薬物乱用者に対する治療・社会復帰の支援及びその[　②　]への支援の充実強化による[　③　]防止の徹底

目標3・・薬物密売組織の壊滅，[　④　]乱用者に対する取締りの徹底及び[　⑤　]化する乱用薬物に関する監視指導等の強化

目標4・・[　⑥　]対策の徹底による薬物の国内流入の阻止

目標5・・薬物密輸阻止に向けた[　⑦　]的な連携・協力の推進

(※)「青少年」とは，乳幼児期から青年期(おおむね[　⑧　]歳から30歳まで)までの者をいう。

(☆☆☆☆○○○○)

【5】次の問い(1)，(2)に答えよ。

(1) 次の文は，中学校学習指導要領(平成20年3月　告示)「第2章　各

教科」「第7節　保健体育」「第2　各分野の目標及び内容」の一部を抜粋して比較したものである。

　文中の[　①　]～[　⑮　]にあてはまる言葉を下記の【語群】の(ア)～(ネ)からそれぞれ1つずつ選び，記号で答えよ。

1　技能

[第1学年及び第2学年]

> (1)　次の運動について，技ができる楽しさや喜びを味わい，[　①　]や基本となる技ができるようにする。
> 　ア　柔道では，相手の動きに応じた[　①　]から，基本となる技を用いて，投げたり抑えたりするなどの攻防を展開すること。
> 　イ　剣道では，相手の動きに応じた[　①　]から，基本となる技を用いて，打ったり受けたりするなどの攻防を展開すること。
> 　ウ　相撲では，相手の動きに応じた[　①　]から，基本となる技を用いて，押したり寄ったりするなどの攻防を展開すること。

[第3学年]

> (1)　次の運動について，技を高め[　②　]を競う楽しさや喜びを味わい，[　③　]を身に付けることができるようにする。
> 　ア　柔道では，相手の動きの変化に応じた[　①　]から，基本となる技，[　③　]や連絡技を用いて，相手を崩して投げたり，抑えたりするなどの攻防を展開すること。
> 　イ　剣道では，相手の動きの変化に応じた[　①　]から，基本となる技や[　③　]を用いて，相手の構えを崩し，しかけたり応じたりするなどの攻防を展開すること。
> 　ウ　相撲では，相手の動きの変化に応じた[　①　]から，基本となる技や[　③　]を用いて，相手を崩し，投げたりひねったりするなどの攻防を展開すること。

2　態度

[第1学年及び第2学年]

> (2)　武道に[　④　]に取り組むとともに，相手を尊重し，伝統
> 的な行動の仕方を[　⑤　]とすること，分担した[　⑥　]を
> 果たそうとすることなどや，[　⑦　]を用いないなど健康・
> 安全に気を配ることができるようにする。

[第3学年]

> (2)　武道に[　⑧　]に取り組むとともに，相手を尊重し，伝統
> 的な行動の仕方を[　⑨　]とすること，自己の[　⑩　]を果
> たそうとすることなどや，健康・安全を確保することがで
> きるようにする。

3　知識，思考・判断

[第1学年及び第2学年]

> (3)　武道の[　⑪　]や[　⑫　]，伝統的な考え方，技の名称や
> 行い方，関連して高まる[　⑬　]などを理解し，課題に応じ
> た運動の取り組み方を工夫できるようにする。

[第3学年」

> (3)　伝統的な考え方，技の名称や[　⑭　]の仕方，[　⑬　]の
> 高め方，[　⑮　]の方法などを理解し，自己の課題に応じた
> 運動の取り組み方を工夫できるようにする。

【語群】

(ア)　礼法	(イ)　勝敗	(ウ)　文明
(エ)　見取り稽古	(オ)　大切にしよう	(カ)　国際社会
(キ)　基本動作	(ク)　優劣	(ケ)　運動観察
(コ)　積極的	(サ)　禁じ技	(シ)　互角稽古
(ス)　成り立ち	(セ)　責任	(ソ)　自己形成
(タ)　特性	(チ)　体力	(ツ)　守ろう

(テ) 文化　　　　(ト) 返し技　　　　(ナ) 自主的

(ニ) 得意技　　　(ヌ) 役割　　　　　(ネ) 学校生活

(2) 次の文は，中学校学習指導要領解説　保健体育編(平成20年9月)「第2章　保健体育科の目標及び内容」「第2節　各分野の目標及び内容」「[体育分野]2内容　F武道」の「3　知識，思考・判断」中の「伝統的な考え方」について[第1学年及び第2学年]，[第3学年]での記載を抜粋して比較したものである。文中の[　(1)　]～[　(5)　]にあてはまる言葉を上記の【語群】の中の(ア)～(ネ)から選び記号で答えよ。

[第1学年及び第2学年]

　「伝統的な考え方」では，武道は，単に試合の[　(1)　]を目指すだけではなく，技能の習得などを通して[　(2)　]を身に付けるなど人間としての望ましい[　(3)　]を重視するといった考え方があることを理解できるようにする。

[第3学年]

　「伝統的な考え方」では，我が国固有の[　(4)　]である武道を学習することは，これからの[　(5)　]で生きていく上で有意義であることを理解できるようにする。

(☆☆☆○○○○○)

【6】次の各問いに答えよ。

(1) 次の表は，高等学校学習指導要領解説　保健体育編・体育編(平成21年12月)の「第1部　保健体育」「第2章　各科目」「第1節　体育」「3　内容　H体育理論」からの抜粋である。「体育理論」の内容の構成について表中の　①　～　⑩　にあてはまる言葉を答えよ。

	ア　スポーツの歴史的発展と　①
1　スポーツの歴史，文化的特性や現代のスポーツの特徴	イ　スポーツの技術，戦術，ルールの変化
	ウ　オリンピックムーブメントと　②
	エ　スポーツの経済的効果とスポーツ　③

2　運動やスポーツの効果的な学習の仕方	ア　運動やスポーツの　④　と技能
	イ　運動やスポーツの技能の　⑤　過程
	ウ　運動やスポーツの技能と　⑥　の関係
	エ　運動やスポーツの活動時の健康・　⑦　の確保の仕方

3　豊かなスポーツライフの設計の仕方	ア　各ライフステージにおけるスポーツの　⑧　方
	イ　ライフスタイルに応じたスポーツとのかかわり方
	ウ　スポーツ振興のための　⑨　と諸条件
	エ　スポーツと　⑩

(2)　(1)の「1　スポーツの歴史，文化的特性や現代のスポーツの特徴」「2　運動やスポーツの効果的な学習の仕方」「3　豊かなスポーツライフの設計の仕方」のうち，入学年次に取り上げる内容をすべて選び，1〜3の数字で答えよ。

(3)　体育理論の内容で「運動に関する領域との関連で指導することが効果的な内容」については，各運動に関する領域のどの観点で扱うこととしているか答えよ。

(☆☆☆◎◎◎◎)

【7】次の問い(1)，(2)に答えよ。

(1)　アメリカスポーツ医学会から，1997年に続き2007年に発表された「女子スポーツ選手の三主徴」について説明しなさい。

(2)　厚生労働省のe‐ヘルスネットで情報提供されている「オーバートレーニング症候群」について説明しなさい。

(☆☆☆☆◎◎◎◎)

解答・解説

【中高共通】

【1】(1)　②　　(2)　②　　(3)　①　　(4)　③　　(5)　③　　(6)　②
(7)　②　　(8)　①　　(9)　①　　(10)　②　　(11)　③　　(12)　①

(13)　②　　　(14)　③　　　(15)　②

〈解説〉(1)　体操系の技は歩行グループと跳躍グループ，バランス系の技はポーズグループとターングループに分かれる。　(2)　日本陸上競技連盟競技規則第180条には，「競技者は助走や踏切をしやすくするためにマーカー(主催者が準備したもの，または承認したもの)を2個まで使うことができる」とある。　(3)　「プール公認規則」(2015年，日本水泳連盟)第29条に定められている。　(4)　なお，考案したのはアメリカの国際YMCAトレーニングスクールの体育教師であったJ.ネイスミスである。　(5)　パッシブプレーとは，オフェンス側の遅延行為であり，フリースローで再開する。　(6)　その他，センターサークルの半径は9.15mなどの数値を押さえておくとよい。　(7)　FWの8人は，フロントロー，セカンドロー及びバックローと分担し，フロントローは3名で中央にフッカー，両脇のプロップと構成されている。

(8)　ペネトレーションフォルトは，相手コートに侵入するフォルトを指す。プレーヤーがセンターラインを踏み越すパッシング・ザ・センターラインと，相手コート上のボールにネットを越えて触れるオーバーネットのどちらかである。　(9)　各ゲーム開始後，10分経過してもそのゲームが終了しない場合「促進ルール」が適用されるが，両者のスコアの合計が18以上の時は適用されない。　(10)　なお出題は硬式テニスのルールである。ソフトテニスではルールが異なるので注意する。　(11)　「競技規則」(2016年，日本バドミントン協会採択)第4条第1項(5)による。　(12)　これまで4回目の指導で反則負けとなったが，3回目の指導に変更された。この他にも男女ともに試合時間を4分にするなど，様々な改正が行われた。　(13)　不正バットの使用が発見されたとき，フライボールが捕球されたときなど，打者がアウトになる場合を整理しておく。　(14)　「マイム」はヘブライ語で「水」を意味する。従って，イスラエル民謡である。　(15)　オーバーラッピングは右手の小指を人差し指と中指の間に乗せるグリップ，テンフィンガーは野球のバットのように持つグリップである。

【2】(1)　価値　　(2)　人生　　(3)　社会　　(4)　世界　　(5)　未来
(6)　共生　　(7)　スポーツ基本法

〈解説〉(1)　スポーツ基本計画第2章「中長期的なスポーツ政策の基本方
針」では，スポーツの価値の中核を「楽しさ」「喜び」としている。
(2)　スポーツは競技や健康維持，仲間との交流など多様な目的で行わ
れる，文化としての身体活動を意味する広い概念である。同計画では
適性と関心に応じ，全ての人々がスポーツを「する」「みる」「ささえ
る」ことで，より人生を楽しく健康で生き生きとしたものにすること
ができるとしている。　(3)　「スポーツで「社会」を変える」とは，
「子供，高齢者，障害者，女性，外国人などを含め全ての人々が分け
隔てなくスポーツに親しむことで，心のバリアフリーや共生社会が実
現する」という考え方や，スポーツの継続による健康面の改善，また
それによる医療費抑制などの考え方を統括した標語である。　(4)　同
計画によると，多様性を尊重する世界，持続可能で逆境に強い世界，
クリーンでフェアな世界への貢献などを掲げている。　(5)　2020年の
東京オリンピック・パラリンピックを契機とした「一億総スポーツ社
会」の実現についての標語である。　(6)　「スポーツを通じた共生社
会等の実現」という観点から，障害者，女性などのスポーツ振興に関
する施策が挙げられていることを押さえておく。　(7)　なお「第2期
スポーツ基本計画」はスポーツ基本法第9条の規定に基づき策定され
ている。

【3】(1)　すべての人が可能な最高の健康水準に到達すること
(2)　国名…スイス　　都市名…ジュネーブ　　(3)　NCD　　(4)　た
ばこ規制枠組条約　　(5)　健康増進法　　(6)　労災保険制度
(7)　過労死　　(8)　男性…XY　　女性…XX　　(9)　アセトアルデヒ
ド　　(10)　HACCP

〈解説〉(1)(2)　世界保健憲章(世界保健機関憲章)は1946年にニューヨーク
で開かれた国際保健会議によって採択された。これを受け，1948年に
世界保健機関(WHO)が発足した。本部はスイスのジュネーブにあり，

2018年現在加盟国は194カ国・地域，準加盟国2地域である。尚，日本は1951年に正式加盟している。　(3)　NCD(Non-Communicable Diseases)とは非感染性疾患といわれ，がん，循環器系疾患，糖尿病及びCOPD(慢性閉塞性肺疾患)に対処するため，食生活の改善や運動習慣の定着等による一次予防に重点を置いた対策である。　(4)　同条約はFCTC(Framework Convention on Tobacco Control)と略される場合がある。　(5)　健康増進法第25条では，「多数のものが利用する施設を管理する者は，これらを利用する者について，受動喫煙を防止するために必要な措置を講ずるように努めなければならない」としている。

(6)　同制度は，出題文の他，労働者が業務又は通勤が原因で死亡した場合に遺族補償給付または遺族給付を行うなどの事業を行っている。

(7)　働き過ぎが原因となって引き起こされる死を過労死といい，長時間労働による疲労や精神的負担が過度に蓄積すると心身の健康を損ない，ついには死に至るとされている。　(8)　人の細胞には精子細胞や卵細胞のような生殖細胞と，それ以外の体をつくる体細胞がある。体細胞には46本の染色体があり，それぞれ対になっている。そのうち22対は男性・女性とも変わらない常染色体である。残り2本が女性ではX染色体が2本あるXX，男性はX染色体とY染色体からなるXYであり，性染色体という。　(9)　口から入ったアルコールは，肝臓を構成する肝細胞にあるアルコール脱水素酵素(ADH)やミクロソームエタノール酸化系(MEOS)の働きによりアセトアルデヒドに分解される。

(10)　HACCPはHazard Analysis and Critical Control Pointの頭文字を取っている。総合衛生管理製造過程制度とは，HACCPの概念を取り入れた衛生管理であり，営業者による食品安全確保に向けた自主管理を促す仕組みである。対象となる食品は，製造または加工の方法の基準が定められた食品であって厚生省令で定めるものである。

【4】①　規範　　②　家族　　③　再乱用　　④　末端　　⑤　多様
⑥　水際　　⑦　国際　　⑧　18
〈解説〉①　「第三次薬物乱用防止五か年戦略」(平成20年策定)によって，

薬物は絶対に使うべきではないと考える児童生徒の割合が高くなった。このような規範意識の向上が成果を上げたと考えられており，引き続き未然防止の推進が目標に掲げられた。　②③　家族等による薬物乱用者への適切な対応が，薬物問題への対応や依存症からの回復において重要である。相談窓口の周知と体制の充実を図ることで，薬物乱用者の家族が早期に相談ができること，また薬物問題に巻き込まれ消耗した家族等自身のケアが行われることが望まれる。　④　末端乱用者に対する取締りの徹底による，薬物の需要削減を目的としている。⑤　合法ハーブ等と称して販売される薬物等，多様化している。鑑定の高度化及び，指定薬物への迅速かつ効果的な指定の推進が望まれている。　⑥　日本で乱用される薬物のほとんどは，外国から密輸入されたものである。したがって水際対策の徹底が第三次戦略に引き続き必要とされている。　⑦　関係国・機関との連携強化，密輸ルートの解明・対応を始めとした各種対策が挙げられている。　⑧　青少年の薬物乱用者については，薬物「依存」よりも「乱用」がメインであるなどの特徴がある。

【5】(1)　①　(キ)　　②　(イ)　　③　(ニ)　　④　(コ)　　⑤　(ツ)
　　⑥　(ヌ)　　⑦　(サ)　　⑧　(ナ)　　⑨　(オ)　　⑩　(セ)
　　⑪　(タ)　　⑫　(ス)　　⑬　(チ)　　⑭　(エ)　　⑮　(ケ)
　　(2)　(1)　(イ)　　(2)　(ア)　　(3)　(ソ)　　(4)　(テ)　　(5)　(カ)
〈解説〉(1)　①②③　中学校学習指導要領解説では，柔道・剣道・相撲それぞれについて「基本動作」・「基本となる技」を例示している。どのような技があるのか確認し，漢字で書けるようにしておくと安心だろう。　④⑤⑧⑨　発達段階別の文言の違いは正確に把握しておくこと。　⑥⑩　「分担した役割(自己の責任)を果たそうとする」は体つくり運動など他の指導内容についても設定されている項目である。学習指導要領解説を読み比べると理解が深まる。　⑦　禁じ技は，安全上の配慮から中学校段階では用いない技である。柔道では蟹鋏，河津掛，足緘，胴絞，剣道では突き，相撲では，反り技，河津掛，さば

折り，極め出しなどが該当する。　⑪⑫　武道の特性と成り立ちには，「柔道がオリンピック競技大会においても主要な競技として行われている」といった知識も含まれる。各種目の考案者やオリンピックとの関連などは一通り押さえておく。　⑬　同箇所の学習指導要領解説より，「柔道では主として瞬発力，筋持久力，巧緻性など，剣道では主として瞬発力，敏捷性，巧緻性など，相撲では主として，瞬発力，巧緻性，柔軟性などがそれぞれの技に関連して高められる」とされている。　⑭⑮　見取り稽古や運動観察を通じて他人の動き，自身の動きを見直すことによって，技術的な課題を明確にし，学習の成果を高めることができる。　(2)　(1)(2)(3)　平成29年7月に示された新学習指導要領解説のF武道[第1学年及び第2学年](1)○知識には，伝統的な考え方の例として「武道は，相手を尊重する礼の考え方から受け身を取りやすいように相手を投げたり，勝敗が決まった後でも，相手に配慮して感情の表出を控えたりするなどの考え方がある」と挙げられている。併せて確認しておくとよい。　(4)(5)　なお前述の学習指導要領F武道[第3学年](1)○知識には「伝統的な考え方では，我が国固有の文化である武道を学習することは，自国の文化に誇りをもつ上で有効であり，これからの国際社会で生きていく上で有意義であることを理解できるようにする」とあり，「自国の文化に誇りをもつ上で有効であり」の1文が加えられている。

【6】(1)　①　変容　②　ドーピング　③　産業　④　技術　⑤　上達　⑥　体力　⑦　安全　⑧　楽しみ　⑨　施策　⑩　環境　(2)　1　(3)　知識，思考・判断

〈解説〉(1)　体育理論の内容は，高等学校期における運動やスポーツの合理的，計画的な実践や生涯にわたる豊かなスポーツライフを送る上で必要となるスポーツに関する科学的知識等を中心に，「スポーツの歴史，文化的特性や現代のスポーツの特徴」，「運動やスポーツの効果的な学習の仕方」，「豊かなスポーツライフの設計の仕方」で構成されている。なお，運動に関する領域との関連で指導することが効果的な

115

内容については，各運動に関する領域の「(3)知識，思考・判断」で扱うこととしている。富山県では，本問のように学習指導要領の内容について内容を記述させる(記号選択式ではない)出題が続いている。各指導内容の見出しや目標等はどこを出題されても書けるように用意をしておきたい。　(2)　高等学校学習指導要領　第1章　第6節　第2款第1　3内容の取扱い(2)クの記述による。　(3)　高等学校学習指導要領において，各運動に関する領域の内容は「技能」，「態度」，「知識，思考・判断」に分けられている。三者を関連させて学習させることが重要である。

【7】(1)　「女子スポーツ選手の三主徴」とは，「利用可能エネルギー不足」「(運動性)無月経」「骨粗鬆症」を指す。これらの主徴は，継続的な激しい運動トレーニングが誘因となり，それぞれの発症が相互に関連する，女性アスリートにとって重要な問題である。　(2)　スポーツなどによって生じた生理的な疲労が十分回復しないまま積み重なって引き起こる慢性疲労状態のこと。

〈解説〉(1)　「利用可能エネルギー不足」は，1997年に同じくアメリカスポーツ医学界から三主徴が発表された際「摂食障害」として挙げられていたものが，変更になったものである。運動によるエネルギー消費量に対して，食事などによるエネルギー摂取量が不足している状態を指す。「(運動性)無月経」が発生する主な理由として，①利用可能エネルギー不足，②精神的・身体的ストレス，③体重・体脂肪の減少，④ホルモン環境の変化などが考えられている。「骨粗鬆症」は無月経になることで骨量が減少することなどが原因で骨がもろくなった状態を指す。骨粗鬆症になると疲労骨折が起きやすくなることから，原発性無月経および続発性無月経であることが10代の女性アスリートの疲労骨折の危険因子になること等が指摘されている。　(2)　スポーツトレーニングは，日常の身体活動のレベルより大きな負荷の運動をすることによりトレーニング効果が得られるという原則がある(オーバーロードの原理)。しかし負荷に対して疲労回復に必要な栄養と休養が不十

分であった場合には，かえって競技の成績やトレーニング効果が低下してしまう。適切な運動強度，運動時間，運動頻度を設定すること，またオーバートレーニング症候群を早期に発見し対応することが重要である。

2017年度　実施問題

【中高共通】

【1】次の(1)～(15)の文中の[　　]の中に入る最も適切な語句を，それぞれ下の①～③の中から1つ選び，番号で答えよ。

(1) 陸上競技の走り幅跳びにおいて，追い風[　　]を超える場合には，記録は公認されない。

　　① 1m　　② 1.5m　　③ 2m

(2) 陸上競技の砲丸投げでは，[　　]の角度で引かれたラインの内側に砲丸が落ちれば有効試技となる。

　　① 34.92度　　② 35.92度　　③ 36.92度

(3) 水泳競技平泳ぎ種目において，折り返しおよびゴールタッチは，[　　]行わなければいけない。

　　① どちらか一方の手で　　② どちらか一方の足または手で
　　③ 両手同時に

(4) 鉄棒運動には，支持系の技群と懸垂系の抜群があるが，[　　]は懸垂系の技群に分類される。

　　① 前振り跳び下り　　② 後方両膝かけ回転
　　③ 前方倒立回転跳び

(5) バレーボールにおいて，リベロは，[　　]，ブロック，またはブロックの試みをしてはならない。

　　① サービス　　② レシーブ　　③ オーバーハンドパス

(6) バスケットボールでは，リングの高さは，[　　]である。

　　① 300cm　　② 305cm　　③ 310cm

(7) ハンドボールでは，ゴールラインの幅はゴールポストの幅と同じ[　　]とする。

　　① 5cm　　② 8cm　　③ 10cm

(8) サッカーでは，試合時間中に空費された時間は，主審の判断で競

技時間を延長する。この追加された時間を[　　]という。

① フリータイム　　② タイムアウト

③ アディショナルタイム

(9) ラグビー(15人制)では，キックオフ及びリスタートキック(ドロップアウトを除く)を除いて自陣22mライン内で，相手側のキックしたボールを直接明確にキャッチし，同時に「マーク」と叫べば，そのプレーヤーに[　　]が与えられる。

① キック　　② ペナルティトライ　　③ ラインアウト

(10) 卓球では，サービスを出すタイミングは，主審の宣告後，相手が構えてから行う。これより早いタイミングで出された場合，[　　]となる。

① 相手の得点　　② レット　　③ リービスの交代

(11) バドミントンでは，サービス時のラケットとシャトルコックの最初の接触点が，シャトルコックのコルク(台)でなかったとき，[　　]となる。

① ボーク　　② 打ち直し　　③ フォルト

(12) 剣道では，自己の竹刀を落した直後に相手が打突を加え[　　]となったときは，反則としない。

① 有効　　② 止め　　③ 警告

(13) テニスにおいて各ゲームの最初のポイントでのサービスは，[　　]コートの後方からとし，以後は左右交互に行う。

① 左　　② 右　　③ サーバーの任意に選んだ

(14) ソフトボールでは，ボールデッドの間に投手が投球した時は[　　]となる。

① ボーク　　② オブストラクション　　③ ノーピッチ

(15) レスリングでは，フォールがない場合には，[　　]で勝敗を決める。

① テクニカルポイント　　② デンジャーポジションの回数

③ 警告の回数

(☆☆☆◎◎◎)

【2】次の文は「救急蘇生法」に関する内容である。次の各文が正しい場合には○を記入し，誤っていれば×を記入せよ。

(1) 市民が行う救急蘇生法は一次救命処置と簡単なファーストエイドであるが，実施にはライセンスを取得する必要がある。

(2) AED(自動体外式除細動器)は，心室細動の状態にある人の心臓を，正常な拍動に戻すため用いられる。

(3) AEDによる心電図の解析後，AEDから除細動の指示がない場合は，胸骨圧迫を行うなど心肺蘇生を再開する。

(4) 傷病者に普段どおりの呼吸が戻って呼びかけに反応したり目的のある仕草が認められたりした場合は，心肺蘇生をいったん中断して様子をみる。その際，AEDの電極パッドは傷病者の胸から剥がさないが，電源は切る。

(5) 突然の心停止直後には，「死亡期呼吸」と呼ばれる，しゃくりあげるような途切れ途切れの呼吸がみられることがある。

(6) 感染症等の疑いがあっても傷病者が普段通りの呼吸をしていない場合には，人工呼吸と胸骨圧迫を続けて行う義務がある。

(7) 捻挫や打撲の手当ては，安静・冷却・圧迫・挙上を基本に行う。

(8) 「救急蘇生法の指針2015(市民用)」では，「救命の連鎖」を構成する1つめの輪は，「早期認識と通報」とされている。

(☆☆☆◎◎◎)

【3】下記の問いに答えよ。

(1) 次の文は，中学校学習指導要領解説(平成20年9月)「第2章　保健体育科の目標及び内容　第2節　各分野の目標及び内容[体育分野]」に記載されている一部である。文中の[　①　]～[　⑩　]にあてはまる言葉をあとの【語群】の中のア～ソから1つずつ選び，記号で答えよ。

A 体つくり運動
[第1学年及び第2学年]

　体つくり運動は，体ほぐしの運動と体力を高める運動で構成され，自他の[　①　]に向き合って，体を動かす楽しさや[　②　]を味わい，[　①　]をほぐしたり，体力を高めたりすることができる[　③　]である。

　小学校では，体つくり運動で学んだことを[　④　]で生かすことをねらいとした学習をしている。

　中学校では，これらの学習を受けて，学校の教育活動全体や[　⑤　]で生かすことができるようにすることが求められる。

　したがって，第1学年及び第2学年では，体を動かす楽しさや[　②　]を味わい，体力を高め，目的に適した運動を身に付け，[　⑥　]ことができるようにする。また，体つくり運動の学習に積極的に取り組み，[　⑦　]を果たすことなどに意欲をもち，健康や[　⑧　]に気を配るとともに，体つくり運動の意義と行い方，運動の[　⑨　]の立て方などを理解し，自己の健康や体力の課題に応じた運動の取り組み方を[　⑩　]できるようにすることが大切である。

【語群】

ア	家庭	イ	心と体	ウ	領域
エ	実生活	オ	心ほぐし	カ	心地よさ
キ	組み合わせる	ク	安全	ケ	計画
コ	工夫	サ	種目	シ	社会生活
ス	取り組む	セ	分担した役割	ソ	実践

(2) 次の文は，中学校学習指導要領(平成20年3月)「第2章　第7節　保健体育」の「第2　各分野の目標及び内容〔体育分野　第1学年及び第2学年〕　2　内容　A　体つくり運動」に記載されている一部である。文中の[　①　]～[　⑦　]にあてはまる言葉を答えよ。

ア　体ほぐしの運動では，[　①　]に気付き，[　②　]を整え，
[　③　]ための手軽な運動や律動的な運動を行うこと。
イ　体力を高める運動では，ねらいに応じて，[　④　]，[　⑤　]，
[　⑥　]，[　⑦　]を高めるための運動を行うとともに，それら
を組み合わせて運動の計画に取り組むこと。

(☆☆☆◎◎◎)

【4】次の問いに答えよ。

(1)　次の①〜⑧は，公益財団法人日本オリンピック委員会がまとめた
「日本のオリンピック・ムーブメントのあゆみ」に記載されている
内容の一部である。各文中の[　　]に入る適切な語句を答えよ。た
だし，①，②は人物名，③，④は開催地名，⑤〜⑧は数字で答えよ。

①　1894年，[　　]男爵の提唱により国際オリンピック委員会(IOC)
が設立された。

②　日本のオリンピック・ムーブメントは，1909年[　　]のIOC委
員就任により，本格的に始まった。

③　1912年の[　　](スウェーデン)オリンピック競技大会に日本は
初めて陸上競技に2選手を派遣した。

④　1928年[　　](オランダ)オリンピック競技大会では，陸上男子
三段跳びの織田幹雄が日本人初の金メダルに輝いた。

⑤　日本では[　　]年に「スポーツ振興法」が公布された。

⑥　1940年第12回大会の東京開催が決まりながら，戦争のため中止
となった日本にとっては，[　　]年の初めての東京オリンピック
競技大会開催は，悲願のオリンピック競技大会開催となった。

⑦　1998年には日本として[　　]度目の冬季オリンピック競技大会
を長野市で開催した。

⑧　日本では[　　]年に「スポーツ振興基本計画」が策定された。

(2)　IOCが「オリンピックバリュー(オリンピックの価値)」としてあ
げている3つのキーワードの内，「Excellence(卓越性)」，「Respect(尊
重)」のほか，残りの1つは何か日本語で答えよ。

(3) 国際レベルのあらゆるスポーツにおけるアンチ・ドーピング運動を促進することを目的として，1999年に設立された機構名をアルファベット4文字で答えよ。

(☆☆☆◎◎◎)

【5】次の高等学校学習指導要領解説(平成21年12月)の「第1部　保健体育　第2章　各科目　第1節　体育」に記載されていることについて，次の問いに答えよ。

(1) 次の表は，『「体育」の領域及び内容の取扱い』の一部である。表中の　a　～　i　にあてはまる領域の内容について答えよ。(同一領域であれば，内容は順不同で可)

「体育」の領域及び内容の取扱い

領域及び領域の内容	入学年次	その次の年次	それ以降の年次	内容の取扱い
【A体つくり運動】	必修	必修	必修	ア，イ 必修 (各年次7～10単位 時間程度)
ア　体ほぐしの運動、				
イ　体力を高める運動				
【B器械運動】	B, C, D, Gから①以上選択	B, C, D, E, F, Gから②以上選択	B, C, D, E, F, Gから②以上選択	ア～エから選択
ア　マット運動				
イ　a				
ウ　b				
エ　c				
【C陸上競技】				ア～ウに示す運動から選択
ア　d				
イ　跳躍				
ウ　e				
【D水泳】				ア～オから選択
ア　f				
イ　g				
ウ　h				
エ　i				
オ　複数の泳法で長く泳ぐまたはリレー				

～以下省略～

(2) 表中の「【A体つくり運動】」の「ア　体ほぐしの運動」は，内容の取扱いとして下記の記載内容がある。　　　　にあてはまる言葉を答えよ。

・「また，　　　　など「保健」とも関連を図ることとしている。」

(3) 「【D水泳】」の領域は，科目「保健」における，どのような内容と

123

関連を図り指導するのか，答えよ。

(4)　表中の「その次の年次」及び「それ以降の年次」における「【D水泳】」のスタートの指導について，事故防止の観点から，どのような配慮をすべきか，答えよ。

(☆☆☆◎◎◎)

【6】次の問いに答えよ。

(1)　次の文の[　①　]〜[　⑤　]に入る最も適切な言葉を，それぞれ答えよ。

> 　地球[　①　]化を防ぐため，石油，ガス，石炭などの[　②　]燃料を多く消費する仕組みを改善する必要があります。2005年に[　③　]議定書が発効して，二酸化炭素削減にむけて動きだしました。しかし，世界各国の主張のへだたりは大きく，議論が続いています。2010年に[　④　]で行われた会議(COP16)では，[　⑤　]ガス排出量の削減にむけて，先進国，発展途上国がともに削減目標をかかげることに合意しました。

(2)　「天然資源の消費量を減らして，環境負荷をできるだけ少なくした社会」を[　　]社会という。[　　]にあてはまる最も適切な言葉を答えよ。

(3)　ガラス瓶，空き缶，ペットボトルなどの分別収集を促進するために，1995年に制定された法律名を答えよ。

(☆☆☆◎◎◎)

【7】下記の問いに答えよ。

(1)　平成27年6月1日から道路交通法が一部改正された。この改正された中で自転車運転者に関わる事柄について説明せよ。ただし，〔　都道府県公安委員会，危険行為，3年以内　〕の3つの語句を必ず使用すること。

(2)　「WBGT(湿球黒球温度)」と「熱中症予防」の関連性について説明

せよ。

解答・解説

【中高共通】

【1】(1) ③　(2) ①　(3) ③　(4) ①　(5) ①　(6) ②
(7) ②　(8) ③　(9) ①　(10) ②　(11) ③　(12) ①
(13) ②　(14) ③　(15) ①

〈解説〉(1)　追風参考記録となる。トラック競技の100m，200m，110mハードル，100mハードルも同様である。　(2)　ライン上に砲丸が落ちた場合はファウルになる。　(3)　バタフライも同様である。
(4)　②は支持系の技で，③はマット運動および跳び箱運動の回転系の技の名称である。　(5)　リベロは専門的な守備のバックプレーヤーなので，スパイクやブロックの試みをすることもできない。　(6)　バックボードの下部は床から290cmである。　(7)　ゴールの内側は高さが2m，幅が3mである。　(8)　アディショナルタイムをどれだけとるかは，主審の判断による。　(9)　マークがレフリーに認められればフリーキックでの再開となり，マークしたプレーヤーがマークした地点からボールをキックする。　(10)　サービスはオープンハンド(手のひらを広げる)で出さなくてはならない。ほぼ垂直に16cm以上投げ上げる。
(11)　ボークは，一度サービスの構えに入ってから，相手を惑わす行為をするなどわざとサービスを遅らせる反則のこと。　(12)　竹刀を落とした者や，倒れた者に直ちに加えられた打突が有効になった場合は反則にならない。　(13)　サービスは，センターマークとサイドラインの間となるコート外の領域で打たなければならない。　(14)　投手が不正投球(イリーガルピッチ：野球のボークに相当)を行った時のペナルティは，ボールデット，打者にワンボール，かつ走者には1個

125

の進塁が与えられる。オブストラクションは，守備側の妨害行為のことをいう。　(15)　ポイントは技ごとに1点，2点，3点，5点と分かれており，3審判(レフェリー，ジャッジ，チャーマン)のうち2審判の同意で決定される。フォールあるいは3度の警告のないまま2分間のピリオドが終了した場合，ポイントの多い選手がそのピリオドの勝者となる。

【2】(1)　×　　(2)　○　　(3)　○　　(4)　×　　(5)　×　　(6)　×
(7)　○　　(8)　×
〈解説〉(1)　市民が行う救急蘇生法にライセンスは不要である。これについては，厚生労働省より「救急蘇生法の指針2015(市民用)」が示されている。　(4)　傷病者が動き出す，うめき声を出す，あるいは正常な呼吸が出現した場合は心肺蘇生法を中止する。ただし，気道確保が必要になるかもしれないため，慎重に傷病者を観察しながら救急隊を待つ。この場合でも，AEDの電極パッドは，剥がさず電源も入れたままにしておく。　(5)　この呼吸を「死戦期呼吸(あえぎ呼吸)」という。この呼吸が見られたら心停止と判断して，直ちに胸骨圧迫を開始する。(6)　義務はない。傷病者に出血がある場合や，感染防護具を持っていないなどにより口対口人工呼吸がためらわれる場合には，人工呼吸を省略し，すぐに胸骨圧迫に進む。簡易型の感染防護具(一方向弁付きの感染防止用シートあるいは人工呼吸用マスク)を持っていると役立つ。(8)　出題の指針では，「心停止の予防」，「心停止の早期認識と通報」，「市民による一次救命処置」，「二次救命処置と心拍再開後の集中治療」という「救命の連鎖」をすばやくつなげることで救命効果が高まるとしている。

【3】(1)　①　イ　　②　カ　　③　ウ　　④　ア　　⑤　エ
⑥　キ　　⑦　セ　　⑧　ク　　⑨　ケ　　⑩　コ　　(2)　①　心と体の関係　　②　体の調子　　③　仲間と交流する　　④　体の柔らかさ　　⑤　巧みな動き　　⑥　力強い動き　　⑦　動きを持続する

能力

〈解説〉(1) 出題の解説では「体つくり運動」について「体を動かす楽しさや心地よさを味わわせるとともに，健康や体力の状況に応じて体力を高める必要性を認識させ，学校の教育活動全体や実生活で生かすことができるよう」に求められている。そのため，「体つくり運動」以外の領域においても，適宜指導を取り入れることが示されている。(2) 体力を高める運動では，実生活で生かすことを重視し，「運動の計画を立てて取り組むこと」が示されている。

【4】(1) ① クーベルタン(ピエール・ド・クーベルタン) ② 嘉納治五郎 ③ ストックホルム ④ アムステルダム ⑤ 1961 ⑥ 1964 ⑦ 2 ⑧ 2000 (2) 友情 (3) WADA

〈解説〉(1) ① クーベルタンは1894年6月，パリの万国博覧会に際して開かれたスポーツ競技者連合の会議で，スポーツ教育の理想の形としてオリンピック復興計画を議題にあげ，満場一致で可決された。② 嘉納治五郎は講道館柔道の創始者としても知られる。 ③ 1912年のストックホルム大会には，金栗四三(マラソン)と三島弥彦(短距離走)の2選手が派遣された。 ④ 織田幹雄はパリ五輪，アムステルダム五輪，ロサンゼルス五輪と3回連続して五輪に出場し，アムステルダム五輪で日本人初の金メダルを獲得した。 ⑤ この法律は，スポーツの振興に関する施策の基本を明らかにし，それをもって国民の心身の健全な発達と明るく豊かな国民生活の形成に寄与することを目的として策定された。2011年6月の改正で「スポーツ基本法」に法律名が改められた。 ⑥ 国際オリンピック委員会は，東京大会の開催返上に対し第12回大会をヘルシンキで開催することを決定したが，第二次世界大戦の影響を強く受け開催は不可能となった。また，1944年に予定されていたロンドン大会も中止となった。オリンピック競技大会が再開されたのは，1948年にロンドンで行われた第14回大会となった。そして，1964年にアジア初のオリンピック競技大会が東京で開催された。 ⑦ 1度目は1972年に札幌市で開催されている。 ⑧ スポー

ツ振興法に基づき策定された。2011年のスポーツ基本法の施行以降は，同法に基づいて「スポーツ基本計画」が策定されている。　(2)　3つのオリンピックバリューをよりどころとして，IOCは「スポーツ・フォー・オール」，「スポーツを通じた平和活動」，「スポーツを通じた教育活動」，「女性とスポーツ」，「スポーツを通じた開発」，「スポーツと環境」の6領域にわたる活動を行っている。　(3)　WADAは，国際オリンピック委員会(IOC)，国際競技連盟(IF)，国内オリンピック委員会(NOC)と競技者等のスポーツ界と，各国政府，政府機関等の公的機関とが協力しながら，アンチ・ドーピング・ムーブメントの推進に努めている。日本では2001年に，国内におけるアンチ・ドーピング活動のマネジメントを行う機関としてJADAが設立された。

【5】(1)　a　鉄棒運動　　b　平均台運動　　c　跳び箱運動　　d　競走　　e　投てき　　f　クロール　　g　平泳ぎ　　h　背泳ぎ　i　バタフライ　　(2)　精神の健康　　(3)　応急手当の内容
(4)　生徒の技能の程度や水泳の実施時間によっては，水中からのスタートを継続するなど，一層段階的に指導することが大切である。
〈解説〉(1)　科目「体育」のうち「体つくり運動」および「体育理論」については，各年次においてすべての生徒に履修させることになる。それ以外の運動に関する領域については，「自ら運動に親しむ能力を高め，卒業後に少なくとも一つの運動やスポーツを継続することができるようにするため」に選択制を取り入れていることを，出題の解説では述べている。　(2)　体ほぐしの運動については，保健における「(1)　現代社会と健康　ウ　精神の健康」と関連を図ることができる。(3)　中学校から引き続き示されている配慮事項である。　(4)　出題の解説では，「スタートの指導については，事故防止の観点からプールの構造等に配慮し，プールサイド等から段階的に指導し，生徒の技能の程度に応じて次第に高い位置からのスタートへ発展させるなどの配慮を行い安全を十分に確保することが大切である。また，今回の中学校の改訂では，事故防止の観点から，スタートは，「水中からのスタ

ート」を示している。そのため，飛び込みによるスタートやリレーの際の引継ぎは，高等学校において初めて経験することとなるため，この点を十分に踏まえ指導することが大切である」ことを示している。この内容を踏まえた記述とする。

【6】(1) ① 温暖 ② 化石 ③ 京都 ④ メキシコ
⑤ 温室効果 (2) 循環型 (3) 容器包装リサイクル法
〈解説〉(1) 京都議定書とは，温暖化に対する国際的な取り組みのための国際条約である。1997年に京都で開催された国連気候変動枠組条約第3回締約国会議(COP3)で採択された。この取り決めに基づき，日本政府も1990年比で2008〜12年に6％の温室効果ガスの排出量削減を義務付けられた。日本はこの目標を達成することができたが，途上国に対して削減を義務付けない同議定書を不服とし，次の約束である第2約束期間(2013〜20年)には不参加となった。 (2) 2000年に制定された「循環型社会形成推進基本法」で定義されている。 (3) 正式な題名は「容器包装に係る分別収集及び再商品化の促進等に関する法律」。1997年から施行され，消費者が種類ごとにリサイクルするものを別々に出し，それを市町村が収集し，事業者が再商品化する効果的なリサイクルシステムの確立を目指すというものである。

【7】(1) 違反となる危険行為をして，3年以内に2回以上摘発された自転車運転者は，都道府県公安委員会の命令を受けてから3か月以内の指定された期間内に講習を受けなければならない。 (2) WBGTは，人体と外気との熱のやりとり(熱収支)に着目した指標で，人体の熱収支に与える影響の大きい湿度，日射・輻射など周辺の熱環境，気温の3つを取り入れており，暑さ指数を表す。熱中症予防を目的として活用される。
〈解説〉(1) 自転車による危険な違法行為とは，次に示すことである。信号無視，通行禁止違反，歩行者用道路における車両の義務違反(徐行違反)，通行区分違反，路側帯通行時の歩行者の通行妨害，遮断踏切立

入り，交差点安全進行義務違反等，交差点優先車妨害等，環状交差点安全進行義務違反等，指定場所一時不停止等，歩道通行時の通行方法違反，制動装置(ブレーキ)不良自転車運転，酒酔い運転，安全運転義務違反。　(2)　WBGT(湿球黒球温度)は，3種類(黒球温度，湿球温度，乾球温度)の測定値をもとに算出される。屋外での算出式は，WBGT(℃)＝0.7×湿球温度＋0.2×黒球温度＋0.1×乾球温度となり，屋内での算出式は，WBGT(℃)＝0.7×湿球温度＋0.3×黒球温度となる。単位は，摂氏度(℃)になる。

2016年度　実施問題

【中高共通】

【1】次の各問いについて，下の(a)～(c)の中から正しい答えを1つずつ選び，記号で答えよ。

(1) 陸上競技の4×100mリレー競技で，テイクオーバーゾーン手前の次走者が助走開始してもよい区間は何mか。

   (a)　20m　　(b)　15m　　(c)　10m

(2) バスケットボールでは，スポーツマンらしくない行為や身体接触による違反を除く，すべての違反のことを何というか。

   (a)　バイオレーション　　(b)　パーソナル・ファウル

   (c)　テクニカル・ファウル

(3) ハンドボールで，相手ゴールエリア沿いに位置し，ボールを受け取って攻撃のきっかけをつくるプレーヤーを何というか。

   (a)　センタープレーヤー　　(b)　ポストプレーヤー

   (c)　フローター

(4) 卓球のサービスは，ほぼ垂直に何cm以上投げ上げ，打たねばならないか。

   (a)　16cm　　(b)　65cm　　(c)　80cm

(5) ラグビー(15人制)のスクラムは，通常，双方のチームそれぞれ何名のプレーヤーにより形成されるか。

   (a)　10名　　(b)　9名　　(c)　8名

(6) バレーボールでは，主審がサービスのホイッスルをした後，サーバーは何秒以内にボールをヒットしなくてはならないか。

   (a)　8秒　　(b)　10秒　　(c)　15秒

(7) ソフトテニスにおいて，ラケット，身体又は着衣が，ネットやポストを超したとき何という反則となるか。

   (a)　ネットタッチ　　(b)　ネットオーバー

(c)　オーバーザネット

(8)　サッカーでは，キックオフ時に蹴られたボールがどこへ移動すると，インプレーとなるか。

(a)　前方　　(b)　センターサークルの外

(c)　キックオフをしたプレーヤーの後方

(9)　剣道において，一歩踏み込めば打突でき一歩退けば打突をかわすことのできる，攻防の基本となる間合を何というか。

(a)　近間　　(b)　遠間　　(c)　一足一刀の間合

(10)　ソフトボールにおいて，投手が腕を風車のように1回転させて投球する方法を何というか。

(a)　スリングショットモーション　　(b)　ウインドミルモーション

(c)　オーバースロー

(☆☆☆◎◎◎)

【２】次の各文の下線部＿＿が，正しい場合には〇を記入し，誤っている場合には×を記入せよ。

(1)　日本の平均寿命は平成25年において男性80.21年，女性86.61年と初めて男女ともに80年を超えた。

(2)　近年，日本の死因の中で肺炎が増加してきている理由には，乳幼児期の肺炎にともなう合併症としての一面がある。

(3)　健康指標の一つに乳児死亡率があり，1年間の出生数100人当たりの生後1年未満の死亡数をいう。

(4)　食事から摂取される主な栄養素は，タンパク質，炭水化物，脂質，ミネラル，ビタミンである。

(5)　BMI(Body　Mass　Index)は体重(kg)÷ ｜身長(cm)｝^{2}で算出し，22を標準とする。

(6)　たばこの煙に含まれる有害物質の代表的なものは，ニコチン，二酸化炭素，タール，シアン化合物などがある。

(7)　薬物耐性が形成されると，それまでと同量の薬物を摂取した場合でも薬物の効果が薄れる。

(8) 「健康日本21」の傘下事業である<u>「すこやか生活習慣国民運動」</u>をさらに普及，発展させ幅広い企業連携を主体とした取組が「Smart Life Project」である。

(9) 大人になることを拒否するような傾向を<u>イギリスの童話に例えて，「青い鳥症候群」</u>とよぶ。

(☆☆☆◎◎◎)

【3】次の各問いに答えよ。

(1) 次の文は，中学校学習指導要領解説(平成20年9月)「第3章　指導計画の作成と内容の取扱い　1　指導計画の作成」に示してある内容である。[　①　]〜[　⑤　]にあてはまる数字を【語群】の中のア〜コから1つずつ選び，記号で答えよ。

　　保健体育の標準授業時数を3学年で[　①　]単位時間とし，この内，各分野に当てる授業時数は，体育分野[　②　]単位時間程度，保健分野[　③　]単位時間程度を配当することとしている。体育分野の各領域別授業時数は，「A体つくり運動」については各学年で[　④　]単位時間以上を，「H体育理論」については各学年で[　⑤　]単位時間以上を配当することとしている。

【語群】

| ア | 315 | イ | 270 | ウ | 42 | エ | 7 | オ | 6 |
| カ | 267 | キ | 90 | ク | 48 | ケ | 7〜10 | コ | 3 |

(2) 次の文は，高等学校学習指導要領(平成21年3月)の「第2章　各学科に共通する各教科」「第6節　保健体育」「第2款　各科目」「第1体育」「1　目標」である。[　⑥　]〜[　⑩　]にあてはまる語句を【語群】の中のサ〜トから1つずつ選び，記号で答えよ。

　　運動の合理的，[　⑥　]な実践を通して，[　⑦　]を深めるとともに技能を高め，運動の楽しさや喜びを深く味わうことができるようにし，自己の状況に応じて体力の向上を図る[　⑧　]を育て，公正，協力，責任，参画などに対する[　⑨　]を高め，健康・安全を確保して，生涯にわたって豊かな[　⑩　]を継続する資質や能力を

育てる。

【語群】

サ　計画的	シ　興味	ス　能力	セ　態度
ソ　スポーツライフ	タ　主体的	チ　知識	ツ　思考力
テ　意欲	ト　運動習慣		

(3)　中学校学習指導要領解説「保健体育編」(平成20年9月)及び高等学校学習指導要領解説「保健体育編・体育編」(平成21年12月)において示されている球技の3つの型を答えよ。また，その型において，高等学校で適宜取り上げることとする運動種目を型ごとにすべて答えなさい。ただし，地域や学校の実態に応じて履修させることのできる，その他の運動は除くこと。

(4)　(3)で答えた型はどのような学習課題に着目して分類したものか簡潔に説明せよ。

(5)　中学校1，2年を「多くの領域の学習を経験する時期」とすると，(2)の文章は，どのような発達段階のまとまりの時期と踏まえているのか，答えよ。

(☆☆☆◎◎◎)

【4】次の語句について，簡潔に説明せよ。

(1)　トレーニングにおける「オーバーロードの原理」

(2)　レム睡眠(「脳波」「筋肉」など身体の活動を使って説明すること)

(3)　最大酸素摂取量

(☆☆☆◎◎◎)

【5】次の文中の[　①　]～[　⑨　]にあてはまる語句を【語群】の中のア～トから1つずつ選び，記号で答えよ。

(1)　筋肉の収縮は筋肉細胞に存在するカルシウムイオンの[　①　]変化により制御されています。筋細胞には[　②　]とアクチンという2種類のタンパク質が存在し，筋原繊維とよばれています。[　②　]は太い繊維，アクチンは細い繊維を形成しており，これらが互い違

いに重なったとしても，相互にスライドする構造をとっており，[　③　]をエネルギー源として平行移動し，筋肉収縮を実現します。カルシウムイオンは神経系から細胞に伝わった刺激を伝達する物質として働きます。このとき，カルシウムイオンの[　①　]変化を感じてスイッチの役割を果たすのが[　④　]というタンパク質で，アクチンに存在しています。また，カルシウムイオンが刺激伝達物質として働くことができるのは，イオンポンプによりカルシウムイオンが細胞内で一定の[　①　]に保たれているおかげです。

(2)　オリンピック憲章(2013年9月9日から有効)においては，オリンピックムーブメントの目的はオリンピズムとオリンピズムの価値に則って実践されるスポーツを通じ，若者を教育することにより，[　⑤　]でより良い世界の構築に貢献することである。また，オリンピックムーブメントの3つの主要な構成要素は，[　⑥　](IOC)，国際競技連盟(IF)，国内(地域)オリンピック委員会(NOC)である。IOCの役割はスポーツにおける[　⑦　]の重要性と優れた統治，またスポーツを通じた青少年教育を奨励し支援することである。さらに，スポーツにおける[　⑧　]精神の確立および暴力の撲滅に向けて努力すること，オリンピック競技大会の有益な遺産を，開催国と[　⑨　]が引き継ぐように奨励することなどが含まれる。

【語群】

ア	ミオシン	イ	フィラメント	ウ	濃度
エ	教育	オ	クレアチニン	カ	ATP
キ	CP	ク	ADP	ケ	倫理
コ	量	サ	公平性	シ	トロポニン
ス	援助	セ	選手	ソ	フェアプレー
タ	開催都市	チ	質	ツ	平和
テ	経済	ト	国際オリンピック委員会		

(☆☆☆◎◎◎)

【6】次の文中の[　①　]～[　⑩　]にあてはまる語句を答えよ。

(1)　医師から処方箋をもらい，薬局で医薬品を調剤してもらうことを[　①　]という。

(2)　医薬品を本来の目的からはずれて使用したり，医薬品でない薬物を不正に使用したりすることを[　②　]という。

(3)　欲求不満の状態をやわらげ，心の安定を保とうとする働きを総称して[　③　]という。

(4)　2000年9月に文部科学省が発表した「スポーツ振興基本計画」には，地域のスポーツを振興させる中心的な施策の1つとしての[　④　]スポーツクラブ設立がうたわれた。

(5)　環境基本法において「公害」とは，大気の汚染，水質の汚濁，土壌の汚染，騒音，振動，地盤の沈下及び[　⑤　]によって人の健康又は生活環境に被害を生ずることをいう。

(6)　自動車には，事故を未然に防ぐための対策をアクティブセイフティというのに対し，事故の被害を最小限にしようとする対策を[　⑥　]セイフティをという。

(7)　緊張すると脈拍が早くなるなど，心の働きと体の働きが互いに密接にかかわっている関係を心身[　⑦　]という。

(8)　1896年に第1回大会が開催された近代オリンピック開催都市は[　⑧　]である。

(9)　技能がある程度向上すると，次のステップに進むまでに一時的な停滞がみられる。これを[　⑨　]という。

(10)　昭和36年に制定されたスポーツ振興法が50年ぶりに全部改正し，平成23年6月24日に[　⑩　]が公付された。

(☆☆☆◎◎◎)

解答・解説

【中高共通】

【1】 (1) (c)　(2) (a)　(3) (b)　(4) (a)　(5) (c)
　　　(6) (a)　(7) (b)　(8) (a)　(9) (c)　(10) (b)

〈解説〉(1)　この10mは加速するためのゾーンなので，テイクオーバーゾーン手前でバトンが渡ってしまうと失格となる。　(2)　パーソナル・ファウルは，相手との体の触れ合いを起こした時のプレーヤーのファウルである。テクニカル・ファウルは，相手との体の触れ合いに関係がないファウルで，審判の指示に従わない，審判，相手チーム，観客などに対して失礼な態度をとるなど，故意でスポーツマンらしくないものを指す。　(3)　センタープレーヤーは，チームの司令塔で45度のポジションと共に攻撃の起点を作るポジションである。フローターは，攻撃の中心となるポジションで，斜め45度とセンターの位置のポジションのことである。　(4)　サービスは，ボールを手のひらで一度静止し，コートより高い位置から回転を与えないように，ほぼ垂直に16cm以上投げる。このボールが頂点に達した後に打球する。

(5)　プロップ2人，フッカー1人の計3人が最前列，ロック2人，フランカー2人の計4人がその後ろ，最後尾にナンバーエイトが組む。

(6)　8秒以内にサービスを行わないと，ディレイ・イン・サービスという反則になる。　(7)　打球後の惰性でネットを越えても，相手のプレーを妨害しなければ許される。　(8)　キックオフのときは，すべての競技者は自分のエンドに位置する。相手チームはセンターサークルには入れない。キックオフをしたプレーヤーは，他のプレーヤーがボールに触れるまでは再びボールに触れてはならない。　(9)　一足一刀の間合より遠い間合は，お互いにその場から踏み込んでも相手の打突部に届かない距離である。近い間合は，お互いに打突できるので，緊迫した距離である。　(10)　スリングショットモーションは，肩を軸にして，腕を振り子のように振って投げる投法である。投手は打者に

対して，オーバースローは行ってはいけない。

【２】(1) ○　(2) ×　(3) ×　(4) ○　(5) ×　(6) ○
(7) ○　(8) ○　(9) ×

〈解説〉(2)　正しくは，「高齢者の肺炎」である。平成26(2014)年人口動態統計月報年計の概況(厚労省)をみると，肺炎は死因順位の第3位である。　(3)　正しくは，「出生数1000人あたり」である。　(5)　正しくは，「体重(kg)÷｛身長(m)×身長(m)｝」である。　(9)　正しくは，「ピーターパン症候群」である。体は大人でも心は子どもといった，パーソナリティ障害の1つである。

【３】(1)　①　ア　②　カ　③　ク　④　エ　⑤　コ
(2)　⑥　サ　⑦　チ　⑧　ス　⑨　テ　⑩　ソ
(3)　ゴール型…バスケットボール，ハンドボール，サッカー，ラグビー　　ネット型…バレーボール，卓球，テニス，バドミントン
ベースボール型…ソフトボール　　(4)　球技は，様々な種目があることから，攻防を展開する際に共通して見られるボールや用具などの操作とボールを持たないときの動きについての学習課題に着目した。
(5)　卒業後に少なくとも一つの運動やスポーツを継続することができるようにする時期。

〈解説〉(1)　現行の学習指導要領では，前回より授業時数が増加し各学年105時間になった。また，体育理論と体つくり運動については，指導内容のより一層の定着を図るため，授業時数が示された。
(2)　この目標は，卒業後に少なくとも1つの運動を継続できるようにし，生涯にわたっての豊かなスポーツライフの実現を図ることを目指しているものである。　(3)(4)　球技は，その特性や魅力に応じて，相手コートに侵入して攻防を楽しむ「ゴール型」，ネットをはさんで攻防を楽しむ「ネット型」，攻守を交代して攻防を楽しむ「ベースボール型」に分類し示されている。　(5)　生涯にわたる豊かなスポーツライフの実現に向けて，小学校から高等学校までの12年間を4・4・4の

まとまりで考え，それぞれ，「各種の運動の基礎を培う時期」「多くの領域の学習を経験する時期」「卒業後に少なくとも一つの運動やスポーツを継続することができるようにする時期」といった発達の段階のまとまりで捉えている。

【4】(1)　ある一定水準以上の運動負荷が運動刺激として与えられることによって，体の適応が誘発されること。　(2)　脳波が入眠期から軽睡眠期に似たパターンを示し，身体の姿勢を保つ筋肉の緊張がほとんどなくなること。　(3)　運動中に体内に摂取される酸素の単位時間当たりの最大値のこと。

〈解説〉(1)　練習やトレーニングによって技能や体力を向上させるためには，それまで行っていた運動より難度や強度が高い運動を行う必要がある。　(2)　睡眠には浅い眠りのレム睡眠と，深い眠りのノンレム睡眠がある。眠りにつくと，まずノンレム睡眠があらわれ，次に浅い眠りのレム睡眠へと移行する。　(3)　有酸素運動の場合，運動強度が高くなると，必要なエネルギー(酸素需要量)が高まり，それに応じて酸素摂取量が増える。最大酸素摂取量は，その最大値を表す指標であり，エネルギーを作り出せる能力を意味し，持久力の指標として広く用いられる。

【5】(1)　①　ウ　　②　ア　　③　カ　　④　シ　　(2)　⑤　ツ　⑥　ト　　⑦　ケ　　⑧　ソ　　⑨　タ

〈解説〉(1)　筋肉が活動して筋力を発揮することを筋収縮という。筋収縮には大きく分けて3つの種類がある。筋肉が長さを変えないで力を発揮するアイソメトリック収縮(等尺性収縮)，筋肉が短縮しながら力を発揮するコンセントリック収縮(短縮性収縮)，筋肉が伸ばされながら力を発揮するエキセントリック収縮(伸張性収縮)である。筋収縮を開始させるATP供給源は主に，筋細胞(筋繊維)内に貯蔵されているクレアチンリン酸やグリコーゲンである。　(2)　オリンピック憲章は，国際オリンピック委員会(IOC)によって採決されたオリンピズムの根本

原則，規則，付属細則を成文化したものである。憲章はオリンピックムーブメントの組織，活動，運用の基準であり，かつオリンピック競技大会の開催条件を定めるものである。

【6】①　医薬分業　　②　薬物乱用　　③　適応機制　　④　総合型地域　　⑤　悪臭　　⑥　パッシブ　　⑦　相関(一元，一如なども可)　⑧　アテネ　　⑨　プラトー　　⑩　スポーツ基本法

〈解説〉①　医薬分業は，医師と薬剤師の役割を分離・独立させ，それぞれの専門性を発揮してもらうための仕組みである。　②　例えば，精神科の治療に使われる向精神薬や，麻薬性の鎮痛剤が，乱用目的で使用されることがある。乱用される薬物としては，大麻，覚せい剤，MDMA，麻薬，シンナーなどが挙げられる。　③　適応機制として以下が挙げられる。補償…自分の不得意な面をほかの面で補おうとする。昇華…おさえられた性的欲求などを学問・スポーツ・芸術などに向ける。同一化…自分にない名声や権威に自分を近づけることによって，自分を高めようとする。合理化…もっともらしい理由をつけて自分を正当化する。逃避…苦しくつらい現実から一時的に逃れる。抑圧…実現困難な欲求や苦痛な体験などを心のなかにおさえこんで忘れようとする。退行…耐えがたい事態に直面したとき，子どものように振る舞って自分を守ろうとする。攻撃…他人のものを傷つけたり，規則を破ったりして，欲求不満を解消しようとする。　④　スポーツ振興基本計画では，総合型地域スポーツクラブの全国展開が明記され，「平成22(2010)年までに，全国の各市区町村において少なくともひとつは総合型地域スポーツクラブを育成」「平成22(2010)年までに，各都道府県において少なくともひとつは広域スポーツセンターを育成」という計画が示された。　⑤　環境基本法は，従来の公害対策基本法，自然環境保全法に代わる環境政策に関する基本法として平成5(1993)年に制定された。　⑥　アクティブセイフティとしては，アンチロック・ブレーキ・システム(ABS)などが挙げられ，パッシブセイフティとしては，エアバッグなどが挙げられる。　⑦　他にも，軽い運動をすると気分

が爽快になり思考が活発になることや，逆に気持ちがゆったりとリラックスしていると体の動きが軽くなるなど，心と体は，相互に関係し合い影響し合っている。　⑧　実施種目数は43種目，参加選手数は241名，参加国・地域数は14であった。　⑨　プラトーは，持てる力を発揮できているが，その力が伸び悩んでいる状態である。

⑩　スポーツ基本法は，スポーツに関し，基本理念を定め，並びに国及び地方公共団体の責務並びにスポーツ団体の努力等を明らかにするとともに，スポーツに関する施策の基本となる事項を定めたものである。

2015年度　実施問題

【中高共通】

【1】次の各問いについて，下の(a)～(c)の中から正しい答えを1つずつ選び，記号で答えよ。

(1) バドミントンのダブルスにおいて，プレーヤーとパートナーが続けてシャトルを打った場合の反則名を何というか。

(a) ダブルタッチ　　(b) ダブルドリブル

(c) ダブルコンタクト

(2) サッカーコートの中央のライン名(図1の矢印ア)を何というか。

(a) センターライン　　(b) ハーフウェーライン

(c) タッチライン

(3) バスケットボールコートにおいて，ゴールの中心から半径1.25mのところに引かれたライン名(図2の矢印イ)を何というか。

(a) ノーチャージ・セミサークル

(b) フリースローライン

(c) スリーポイントライン

(4) ラグビーにおいて，トライして，その後のゴールを決めた時，トライとゴールを合わせた得点は何点か。

(a) 3点　　(b) 5点　　(c) 7点

(5) ハンドボールにおいて，4歩以上ボールを持って歩いた時の反則名を何というか。

(a) トラベリング　　(b) オーバータイムス

(c) オーバーステップ

図1

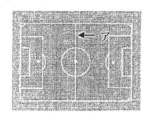

図2

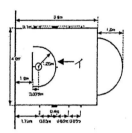

(☆☆☆◎◎◎)

【2】次の各問いに答えよ。

(1) 国際オリンピック委員会をアルファベット3文字で何というか。

(2) 性別や年齢，障害の有無にかかわらず，誰でも気軽に参加して楽しむことができるよう，ルールや用具を工夫し，1人1人の発達状況や身体条件に適応させたスポーツを何というか。

(3) 厚生労働省では，生活習慣病の引き金になる，内臓脂肪肥満を共通の要因とし，高血糖，高血圧，脂質異常のうち2つ以上に該当する状態を何というか。

(4) 医療機関において，患者や家族が医療関係者から説明を受け，納得と同意を得て治療が行われるが，このことを何というか。

(5) 国が定めた安全性や有効性に関する基準等を満たしたもので，「特定保健用食品」と「栄養機能食品」がある健康食品を何というか。

(6) 地域保健法によって都道府県や政令指定都市等一部の市などに設置が定められ，地域住民の健康の保持・増進に寄与することを目的に，医師や保健師等が配置されている行政機関を何というか。

(7) 命にかかわるような事故や災害を経験した時，それが心の傷となりストレスの症状が出ることをアルファベット4文字で何というか。

(8) 女性ホルモンの1つで，基礎体温上昇作用や，妊娠維持作用があるホルモンを何というか。

(9) 違う運動種目や技能の練習をしたり，休んだりした後に，急に技

能が上くなることを何というか。

(10)　循環型社会を推進するための方策の1つとして、「3R」があるが、「リユース」「リサイクル」ともう1つは何か。

(☆☆☆◎◎◎)

【3】次の各文は、トレーニングや練習法等について説明したものである。それぞれの名称を答えよ。

(1)　完全な休息を入れずに、様々な運動を連続して行うことによって、筋力や全身持久力を高めるトレーニング。

(2)　一般的なウエイトトレーニング方法で、筋の等張性収縮による筋力強化トレーニング。

(3)　実際の試合で過緊張にならずに落ち着いて、試合に集中できるようになるため、練習の時に、試合場面を想定して試合の流れや雰囲気をシミュレーションするトレーニング。

(4)　全力のランニングを十分な休息を入れて、数本繰り返すトレーニング。

(5)　主運動が終了した後に、疲労回復を促すために行う運動。

(☆☆☆◎◎◎)

【4】学習指導要領及び学習指導要領解説について、次の各問いに答えよ。

(1)　中学校学習指導要領「第2章第7節保健体育」(平成20年3月)の体育分野の内容の取扱いにおいて、水泳の指導について、適切な水泳場の確保が困難な場合には、どのような内容を取り扱うこととされているか答えよ。

(2)　高等学校学習指導要領解説「保健体育編・体育編」(平成21年12月)の「第2章　各科目」「第1節　体育」「3　内容」「H　体育理論」の内容の取扱いについて、授業時数を各年次6単位時間以上配当することとしたが、その理由を答えよ。

(3)　次の表は、高等学校学習指導要領解説「保健体育編・体育編」(平成21年12月)の「第2章　各科目」「第1節　体育」「3　内容」「(2)

144

態度」に記載されているものである。表中の ① ～ ⑩ にあてはまる語句を下の【語群】の中のA～Jから1つずつ選び，記号で答えよ。

	中学校1・2年	中学校3年・高校入学年次	高校その次の年次以降
ア 共通事項	① に取り組もうとする	自主的に取り組もうとする	② に取り組もうとする
イ 公正・協力	よい演技を ③ ようとする	よい演技を ④ ようとする	
	勝敗などを認め，ルールやマナーを守ろうとする	勝敗などを冷静に受け止め，ルールやマナーを大切にしようとする	
	⑤ を守ろうとする	⑤ を大切にしようとする	
	相手を尊重し，⑥ を守ろうとする	相手を尊重し，⑥ を大切にしようとする	
	よさを認め合おうとする	互いの違いやよさを認め合おうとする	互いに共感し高め合おうとする
	など（仲間の学習を援助しようとする）	など（互いに助け合い教え合おうとする）	など（互いに助け合い高め合おうとする）
ウ 責任・参画	⑦ を果たそうとする	⑧ を果たそうとする	役割を積極的に引き受け自己の責任を果たそうとする
	話合いに ⑨ しようとする	話合いに貢献しようとする	合意形成に ⑩ しようとする
エ 健康・安全	健康・安全に気を配る	健康・安全を確保する	

【語群】

A	伝統的な行動の仕方	B	認め	C	主体的
D	参加	E	分担した役割	F	フェアなプレイ
G	貢献	H	自己の責任	I	積極的
J	讃え				

(4) 中学校学習指導要領または，高等学校学習指導要領における保健体育の体育分野(中学〉または，体育(高校)の評価の観点を4つ答えよ。

(5) (4)で答えた観点のうち，「体つくり運動」の評価の観点に設定されていないものが1つある。それは何か答えよ。また，その観点が設定されない理由を答えよ。

(☆☆☆○○○)

【5】次の文を読み，あとの各問いに答えよ。

呼吸器は，鼻(口)，のど，気管，気管支，肺などから成り立っている。肺の中には小さな(①)が無数にあり，それらは毛細血管によ

2015年度　実施問題

って覆われている。空気中から取り入れた酸素と体の中でできた二酸化炭素は，この（　①　）と毛細血管の間で交換される。呼吸機能の発達は，（　②　）の減少や（　③　）の増大により知ることができる。

　循環器は，心臓，動脈，静脈，毛細血管などから成っている。血液は心臓のポンプ作用によって全身を巡り，酸素や栄養物質などを運ぶ。循環機能の発達は，（　④　）の減少や（　⑤　）の増大によって知ることができる。（　④　）が体の発育にともなって少なくなるのは，心臓が大きくなること，収縮する力が強くなることにより，1回の（　⑤　）が増えるからである。

(1)　文中の（　①　）～（　⑤　）に，最も適する語句を下の【語群】の中のア～コから1つずつ選び，記号で答えよ。

【語群】

ア　神経　　　イ　脈拍数　　ウ　呼吸数　　エ　拍出量
オ　出血量　　カ　肺胞　　　キ　血糖値　　ク　血圧
ケ　肺活量　　コ　コレステロール

(2)　下線部に関して，心臓の左心室を基点とした血液の流れについて，次の（　①　）～（　⑤　）に最も適する語句を下の【語群】の中のア～オから1つずつ選び，記号で答えよ。

左心室→大動脈→全身の毛細血管→大静脈→（　①　）→（　②　）→（　③　）→肺→（　④　）→（　⑤　）

【語群】

ア　左心房　　イ　右心房　　ウ　右心室　　エ　肺動脈
オ　肺静脈

(☆☆☆◎◎◎)

【6】次の各用語について説明せよ。

(1)　「脳死」と「植物状態」
(2)　走り幅跳びにおける「全習法」と「分習法」
(3)　スポーツの指導の場面で使われる「オノマトペ」

(☆☆☆◎◎◎)

146

解答・解説

【中高共通】

【1】(1) (a)　　(2) (b)　　(3) (a)　　(4) (c)　　(5) (c)

〈解説〉(1)　ダブルドリブルは主にバスケットボール，ダブルコンタクトはバレーボールにおける反則である。　(2)　なお，タッチラインはゴールから見て左右にあるラインである。　(4)　トライ5点，トライ後のゴール2点で7点となる。　(5)　トラベリングはバスケットボール，オーバータイムスはバレーボールの反則である。

【2】(1)　IOC　　(2)　アダプテッド・スポーツ(ユニバーサルスポーツ)　(3)　メタボリックシンドローム(内臓脂肪症候群)　(4)　インフォームド・コンセント　(5)　保健機能食品　(6)　保健所　(7)　PTSD　(8)　プロゲステロン(黄体ホルモン，プロジェステロン)　(9)　レミニッセンス　(10)　リデュース

〈解説〉(2)　競技性の強い元気で若い人中心の一般的スポーツや，パラリンピックを代表とした障害者スポーツの中間に位置するともいえる。　(3)　脂肪が内臓にたまると，皮下にたまるよりも生活習慣病を引き起こしやすいとされ，40歳以上を対象とした特定健康診査がおこなわれている。　(4)　なお，より適した治療方法を選択できるように，主治医以外の医師に意見を求めることは，セカンド・オピニオンという。混同に注意しよう。　(7)　Post-Traumatic Stress Disorderの略で，心的外傷後ストレス障害とよばれる。　(8)　女性の性ホルモンには，卵胞ホルモン(エストロゲン)と黄体ホルモン(プロゲステロン)の2種があり，前者は女性生殖器の発達や子宮内膜の増殖，乳腺の発達，発情などを促し，後者は子宮内膜の分泌を高め，妊娠すると，それを維持するようにはたらく。　(10)　3Rはリデュース(廃棄物の発生抑制)，リユース(再使用)，リサイクル(再生利用)の3つで構成される。

【3】(1)　サーキットトレーニング　　(2)　アイソトニック・トレーニング　　(3)　イメージトレーニング(メンタルリハーサル)　　(4)　レペティショントレーニング　　(5)　クールダウン(クーリングダウン，整理運動)

〈解説〉体力トレーニングや練習法に関する問題の出題頻度は高いので，整理して正しく理解しておきたい。

・サーキットトレーニング…総合的な体力の向上をねらいとした，運動を何種類か組み合わせ，休息をとることなく繰り返し練習する方法。

・インターバルトレーニング…全身持久力の向上をねらいとした，全力に近いペースや強度での運動と不完全な休息を交互に繰り返す方法。

・レペティショントレーニング…全力ペース強度の運動と，完全休息を交互に繰り返して，全身持久力の向上を目的としておこなうトレーニング方法。

・アイソメトリックトレーニング…筋肉の等尺性収縮を利用した静的な筋力トレーニング法。

・アイソトニックトレーニング…筋肉の等張性収縮を利用した動的な筋力トレーニング法。

・アイソキネティックトレーニング…筋肉の等速性収縮を利用した筋力トレーニング法。

・レジスタンストレーニング…筋力向上をねらいとした，ダンベルやバーベルなどの重りを用いたり，油圧マシンなどによる抵抗力を利用したりする方法。

・イメージトレーニング…身体を動かすことなく，運動のイメージを思い浮かべてトレーニングする方法。

【4】(1)　水泳の事故防止に関する心得について　　(2)　事例などを用いたディスカッションや課題学習などを各学校の実態に応じて取り入れることができるように配慮したため。　　(3)　①　I　　②　C　　③　B　　④　J　　⑤　F　　⑥　A　　⑦　E　　⑧　H　　⑨　D

⑩　G　　(4)　関心・意欲・態度，思考・判断，運動の技能，知識・理解　　(5)　設定されないもの…運動の技能　　理由…体ほぐしの運動は，技能の習得・向上を直接のねらいとするものではないこと，体力を高める運動は，継続的な運動の計画を立てて取り組むことが主な目的となるため。

〈解説〉(1)　「水泳」の内容の取扱いに，「水泳の指導については，適切な水泳場の確保が困難な場合にはこれを扱わないことができるが，水泳の事故防止に関する心得については，必ず取り上げること」と示されている。　　(4)(5)　評価の観点は，「関心・意欲・態度」「思考・判断」「運動の技能」「知識・理解」の4観点で評価する。ただし，体つくり運動は，指導内容に「技能」が示されておらず(運動と示されている)，「運動」の内容は「思考・判断」で評価することから，「運動の技能」を除いた3観点で評価する。体つくり運動は，他の運動に関する領域のように固有の技能や動き等を身に付けることが学習のねらいではないことから，「技能」ではなく運動として示されている。

【5】(1)　①　カ　　②　ウ　　③　ケ　　④　イ　　⑤　エ
(2)　①　イ　　②　ウ　　③　エ　　④　オ　　⑤　ア

〈解説〉呼吸機能は，一般に，呼吸数や肺活量などによって知ることができる。加齢に伴って呼吸数は減少し，肺活量が増大する。これは，呼吸器系の器官が身体の発育に伴って増大すること，肋間筋や横隔膜が発達することによって，1回の呼吸気量が増大すること等が考えられる。一方，循環機能も発育に伴って心臓容積が増大すること，心臓の発達によって拍出力と拍出量が増すこと，血管の弾力性が増すとともに血液量も増大すること等によって，年齢とともに脈拍数が減少し，血圧が上昇する。なお，心臓から送り出される血液の循環経路には，体循環(大循環)と肺循環(小循環)があり，体循環は心臓の左心室から大動脈を通って送り出された血液が，体の諸部の毛細血管に至りガス交換を終え，静脈・大静脈を経て右心房に戻る循環経路，肺循環は右心室に集まった静脈血を肺動脈によって肺に導き，ここでガス交換を行

った後，肺静脈を経て左心房に戻る血液の循環経路である。

【6】(1)　脳死は，呼吸などを調整している脳幹をふくめて，脳全体の機能が停止し，回復しなくなった状態をいう。植物状態とは，脳幹の機能が残存していて自発呼吸が可能な場合をいう。　(2)　走り幅跳びにおける全習法とは，遠くに跳ぶことを目的にした技術全体のまとまりをそのまま練習する方法をいう。分習法では，効率よく跳躍をおこなうための助走や踏み切り，空中での脚や腕の使い方，着地の仕方など技術の一部を取り出して練習する方法をいう。　(3)　オノマトペとは，フランス語に語源を持つ擬音語・擬声語で，スポーツの指導の場面で使われる場合，運動のコツを表現する際の言葉として使用されることが多い。通常の言葉では表現しにくい意味内容，微妙なイメージや感覚印象を簡潔かつ端的に言い表すことができて，指導者の意図が伝わりやすく効果的な場合がある。

〈解説〉(1)　臓器移植については，1997年に定められた臓器移植法によって，脳死状態の人からの提供が可能となり，2010年からは本人の提供意思が明確でなくても，家族の承諾により臓器提供が可能となった。(2)　走り幅跳びという技術は，助走，踏み切り，空中での脚や腕の使い方，着地などの部分技術も必要であるため，それらを理解し，練習することによって，走り幅跳びの技能が身につく。　(3)　スポーツ・オノマトペは，具体的に動きに関して，ボールをバシッと打つ(パワー)，ボールの下にサッと入る(スピード)，ポーンとボールを打ち返す(持続性)，ピタッと合わせる(タイミング)，トン・ト・トンと足を合わせる(リズム)などという言葉で使われていて，指導者から運動者への意思の伝達に貢献していると考えられる。

2014年度　実施問題

【中高共通】

【1】学習指導要領及び学習指導要領解説について，以下の(1)～(3)の各問いに答えよ。

(1)　中学校学習指導要領「第7節　保健体育」(平成20年3月告示)に関する記述として正しい場合には○を，誤っている場合には×を記入せよ。

①　第3学年では，「体つくり運動」の領域は選択である。

②　「水泳」で取り扱う領域の内容に「バタフライ」がある。

③　「陸上競技」で取り扱う領域の内容の1つに「砲丸投げ」がある。

④　「器械運動」については，第1学年及び第2学年において，「跳び箱運動」を含めて2種目を選択することとしている。

⑤　第3学年では，「武道」の領域は必修ではない。

(2)　高等学校学習指導要領(平成21年3月告示)第6節「保健体育」に関する記述として正しい場合には○を，誤っている場合には×を記入せよ。

①　「体つくり運動」と「体育理論」については，配当する単位時間数が示されている。

②　「水泳」で取り扱う領域の内容に，「複数の泳法で長く泳ぐこと」や「リレー」がある。

③　「球技」については，「ゴール型」，「ネット型」，「攻守型」として分類されている。

④　「陸上競技」で取り扱う領域の内容の1つに「やり投げ」がある。

⑤　「ダンス」で「社交ダンス」を履修させることはできない。

(3)　次の文は，高等学校学習指導要領解説「保健体育編・体育編」(平成21年12月)の「第2章　各科目」「第1節　体育」「3　内容」の一部である。[　①　]～[　⑩　]にあてはまる語句をあとのア～ソか

ら選び，記号で答えよ。

　体育の内容は，運動に関する領域及び[　①　]に関する領域で構成されている。運動に関する領域は，「体つくり運動」，「[　②　]」，「陸上競技」，「水泳」，「球技」，「武道」及び「ダンス」であり，[　①　]に関する領域は，「体育理論」である。

　運動に関する領域では，(1)[　③　]（「体つくり運動」は運動），(2)[　④　]，(3)[　①　]，[　⑤　]・[　⑥　]を内容として示している。

（中略）

　また，内容の取扱いにおいて，地域や学校の実態に応じて，スキー，[　⑦　]や[　⑧　]（野外活動）を加えて指導するとともに，[　⑨　]についても履修させることができるものとしている。

　なお，能率的で安全な[　⑩　]としての行動の仕方（[　⑩　]行動）を各領域において適切に行うこととしている。

（以下略）

ア　思考	イ　技能	ウ　態度
エ　スケート	オ　水辺活動	カ　レスリング
キ　判断	ク　スノーボード	ケ　器械運動
コ　団体	サ　ボクシング	シ　登山
ス　集団	セ　知識	ソ　体操

（☆☆☆◎◎◎）

【2】次の(1)〜(10)の文の[　]にあてはまる適切な語句や数を答えよ。

(1)　バドミントンにおいて，オーバーヘッドストロークからのショットで，相手を前方に動かす時に使い，シャトルがネットを越えてすぐに落下するように打つショットを[　]という。

(2)　陸上競技の競歩には両足が地面から離れるロス・オブ・[　]と膝が曲がるベント・ニーといわれる歩型違反がある。

(3)　ラグビーにおいて，ボールを扱っている側2名，相手側1名の最少3名のプレーヤーが立ったまま，体を密着させ，ボールを持ったプ

レーヤーの周囲に密集するプレーを[　　]という。

(4)　ソフトテニスにおいて放物線をえがく打球のことを[　　]という。

(5)　柔道において，相手を不安定な姿勢に崩し，自分が技をかけるのによい位置に体を移動することを[　　]という。

(6)　ソフトボールにおいて，振り子のように腕を速く振って投球する方法を[　　]モーションという。

(7)　ハンドボールにおいて，ゴールエリア上の空間でキャッチし，シュートするプレーを[　　]という。

(8)　水泳において両脚を同時に上下に動かして水を蹴りだすキック法を[　　]という。

(9)　剣道の試合の開始は，まず，竹刀を下げて相手と合わせて礼をし，竹刀を腰に付けて[　　]歩進み，構えながら蹲踞する。その後，主審の「はじめ」の宣告で立ち上がって試合を開始する。

(10)　バレーボールにおいて，サービスが打たれた瞬間に，決められた正しい位置をとっていない反則を[　　]という。

(☆☆☆◎◎◎)

【3】次の各文は，ある語句について説明したものである。その語句をそれぞれ答えよ。

(1)　国際オリンピック委員会によって1984年に，スポーツで起きた問題を，スポーツ界の枠内での解決を目指す目的で設立された機関。

(2)　同じ薬剤を長い間繰り返し使用した結果，薬剤に対して抵抗力を持ってしまい，薬剤が効きにくくなった菌。

(3)　武道や球技など，常に変化する状況(相手やボールの位置など)において発揮される運動技能。

(4)　二酸化炭素やメタンなど，大気圏にあって，地球から熱が逃げるのを防ぐ性質を持つ気体の総称。

(5)　1986年にWHOが提唱したもので，人々が自らの健康をコントロールし，改善できるようにするプロセス。

(6)　障害の有無や年齢・性別・国籍にかかわらず，はじめから誰もが

使いやすいように施設や製品，環境などを設計するという考え方。

(7)　エイズの病原体であるウィルス。(アルファベット3文字)

(8)　医師から処方せんをもらい，薬局で医薬品を調剤してもらう仕組み。

(9)　母体の生命や健康を守ることを目的として，不妊手術および人工妊娠中絶に関する事項などを定めた法律。

(10)　港湾や空港にて，人が入出国する際や海外から持ち込まれた，もしくは海外へ持ち出す動物・植物・食品などが病原体や有害物質に汚染されていないか確認すること。

(☆☆☆◎◎◎)

【4】次の文は，筋肉へのエネルギーの供給について述べたものである。(①)～(⑤)にあてはまる語句を，下のア～コの中から1つずつ選び，記号で答えよ。

　筋肉が収縮するためのエネルギー源は，細胞呼吸によって合成される(①)である。筋収縮の開始時や瞬発的な高強度の運動時の(①)の供給源は主に，筋細胞内に貯蔵されている(②)や(③)である。

　(②)や(③)の筋細胞内での貯蔵量は限られており，運動を長時間持続させるためには不十分である。そのため，長時間の運動を行うときは，血液によって運ばれてくる(④)や脂肪(遊離脂肪酸)，乳酸を筋細胞内に取り込み，同じく血液によって運ばれてくる(⑤)の助けを借りて，ミトコンドリアの中で(①)を持続的に生成しなければならない。

　　ア　アセトアルデヒド　　　イ　シアン化物
　　ウ　アデノシン3リン酸　　　エ　グリコーゲン
　　オ　酸素　　　　　　　　　カ　ホルモン
　　キ　酵素　　　　　　　　　ク　クレアチンリン酸
　　ケ　アデノシン2リン酸　　　コ　グルコース

(☆☆☆◎◎◎)

【5】次の語句について，簡潔に説明せよ。

  (1) トレーニングにおける「特異性の原理」

  (2) トレーニングにおける「意識性の原則」

  (3) セカンドインパクト症候群

  (4) 加速損傷

  (5) 健康寿命

(☆☆☆◎◎◎)

【6】運動中の水分の補給の仕方について，「熱中症」「低ナトリウム血症」という2つの語句を用いて，簡潔に説明せよ。

(☆☆☆◎◎◎)

解答・解説

【中高共通】

【1】(1) ① ×   ② ○   ③ ×   ④ ×   ⑤ ○

  (2) ① ○   ② ○   ③ ○   ④ ○   ⑤ ×

  (3) ① セ   ② ケ   ③ イ   ④ ウ   ⑤ ア   ⑥ キ

  ⑦ エ   ⑧ オ   ⑨ カ   ⑩ ス

〈解説〉(1) ① 体つくり運動の取扱いは中学校学習指導要領第2章　第7節　保健体育の第2　各学年の目標及び内容〔内容の取扱い〕(1)イによって第3学年でも必修としている。　②　水泳における中学校第1学年及び第2学年で取り扱う領域の内容は，クロール，平泳ぎ，背泳ぎ，バタフライである。第3学年で取り扱う領域の内容は，クロール，平泳ぎ，背泳ぎ，バタフライ，複数の泳法で泳ぐ又はリレーである。③　投てき種目は，高等学校の学習内容である。中学校の陸上競技の内容は，短距離走・リレー，長距離，ハードル走，走り幅跳び，走高跳である。　④「跳び箱運動」ではなく，「マット運動」を含めて2種

目の選択である。　　⑤　第3学年では,「球技」,「武道」から1つ以上選択となっている。　　(2)　①　高等学校学習指導要領第2章　第6節保健体育の第3款　1(2)において「体つくり運動」は各年次7〜10単位時間程度であり,「体育理論」は各年次6単位時間以上であると示されている。　　③「球技」については,「ゴール型」,「ネット型」,「ベースボール型」である。　　④「陸上競技」で取り扱う投てき種目は,砲丸投げとやり投げがある。　　⑤　高等学校学習指導要領第2章　第6節保健体育第2款の「第1　体育　3(2)キ」に内容の取扱いが記載されている。ダンスは,創作ダンス,フォークダンス,現代的なリズムのダンス以外に,地域や学校の実態に応じて,社交ダンスなどのその他のダンスについても履修させることができるとしている。

【2】(1)　ドロップ(ドロップショット, カットも可)　　(2)　コンタクト
(3)　モール　　(4)　ロビング(ロブ)　　(5)　体さばき　　(6)　スリングショット　　(7)　スカイプレー　　(8)　ドルフィンキック
(9)　3　　(10)　アウトオブポジション(ポジショナルフォールドでも可)

〈解説〉(1)　バドミントンにおいて用いられるストロークには,「ドロップ」の他に,相手をコート後方に動かすために使い,バックバウンダリーラインに向かって相手のラケットが届かない高さを越えて飛んでいくように打つ「クリアー」,打ち砕くという意味から相手を打ち負かすような強打のことを「スマッシュ」,相手をコート前方に引きつけるときに使い,ネット際から相手のネット際に落とす「ネットショット(ヘアピン)」などがある。　　(2)　競歩とは,両足が同時に地面から離れることなく歩くことをいい(同時に離れてしまうとロス・オブ・コンタクト),前足は,接地の瞬間から垂直の位置になるまで,まっすぐに伸びていなければならない(曲がってしまうとベント・ニー)というルールがある。　　(3)　これに対し,両チーム各1名の最少2名で成立し,地上にあるボールを獲得するため,両チームのプレーヤーが立ったまま体を密着させて組み合い,ボールのまわりに密集するプレーを

「ラック」という。　(4)　「ロビング(ロブ)」の他に，高くあがってきたボールを頭の上から相手コートにたたき込む打法の「スマッシュ」，コートに弾んだ直後，ショートバウンドのボールを打ち返す方法の「ハーフボレー」などがある。　(6)　ソフトボールにおいて主な投球モーションは3つあり，スリングショットの他，腕を1回転させて投球する「ウインドミル」，ボールを持った腕を数字の8のように振って投球する「エイトフィギュア」がある。　(7)　「スカイプレー」には，2名が連続しての「ダブルスカイ」，3名が連続しての「トリプルスカイ」も存在する。　(9)　剣道の試合の開始のときに竹刀をさげることを「提げ刀」，竹刀を腰に付けることを「帯刀」という。　(10)　バレーボールにおけるサービスに関する反則として，「アウトオブポジション」の他に，サービスの順番を間違えておこなう「ローテーションの反則」，サービスゾーンの外から打ったり，エンドラインを踏んだり，サイドラインの延長線上を踏み越したりする「フットフォールト」，サービスの笛の合図から8秒以内にボールを打たなかった場合の「ディレイインサービス」などがある。

【3】(1)　スポーツ仲裁裁判所(CASでも可)　　(2)　薬剤耐性菌
(3)　オープンスキル　　(4)　温室効果ガス　　(5)　ヘルスプロモーション　　(6)　ユニバーサルデザイン　　(7)　HIV　　(8)　医薬分業
(9)　母体保護法　　(10)　検疫
〈解説〉(1)　1984年に設立されたスポーツ仲裁裁判所(Court of Arbitration Agency：CAS)は，1994年には国際オリンピック委員会から独立し，運営機関として「スポーツ仲裁国際理事会」が設立された。この裁判所では，ドーピングを巡る裁定，出場資格の認定，移籍のトラブル等スポーツに関する紛争を幅広く扱っている。　(2)　「薬剤耐性菌」は，「薬剤(抗生物質)に対して耐性を獲得した菌」のことをいい，MRSA(メチシリン耐性黄色ブドウ球菌)やバンコマイシン耐性腸球菌，多剤耐性結核菌などが存在する。　(3)　常に変化する状況の中で用いられる技術を「オープンスキル」というのに対し，安定した環境の中で用いられ

る技術を「クローズドスキル」という。　(5)「ヘルスプロモーション」は，1986年にWHO(世界保健機関)がオタワ憲章の中で提唱した概念である。この概念においては，健康にかかわる環境づくりへの住民の主体的な参加が強調されている。　(7)　HIVは，Human Immunodeficiency Virusの略で，ヒト免疫不全ウイルスのことである。　(8)「医薬分業」は，医師と薬剤師の役割を分離・独立させ，診察や診断などを医師が，調剤は薬剤師が専門におこなうことで，それぞれの専門性を発揮してもらうための仕組みである。そのメリットは，①医薬品に関する十分な説明が受けられる，②薬の重複投与や相互作用による副作用などの健康被害を未然に防止できるなどが挙げられる。　(9)「母体保護法」では，妊娠した場合でも特別な理由があれば，人工妊娠中絶が認められている。その特別な理由とは，身体的，経済的理由で，妊娠の継続により母体の健康が損なわれる場合と，性的暴力の結果による妊娠の場合が理由として定められている。　(10)　感染の対策として，「感染源対策」，「感染経路対策」，「感受性者対策」の3つがあり，検疫はその中の「感染経路対策」の1つである。

【4】①　ウ　　②　ク(エ)　　③　エ(ク)　　④　コ　　⑤　オ
(②，③は順不同)
〈解説〉エネルギー供給はアデノシン3リン酸がアデノシン2リン酸に分解されることによってなされる。アデノシン3リン酸の生成過程は，無酸素的過程の「非乳酸性機構」と「乳酸性機構」，有酸素的過程の「有酸素性機構」の3つに分けることができる。

【5】(1)　トレーニングは種類や動作，トレーニングした部位によって効果の表れ方が違うこと。　(2)　トレーニング内容の意義をよく理解し，目的を持って積極的に行うと効果が上がること。　(3)　1回目の脳震とうが軽いものであっても，完全治癒する前に2回目の頭部打撲により重症化すること。　(4)　頭部が激しく揺さぶられることにより，頭蓋骨と脳とに大きなずれが生じ，脳に損傷を起こすこと。　(5)　日

常的に介護を必要としないで，自立した生活ができる生存期間。(平均寿命から介護を要する(自立した生活ができない)期間を引いた数)

〈解説〉(1)　トレーニングの原理には，トレーニングの効果を得るまで行っていた運動よりも，難度や強度が高い運動を行う必要があるという「オーバーロード(過負荷)の原理」，一定期間トレーニングを実施して効果が得られてもトレーニングを止めると元に戻ってしまうという「可逆性の原理」，そして「特異性の原理」の3つがある。　(2)　トレーニングの原則には，個人の能力や特性に応じた練習やトレーニングを行う必要があるという「個別性の原則」，練習やトレーニングにあたっては，心身の機能が調和を保ちながら全面的に高まるようにする必要があるという「全面性の原則」，トレーニングは規則的に繰り返すことが必要であるという「反復性の原則」，技能や体力の向上の様子を見ながら無理をせず，練習やトレーニングの内容を徐々に高めていく必要があるという「漸新性の原則」，そして「意識性の原則(自覚性の原則)」の5つがある。　(3)　「セカンドインパクト症候群」とは脳に同じような外傷が二度加わった場合，一度目の外傷による症状は軽微であっても，二度目の外傷による症状ははるかに重篤になることがあるということを意味する。また，脳震とうの症状は，意識喪失やめまい，またはふらつき，記憶喪失，嘔吐，錯乱，頭痛，物が二重，または，ぼやけて見えるなどが挙げられる。　(4)　「加速損傷」は，頭部や顔面打撲によって頭部が激しく揺さぶられることにより，頭蓋骨と脳とに大きなずれが生じることが原因である。このずれは通常は問題を生じないが，ずれが強くなり，ある値を超えると，頭蓋骨と脳をつなぐ橋渡しの静脈(架橋静脈)が伸展破綻し，出血し，「急性硬膜下血腫」となる。このように，頭部への直接の打撲がなくても重症になることがある。　(5)　「健康寿命」と併せて「平均寿命」を覚えておく必要がある。ある年の各年齢における死亡率が今後ともそのまま続くと仮定したとき，各年齢の人が平均してあと何年生きられるかを理論的に示した数値を「平均余命」といい，生まれたばかりの赤ちゃん(0歳)の平均余命を「平均寿命」という。

【6】熱中症を予防するためには，水分をとる必要がある。しかし，塩分の摂取不足や水の過剰摂取によって低ナトリウム血症が引き起こされる可能性があるため，水分補給では単に水分だけとるのではなく，塩分も併せてとるようにする。体調に合わせて無理をせず，こまめに水分補給をすることが大切である。

〈解説〉熱中症には，現場での応急手当で対応できる「Ⅰ度(軽症)」，病院への搬送を必要とする「Ⅱ度(中等症)」，入院して集中治療の必要がある「Ⅲ度(重症)」の3つに分類することができる。体温上昇が激しい場合は，頸部や腋の下に氷嚢を当てるというように早く体温を下げる処置を中心に行い，一刻も早く医療機関に運ぶことが重要である。また，軽症の場合でも，誰かが付き添って様子を見守り，症状が改善しない場合や悪化する場合には病院へ運ぶようにするとされているが，このような状況にならないためにこまめに水分補給するという事前の予防が非常に大切である。また，「低ナトリウム血症」とは，失われた分の水とナトリウムを補給しないといけないが，水やお茶などで水分だけを補給すると，相対的に体内のナトリウム濃度が低下し，頭痛，吐き気，脱力，意識障害などが起こることである。

2013年度　実施問題

【中高共通】

【1】次の文中の(①)~(⑤)にあてはまる数をア~コから1つずつ選び, 記号で答えよ。

　また, 文中の[　⑥　]~[　⑮　]にはあてはまる適切な語句を答えよ。

ア　1　　イ　2　　ウ　3　　エ　5　　オ　10　　カ　15
キ　30　　ク　40　　ケ　60　　コ　100

(1)　今年開催されるロンドンオリンピックは, クーベルタン男爵が提唱して開催された第1回大会から数えて夏季大会としては, (①)回目の大会である。

(2)　フランスの救急専門医カーラーが発表した「緊急事態における時間経過と死亡率の関係」によると, 心臓停止では約(②)分間, 呼吸停止では約(③)分間放置されるとそれぞれ死亡率が50%になる。

(3)　「JRC蘇生ガイドライン2010」によると, 心肺蘇生法については, 呼吸停止の成人に対して, ただちに胸骨圧迫を1分間に(④)回以上のテンポで行い, 人工呼吸ができる場合は, 胸骨圧迫30回と人工呼吸(⑤)回の組み合わせを続けることとしている。

(4)　成人の脊柱は, 右横から見て, ゆったりとしたS字状のカーブを描いているが, このことを脊柱の[　⑥　]と呼ぶ。

(5)　大腿四頭筋は, 大腿直筋, [　⑦　]筋, [　⑧　]筋, [　⑨　]筋から成る大腿部前面に位置する大きな筋肉である。

(6)　覚せい剤等の依存性薬物を繰り返し使用すると, 同じ効果を得るために量を増やす必要が生じることを[　⑩　]がつくという。

(7)　ドーピングに反対する運動を世界的規模で促進することを目的として, 1999年に設立された機構の略称は, アルファベット4文字で[　⑪　]と表される。

(8)　食品の製造過程における衛生管理システム「危害分析重要管理点」

はアルファベット5文字で[　⑫　]と表される。

(9)　器械運動の跳び箱運動には[　⑬　]系と回転系がある。

(10)　有効打突は，全日本剣道連盟剣道試合審判規則第12条に，「有効打突は，充実した気勢，適正な[　⑭　]をもって，竹刀の打突部で打突部位を刃筋正しく打突し，[　⑮　]あるものとする。」と規定されている。

(☆☆☆☆◎◎◎◎◎)

【2】次の各文は，ある語句について説明したものである。その語句をそれぞれ答えよ。

(1)　動作速度を規定した状態で筋力を発揮しながら鍛えるトレーニング。

(2)　身体外部から加わる有害な精神的身体的ストレスに耐える受動的体力で，生命維持のために必要不可欠な体力。

(3)　困難な状況に直面した時，現在の発達段階より前の段階に戻り，目の前の現実から逃れようとする機制。

(4)　覚醒時に生命活動を維持するために必要な最低限のエネルギー消費量。

(5)　脚部の静脈血管の周りにある筋肉が収縮することによって血管がしぼられ，血液を心臓に還流させる作用。

(☆☆☆☆◎◎◎◎)

【3】次の語句について，それぞれ簡潔に説明せよ。ただし，(5)は(　)内の競技で使用される語句である。

(1)　ルーの法則　　　(2)　ロコモティブシンドローム

(3)　必須アミノ酸　　(4)　超回復

(5)　タイブレーカー(ソフトボール)

(☆☆☆☆☆◎◎◎◎)

【4】 我が国のスポーツに関する施策について，次の文中の下線部①〜⑦にあてはまる語句を下の【語群】の中にあるア〜コから1つずつ選び，記号で答えよ。また，文中の[　Ａ　]，[　Ｂ　]，[　Ｃ　]にあてはまる適切な語句を答えよ。

(1)　平成22年8月，文部科学省では，今後の我が国のスポーツ政策の基本的方向性を示す「　①　」を策定した。

　　基本的な考え方として，次の2つがある。

　　1　人(する人，[　Ａ　]人，[　Ｂ　](育てる)人)の重視

　　2　[　Ｃ　]の推進

(2)　平成23年6月公布，同年8月に施行された　②　は，昭和36年に制定された　③　を50年ぶりに全部改正したもので，スポーツに関する施策を定めた法律である。

(3)　　③　の第19条では，「住民に対し，スポーツの実技指導その他スポーツに関する指導及び助言を行う」という職務を行う者の名称を　④　としていたが，　②　では　⑤　に変更された。

(4)　平成24年3月，今後　⑥　年間程度を見通したスポーツ施策の基本方針を定めた，　⑦　が策定された。

【語群】

ア　スポーツ推進計画　　　イ　体育指導委員

ウ　5　　　　　　　　　　エ　スポーツ基本法

オ　スポーツ指導員　　　　カ　スポーツ基本計画

キ　スポーツ振興法　　　　ク　スポーツ推進委員

ケ　スポーツ立国戦略　　　コ　10

(☆☆☆☆◎◎◎◎)

【5】 学習指導要領について，次の各問いに答えよ。

(1)　次の文は，高等学校学習指導要領(平成21年3月告示)の「第2章　第6節　保健体育」「第2款　各科目」「3　内容の取扱い」の一部である。文中の(　①　)〜(　⑤　)にあてはまる語句を答えよ。

(1)　内容の「Ａ(　①　)」から「H体育理論」までの領域については，次のとおり取り扱うものとする。

　ア　「A(①)」及び「H体育理論」については，各年次においてすべての生徒に履修させること。

　イ　入学年次においては，「B器械運動」，「C(②)」，「D(③)」及び「Gダンス」についてはこれらの中から一つ以上を，「E(④)」及び「F(⑤)」についてはこれらの中から一つ以上をそれぞれ選択して履修できるようにすること。その次の年次以降においては，「B器械運動」から「Gダンス」までの中から二つ以上を選択して履修できるようにすること。

(2)　(1)の文中の「Gダンス」が構成されている3つのダンスを答えよ。

(3)　中学校学習指導要領(平成20年3月告示)では，体育分野の「体育理論」の授業時数の配当について，各学年で何単位時間以上配当する必要があると示しているか答えよ。また，「体育理論」について，第1～3学年のそれぞれの学年で取り扱う内容が示されている。各学年で取り扱う内容を次のア～オから1つずつ選び，記号で答えよ。

　ア　豊かなスポーツライフの設計の仕方

　イ　文化としてのスポーツの意義

　ウ　運動やスポーツが多様であること

　エ　運動やスポーツの意義や効果など

　オ　運動やスポーツの効果的な学習の仕方

(4)　中学校学習指導要領(平成20年3月告示)保健体育の保健分野における「内容の取扱い」に関する記述として正しい文には○を，誤っている文には×を答えよ。

　ア　「心身の機能の発達と心の健康」の「生殖にかかわる機能の成熟」については，受精・妊娠及び妊娠の経過を取り扱うものとする。

　イ　「健康と環境」については，地域の実態に即して公害と健康との関係を取り扱うことも配慮するものとし，生態系についても取り扱うものとする。

　ウ　「健康な生活と疾病の予防」の「感染症」については，後天性免疫不全症候群(エイズ)や性感染症についても取り扱うものとする。

(☆☆☆○○○○○)

164

解答・解説

【中高共通】

【1】① キ ② ウ ③ オ ④ コ ⑤ イ ⑥ 生理的弯曲 ⑦ 中間広 ⑧ 外側広 ⑨ 内側広 ⑩ 薬物耐性(耐性) ⑪ WADA ⑫ HACCP ⑬ 切り返し ⑭ 姿勢 ⑮ 残心(⑦⑧⑨は順不同)

〈解説〉スポーツ及び体育・保健分野に関してよく出題される事柄や語句の知識・理解力を問われている。過去問を中心に学習して幅広い知識を身につけておきたい。 (1) オリンピックの開催地は第1回大会，日本人が初出場，初メダル，初金メダルを獲得した大会，近年の開催国と開催地などが出題されている。まとめて覚えておこう。なお，第31回夏季大会は，2016年リオデジャネイロ(ブラジル)で，第22回冬季大会は2014年にソチ(ロシア)で開催される予定である。さらに，2020年の開催地については東京も立候補しており，他にイスタンブル，マドリードも候補地になっている。 (2) カーラーの救命曲線は，心臓停止，呼吸停止，大量出血の経過時間と死亡率の目安をグラフ化したものである。 (3) 心肺蘇生法とAED(自動体外式除細動器)の使用法は，中学校，高等学校にかかわらず頻出項目の1つである。救命処置の流れを正しく理解しておこう。 (4) 脊柱は正面から見ると，ほぼまっすぐであるが，横から見ると，頸部と腰部で前方に，胸部と仙尾部では後方に弯曲している。 (5) 大腿四頭筋は，大腿の前面にある強大な筋で，膝をのばし，腿をあげるはたらきがある。 (6) 薬物乱用，フラッシュバック現象，逆耐性，依存性薬物などの言葉も理解しておこう。 (7) アンチ・ドーピング機構でアルファベット4字から，WADA(世界アンチ・ドーピング機構：World Anti-Doping Agency)，JADA(日本アンチ・ドーピング機構：Japan Anti-Doping Agency)が考えられるが，「1999年に設立」「世界的規模で促進」から，世界アンチ・ドーピング機構が正答である。JADA設立は2001年である。

(8)　HACCP(危害分析重要管理点：Hazard Analysis and Critical Control Point)は，ハサップとも呼ばれる。元々は，宇宙食などの食品の安全性確保が目的であったが，これを食品の安全性確保に応用している

(9)　マット運動は回転系と巧技系，鉄棒運動は支持系と懸垂系，平均台運動は体操系とバランス系，跳び箱運動は切り返し系と回転系に分類されている。

【2】(1)　アイソキネティックトレーニング(等速性トレーニング)

(2)　防衛体力(抵抗力)　　(3)　退行　　(4)　基礎代謝量

(5)　ミルキングアクション(筋ポンプ作用)

〈解説〉(1)　トレーニングの種類については，名前が類似するため混同の可能性がある。整理して学習すること。アイソメトリックトレーニングは筋肉の等尺性収縮を利用した静的な筋力トレーニングで，アイソトニックトレーニングは筋肉の等張性収縮を利用した動的なトレーニング，アイソキネティックトレーニングは筋肉の等速性収縮を利用した筋力トレーニングである。　(2)　体力は，行動体力と防衛体力(抵抗力)の2つに分類される。　(3)　適応機制とは，欲求不満による心身の緊張や不安をやわらげ，精神の安定を図ろうとするはたらきをいう。この適応機制の方法には，合理的機制，代償機制(補償，昇華)，防衛機制(同一化，合理化，代償)，逃避機制(拒否，白昼夢，孤立，退行，抑圧)，攻撃機制(注目反応，反抗，攻撃)などがある。代表的な機制の内容をしっかりと学習しておこう。退行は幼児化することによって愛情を得たり，不安から逃れようとすることである。　(4)　生体の生命維持のために最小限必要なエネルギー代謝を基礎代謝といい，絶対安静時で一定時間に個体の消費するエネルギーを基礎代謝量という。

【3】(1)　使用される筋肉は肥大し，使用されない筋肉は萎縮する。また，使いすぎると障害を起こす。　(2)　運動器に障害が起こり，寝たきりなど介護が必要になる可能性の高い状態。　(3)　ヒトの体内で全

く合成されないか，合成されても十分な量を合成できず，栄養分として摂取しなければならないアミノ酸。　(4)　トレーニングをすると疲労で一時的に体の機能は低下するが，適度な休養により前よりも高いレベルに回復すること。　(5)　最終回7イニング終了時で同点の場合に，8イニングから，無死走者二塁で試合を再開すること。

〈解説〉(2)　骨・関節・筋肉など体を支えたり動かしたりする運動器の機能が低下し，要介護や寝たきりになる危険が高い状態のことで，初期症状は40代から始まる人が多いといわれている。　(3)　具体例としてはトリプトファン，リシン(リジン)，バリンなどがあげられる。(4)　強い負荷をかけることで，傷つき衰えた筋肉細胞が休息によって回復し，さらに負荷を受ける前よりも筋力が強くなる現象を指す。(5)　8回より各イニングの表裏とも，攻撃側がその回の第1打者の前位となる打者を無死二塁走者としてプレーを始めるルールのことである。

【4】① ケ　② エ　③ キ　④ イ　⑤ ク　⑥ コ
　　⑦ カ　A　観る　B　支える　C　連携・協働
〈解説〉全ての法令・制度，計画などについては双方を関連付けながら学習すること。策定(公布，施行)年に気をつけながら，おさえるとよい。スポーツ立国戦略(平成22年8月)は新たなスポーツ文化の確立を目指し，重点戦略として，ライフステージに応じたスポーツ機会の創造，世界で競い合うトップアスリートの育成・強化，スポーツ界の連携・協働による「好循環」の創出などをあげている。スポーツ基本法(平成23年6月)は，スポーツ振興法(昭和36年)を50年ぶりに全部改正したもので，スポーツに関する，基本理念，国及び地方公共団体の責務，スポーツ団体の努力等を明らかにしている。スポーツ基本法第9条に基づき，作成されたのがスポーツ基本計画である。10年間程度を見通した基本方針を定めるとともに，平成24年度から概ね5年間に総合的かつ計画的に取り組む施策を体系化している。

【5】(1)　①　体つくり運動　　②　陸上競技　　③　水泳　　④　球技
　　⑤　武道　　(2)　創作ダンス，フォークダンス，現代的なリズムのダ
ンス　　(3)　3単位時間以上　　第1学年…ウ　　第2学年…エ
第3学年…イ　　(4)　ア　×　　イ　×　　ウ　○
〈解説〉(2)　ダンスの構成は中学校・高等学校共に同じである。なお，
　日本の民踊はフォークダンスに分類される。　　(3)「H体育理論」は各
　学年，すべての生徒に履修させるとともに，授業時数は各学年で3単
　位時間以上を配当することとしている。アとオの内容は，高等学校の
　内容である。　　(4)　アは，受精・妊娠を取り扱うものとし，妊娠の経
　過は取り扱わないが正しい。イは，生態系については取り扱わないも
　のとする，が正しい。

2012年度　実施問題

【中高共通】

【1】次の下線部分が，正しい場合には○を記入し，誤っている場合には正しく直せ。

(1) 国民の心身の健全な発達と明るく豊かな国民生活の形成に寄与することを目的とした<u>スポーツ基本法</u>は，1961年に制定された。

(2) 2008北京オリンピックにおいて，金メダル獲得数が1位だった国は<u>アメリカ合衆国</u>である。

(3) 身長180cm，体重80kgの男性のBMI(body mass index)は，少数第2位を四捨五入して少数第1位まで求めると<u>22.7</u>である。

(4) スキャモンの臓器別発育曲線で，10歳頃に成人の2倍近くになり，次第に減少して成人の水準に戻るという発育の特徴を示すのは，<u>神経型</u>である。

(5) 運動中は，交感神経が緊張することにより，胃液の分泌が<u>促進</u>される。

(6) 健康なヒトの骨格筋のうち，遅筋(ST)繊維が圧倒的に多いのは，<u>ヒラメ筋</u>である。

(7) 筋収縮の最も直接的な動力源は，<u>グリコーゲン</u>である。

(8) 体操競技の鉄棒からの跳び出しや水泳の飛込競技で体を丸めると，慣性モーメントが<u>大きく</u>なり，回しやすくなる。

(9) <u>鉄(鉄分)</u>を多く含む食品として，大豆，ひじき，豚肝臓などがある。

(10) 運動実践に伴い，ビタミンの摂取量の増加を配慮しなければならないのは，ビタミンB_1，ビタミンB_2，<u>ナイアシン</u>である。

(11) Tスコアは，各測定値について，その偏差(平均値との差)を標準偏差で割り，それを<u>5倍</u>して50を加えた値である。

(12) 財団法人日本対がん協会では，毎年<u>9月</u>を「がん征圧月間」と定

169

め，がんとその予防についての正しい知識と早期発見・早期治療の普及を図ることを目的に，全国の組織をあげて取り組んでいる。

(13)　警察庁発表の2010年の自殺者統計によると日本の自殺者の数は，13年連続で3万人を超えた。

(14)　江戸時代の大衆衛生書「養生訓」の著者は，高野長英である。

(15)　覚せい剤は，メタンフェタミンの有する覚せい作用から名づけられたものである。

(16)　WBGT(湿球黒球温度)とは，人体の熱収支に影響の大きい，気温，湿度，風速の3つを取り入れた指標であり，乾球温度，湿球温度，黒球温度の値を使って計算する。

(17)　正期産とは，妊娠37週から妊娠42週未満までの35日間の出産を指し，妊娠15週から37週未満までの出産を早産という。

(18)　特定機能病院とは，病院のなかで，高度な医療の提供，開発，研修の能力を有し，20以上の診療科目を有し，かつ400床以上の病床数を有するなどの条件を満たした病院をいう。

(19)　東日本大震災による福島原発の事故後，はじめて，原子力発電所再開の是非を問う国民投票がフランスで実施された。

(20)　突然死は長時間労働のために疲労が蓄積し，過重労働の負担により，脳出血，脳梗塞，心筋梗塞などの循環器系の病気が悪化し，死亡する状態と定義されている。

(☆☆☆◎◎◎)

【2】次の各文の(①)～(⑫)にあてはまる語句または数字を記せ。ただし，(⑨)は英語で記せ。

(1)　新体力テストの上体起こしは，あおむけ→上体を起こす→あおむけの運動を(①)秒間繰り返し，両肘が両大腿部についた回数を記録する。

(2)　陸上競技のリレー競技では，20mの(②)の中でバトンの受け渡しを完了しなければならない。

(3)　水泳競技の個人メドレーの1番目の泳法は(③)であり，メドレ

ーリレーの1番目の泳法は(④)である。

(4) バスケットボール競技において，ゴールの後は，得点されたチームが(⑤)の外からスローインをしてゲームを続行する。

(5) ハンドボールのゴールの内のりは，高さ(⑥)m×幅(⑦)mである。

(6) バレーボール競技において，守備専門のプレイヤーのことを(⑧)という。

(7) テニス競技において，ポイントが1−1の場合の審判のコールは(⑨)である。

(8) ソフトボール競技では，一塁の守備者と打者走者との接触等の危険防止のため(⑩)を用いる。

(9) 柔道競技の体落としは，投げ技の(⑪)に分類される。

(10) 日本女子体育連盟が主催する全日本高校・大学ダンスフェスティバルは，1988年を第1回として，以来毎年8月に(⑫)市で開催される。

(☆☆☆◎◎◎)

【3】中学校学習指導要領(平成20年3月告示)について，次の(A)，(B)の文中の(①)〜(⑩)にあてはまる語句を記せ。

(A) 次の文は，「第2章 各教科」「第7節 保健体育」「第2 各分野の目標及び内容」〔保健分野〕「2 内容」の一部である。

(3) 傷害の防止について理解を深めることができるようにする。

ア 交通事故や自然災害などによる傷害は，(①)要因や(②)要因などがかかわって発生すること。

イ 交通事故などによる傷害の多くは，安全な行動，(②)の改善によって防止できること。

ウ 自然災害による傷害は，災害発生時だけでなく，(③)によっても生じること。また，自然災害による傷害の多くは，災害に備えておくこと，安全に(④)することによって防止できること。

エ　応急手当を適切に行うことによって，傷害の悪化を防止することができること。また，応急手当には，（　⑤　）等があること。

(B)　次の文は，「第2章　各教科」「第7節　保健体育」「第3　指導計画の作成と内容の取扱い」の一部である。

(2)　第1章総則第1の3に示す学校における体育・（　⑥　）に関する指導の趣旨を生かし，（　⑦　），（　⑧　）の活動などとの関連を図り，（　⑨　）における体育・（　⑥　）に関する活動が適切かつ継続的に実践できるよう留意すること。なお，体力の測定については，計画的に実施し，（　⑩　）の指導及び体力の向上に活用するようにすること。

(☆☆☆○○○)

【4】高等学校学習指導要領(平成21年3月告示)について，次の(A)，(B)の文中の（　①　）～（　⑩　）にあてはまる語句を記せ。

(A)　次の文は，「第2章　各学科に共通する各教科」「第6節　保健体育」「第2款　各科目」「第1　体育」「2　内容」「A　体つくり運動」の一部である。

(1)　次の運動を通して，体を動かす楽しさや心地よさを味わい，健康の保持増進や体力の向上を図り，目的に適した運動の計画や自己の体力や生活に応じた運動の計画を立て，実生活に役立てることができるようにする。

ア　（　①　）の運動では，心と体は互いに影響し変化することに気付き，体の状態に応じて体の調子を整え，仲間と積極的に（　②　）するための手軽な運動や（　③　）な運動を行うこと。

イ　（　④　）を高める運動では，自己のねらいに応じて，健康の保持増進や調和のとれた体力の向上を図るための継続的な運動の計画を立てて取り組むこと。

(B)　次の文は，「第2章　各学科に共通する各教科」「第6節　保健体育」「第2款　各科目」「第1　体育」「2　内容」「H　体育理論」の一部である。

(3) 豊かなスポーツライフの設計の仕方について理解できるように
する。

ア　スポーツは，各ライフステージにおける身体的，心理的，社
会的特徴に応じた楽しみ方があること，また，その楽しみ方は，
個人のスポーツに対する(　⑤　)などによっても変化するこ
と。

イ　生涯にわたってスポーツを継続するためには，自己に適した
(　⑥　)をもつこと，施設などを活用して活動の場をもつこと，
(　⑦　)に応じたスポーツとのかかわり方を見付けることなど
が必要であること。

ウ　スポーツの振興は，様々な(　⑧　)や組織，人々の支援や参
画によって支えられていること。

エ　スポーツを行う際は，スポーツが(　⑨　)にもたらす影響を
考慮し，(　⑩　)な社会の実現に寄与する責任ある行動が求め
られること。

(☆☆☆○○○)

【5】平成23年6月1日に発表された，平成22年人口動態統計月報年計(概
数)について，参考欄の図表を参考にして，以下の問いに答えよ。

(1)　次の文は，結果の概要を記したものである。文中の(　①　)～
(　⑨　)にあてはまる語句や数値を記せ。なお，平成22年度の推計
人口は1億2637万1000人とする。

　出生数は107万1306人で，前年の107万35人より1271人増加し，出
生率(人口千対：少数第2位を四捨五入)は前年と同様の(　①　)とな
った。1人の女性が一生の間に産む子どもの推定人数を示す(　②　)は
1.39で，前年の1.37を上回り，都道府県別にみると，一番高いのは
(　③　)で，一番低いのは(　④　)であった。

　死亡数は119万7066人で，前年より5万5201人増加し，死亡率(人
口千対)は9.5で，前年の9.1を上回った。

　死因順位の第1位は(　⑤　)であり，全死亡者に占める割合は

173

約(　⑥　)割であった。年齢(5歳階級)別にみると，10～14歳では(　⑦　)が，15～19歳では(　⑧　)が第1位である。

　出生数と死亡数の差である(　⑨　)は△12万5760人で前年の△7万1830人より5万3930人減少し，4年連続でマイナスとなった。

(2)　人口動態統計を発表した省庁はどこか。

(3)　30歳代後半の女性の出産数が増えているのはなぜか，述べよ。

(4)　昭和50年代後半から死亡数が増加してきているが，その主たる要因は何か，述べよ。

(5)　(　②　)はここ数年，上昇傾向を示しているものの，今後も少子化傾向が続くとされるのはなぜか，述べよ。

【参考欄】

図1　出生数及び(　②　)の年次推移

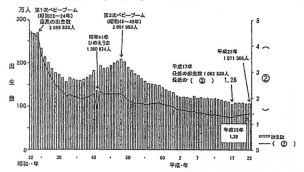

表1　母の年齢(5歳階級)別にみた出生数の年次推移

母の年齢	出生数				対前年増減		
	平成19年	平成20年	平成21年	平成22年	20年～19年	21年～20年	22年～21年
総　数	1 089 818	1 091 156	1 070 035	1 071 306	1 338	△ 21 121	1 271
～14歳	39	38	67	51	△ 1	29	△ 15
15～19	15 211	15 427	14 620	13 494	216	△ 807	△ 1 126
20～24	126 180	124 691	116 808	110 956	△ 1 489	△ 7 883	△ 5 852
25～29	324 041	317 753	307 765	306 913	△ 6 288	△ 9 988	△ 852
30～34	412 611	404 771	389 793	384 382	△ 7 840	△ 14 978	△ 5 411
35～39	186 568	200 328	209 706	220 103	13 760	9 378	10 397
40～44	24 553	27 522	30 566	34 610	2 969	3 044	4 044
45～49	590	594	694	773	4	90	89
50歳以上	19	24	20	19	5	△ 4	△ 1

注：総数には母の年齢不詳を含む。

図2 死亡数及び死亡率の年次推移

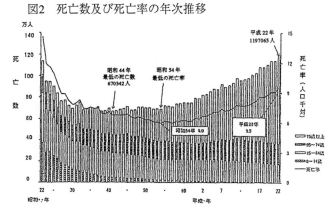

(☆☆☆○○○)

解答・解説

【中高共通】

【1】(1) スポーツ振興法 (2) 中国 (3) 24.7 (4) リンパ系
(5) 抑制 (6) ○ (7) アデノシン三リン酸 (8) 小さく
(9) ○ (10) ○ (11) 10倍 (12) ○ (13) ○
(14) 貝原益軒 (15) ○ (16) 輻射熱 (17) 22週
(18) 10 (19) イタリア (20) 過労死

〈解説〉(1) 第177回国会においてスポーツ基本法が成立し，2011年6月
24日に，平成23年法律第78号として公布された。さらに，2011年7月
27日にスポーツ基本法の施行期日を定める政令が公布され，スポーツ
基本法は，2011年8月24日から施行されている。 (2) 中国51個，ア
メリカ36個である。ちなみに日本は9個である。 (3) BMI
は，$\dfrac{\text{体重(kg)}}{\text{身長(m)×身長(m)}}$で算出できる。 (4) 神経型は，生まれてか
ら5歳頃までに80％の成長を遂げ，12歳でほぼ100％になる。 (5) ス

トレスにより，自律神経が必要以上に刺激されると，交感神経の機能が活発に動く。すると，血圧や心拍数が上昇して血行が促進される一方で，皮膚や内臓器官の血管が収縮する。その結果，胃のぜん動運動が鈍くなり，胃液の分泌も減少する。　(7)　筋収縮の基本は，筋原繊維のアクチンとミオシンにおいてATPがADPに分解するエネルギーによってアクチンが滑走することで，その両端に張力を発生することとされている。　(11)　Tスコアというのは，平均値を原点として標準偏差を単位にした数値であり，サンプルの得点をX，平均得点をY，標準偏差をQとする時に，T＝{(X－Y)÷Q}×10＋50の数式で算出することができる。　(14)　高野長英は『戌戌夢物語』『わすれがたみ』『三兵答古知機』などの著者である。　(19)　フランスにおける原子力発電所の数はアメリカに次いで多く，電力全体の79.1％を原子力で占めている。

【2】① 30　② テークオーバーゾーン　③ バタフライ
④ 背泳ぎ　⑤ エンドライン　⑥ 2　⑦ 3　⑧ リベロプレイヤー　⑨ fifteen all　⑩ ダブルベース　⑪ 手技
⑫ 神戸

〈解説〉(2)　バトンのパスは，テークオーバーゾーンの中でおこなう。これはバトンの位置であって走者の体や車輪の位置ではない。

(3)　メドレーリレーは，4人が同じ距離ずつ背泳ぎ→平泳ぎ→バタフライ→自由形の順でリレーしながら泳ぐ競技である。一方で，個人メドレーは，1人でバタフライ→背泳ぎ→平泳ぎ→自由形の順で同じ距離ずつ泳ぐ競技である。　(6)　リベロ制は1997年ワールドグランドチャンピオンズカップで試験的に導入され，1998年に国際ルールとして正式に採用となった。リベロ制の導入は，背が低くても守備に卓越した能力のある選手に，活躍する機会を与えるものである。

【3】 ① 人的　② 環境　③ 二次災害　④ 避難　⑤ 心肺
蘇生　⑥ 健康　⑦ 特別活動　⑧ 運動部　⑨ 日常生活
⑩ 運動

〈解説〉(A)　「傷害の防止」について，災害安全の視点から，二次災害
によって生じる傷害が明記されている。また，応急手当としては，心
肺蘇生法が示されている。これは，応急手当を適切に行うことで，傷
害の悪化を防止することができることを，心肺蘇生法等の実習を通し
て理解させるためである。また，水泳などの体育分野との関連を図っ
た指導を行うこととされている。これら二次災害についての項目は，
新たに追加された内容であるので，しっかりと確認しておきたい。
(B)　ここで出題された問題は，年間計画を作成するに当たって，学校
における体育・健康に関する指導との関連を図ることを強調したもの
である。保健体育の指導計画は，単に1教科としての観点からだけで
なく，特別活動のほか，総合的な学習の時間や運動部の活動なども含
めた学校教育活動全体との関連を十分に考慮する必要がある。

【4】 ① 体ほぐし　② 交流　③ 律動的　④ 体力
⑤ 欲求　⑥ 運動機会　⑦ ライフスタイル　⑧ 施策
⑨ 環境　⑩ 持続可能

〈解説〉(A)　体ほぐしの運動は，「気付き」「調整」「交流」の3つのねら
いから成り立っており，特定の決まり切ったルールのある活動を行う
ものではない。まず「気付き」とは，感覚的・知覚的な経験であり，
その対象は，自分や仲間の身体，環境である。気付きと一言で言って
も，身体の柔らかさや心臓・脈の動きといった身体的な機能への気付
きもあれば，疲労感や快不快といった主観的な知覚への気付きもある。
さらには，仲間の動きや表情から心理的・身体的な状況を推量するこ
とや，周囲の環境の静けさなどへの気付きもある。次に「調整」とは，
コンディションを整えることである。簡易な活動やストレッチ，マッ
サージをしながら，汗をかいたり，心身ともにリラックスしたりする
状態をつくる。とくに運動不足や運動嫌いの児童生徒にとっては，難

しい技能を問わないやさしい運動をすることによって，「きもちいい」
「追い込まれることがない」といった快の感覚を得るような活動が重
要となる。最後に「交流」とは，ペアやグループになり，やさしい活
動をしながら仲間との関わりを深めていることである。直接に仲間の
身体に触れるような課題や活動をしたりしながら，集団的達成を味わ
う活動でもある。　(B)　体育理論は，「1．スポーツの歴史，文化的特
性や現代のスポーツの特徴」「2．運動やスポーツの効果的な学習の仕
方」「3．豊かなスポーツライフの設計の仕方」で構成されている。そ
れぞれの内容が問われているので，高等学校学習指導要領の内容の部
分はしっかりと頭に入れておきたい。

【5】(1)　①　8.5　　②　合計特殊出生率　　③　沖縄県　　④　東京都
　　⑤　悪性新生物　　⑥　3　　⑦　不慮の事故　　⑧　自殺
　　⑨　自然増減数　　(2)　厚生労働省　　(3)　(解答例)　晩婚化がその
理由として考えることができる。　(4)　(解答例)　第1次ベビーブーム
(昭和22～24年)が最高の出産数であり，その世代が高齢化してきたこ
とが要因と考えることができる。　(5)　(解答例)　女性人口の減少傾
向と年齢構成の違いの低下傾向が今後も続くことから，合計特殊出生
率が変わらなければ，出生数は今後も減少する。
〈解説〉本問の資料である平成22年人口動態統計月報年計(概数)，並びに
　その確定数については，厚生労働省のHPにて閲覧できる。合計特殊出
　生率とは「15～49歳までの女性の年齢別出生率を合計したもの」であ
　り，参考までだが「期間合計特殊出生率」と「コーホート合計特殊出
　生率」の2つの種類がある。「期間合計特殊出生率」は，ある期間(1年
　間)の出生状況に着目したもので，その年における各年齢(15～49歳)の
　女性の出生率を合計したものである。どの年齢の女性の人数も同じと
　して算定される出生率なので，女性人口の年齢構成の違いを除いた
　「その年の出生率」であり，年次比較，国際比較，地域比較に用いら
　れている。「コーホート合計特殊出生率」とは，ある世代の出生状況
　に着目したもので，同一年生まれ(コーホート)の女性の各年齢(15～49

歳)の出生率を過去から積み上げたものである。従って「その世代の出生率」になる。実際に「1人の女性が一生の間に生む子どもの数」はコーホート合計特殊出生率であるが，それに相当するものとして一般に用いられているのは期間合計特殊出生率である。これは，各年齢の出生率が世代(コーホート)によらず同じであれば，この2つの「合計特殊出生率」は同じ値になるからである。ただし，晩婚化・晩産化が進行している状況では，各世代の結婚や出産の行動に違いがあり，各年齢の出生率が世代により異なるため，別々の世代の年齢別出生率の合計である期間合計特殊出生率は，同一世代のコーホート合計特殊出生率の値と異なる。例えば，1970〜1974年生まれについての39歳までのコーホート合計特殊出生率は約1.39であり，実際にこの世代の「一人の女性が一生の間に生む子どもの数」は，少なくともこの水準を上回ると見込まれる。期間合計特殊出生率は，晩産化の進行中であり，出産を終えた世代の高年齢時における低い出生率と，晩婚化・晩産化により出産を先送りしている世代の若年齢時の低い出生率の合計であって，「実際に1人の女性が一生の間に生む子どもの数」よりも低く現れている。

2011年度　実施問題

【一次試験】

【1】次の下線部分が，正しい場合には〇，誤っている場合には下線部分を正しく直せ。

(1) 平均寿命とは，0歳の平均余命のことである。

(2) WHOは70歳以上の人口が総人口の7%に達している社会を「高齢化社会」と定義している。

(3) 短気で野心に燃え，競争心が強く協調性に乏しい等の行動特性をタイプB行動パターンと呼び，このタイプの人は，狭心症や心筋梗塞がより発症しやすいことが知られている。

(4) 1つの重大事故の背後には29の軽微な事故があり，その背景には300の異常があるとされる法則のことをハインリッヒの法則という。

(5) アルコールは中枢神経系の働きを抑制する薬理作用を持つ。

(6) アヘンはアヘン取締法，大麻は麻薬及び向精神薬取締法によって取り締まられる。

(7) マズローの欲求階層説において，最上位の階層は自尊の欲求の欲求である。

(8) 平成18年における厚生労働省「人口動態統計」によれば，15〜19歳の死因別死亡者数が一番多いのは自殺である。

(9) 肥満を判定するBMIは，体重(kg)÷身長(m)で求められる。

(10) 不妊手術および人工妊娠中絶について規定している法律は，母子保健法である。

(11) ランニングなどでのストレスで脛骨の骨膜または骨そのものに炎症がおこるものをシンスプリントという。

(12) 行進の際，「全体－止まれ」の「止まれ」の合図は，右足が着地した時にかけ，左・右の2呼間で止まるようにする。

(13) 油圧・空気圧などの抵抗を用いたマシンで筋肉を鍛えるトレー

ニングを<u>アイソキネティック</u>トレーニングという。

(14) 陸上競技の七種競技は，100mH，走高跳，砲丸投，200m，走幅跳，やり投，<u>1500m</u>の七種の競技を行う。

(15) サッカーでは，スローインの際，オフサイドの反則は<u>適用されない</u>。

(☆☆☆◎◎◎)

【2】次の各文の(①)～(⑮)にあてはまる語句または数字を記せ。ただし，(⑧)，(⑪)は英語で記せ。

(1) 競技能力を増幅させる可能性がある手段(薬物あるいは方法)を不正に使用することを(①)という。

(2) 炭水化物，脂質，たんぱく質，ビタミン，(②)を5大栄養素という。

(3) カプランは，上半身肥満，(③)，高中性脂肪血症，高血圧症の合併例を「死の四重奏」と呼称した。

(4) トレーニングの運動負荷条件は，「運動強度」，「運動時間」，「(④)」が基本条件となり，それに「運動の期間」の条件が入ればより望ましいものになる。

(5) 感染症法は，伝染病予防法，(⑤)法，エイズ予防法を廃止統合し，1998年に制定された。

(6) 欲求不満状態の時，不適切な反応様式に訴えることなく，ある程度それに耐えうる能力のことを欲求不満(⑥)という。

(7) 医療法では，(⑦)床以上の病床をもつものを病院という。

(8) 日本農林規格による格づけ検査に合格した製品には(⑧)マークの貼付が認められる。

(9) 現に治療を受けている医師以外の医師から，自らの疾患についての診断や治療に関する意見を聞くことを(⑨)という。

(10) 第一次世界大戦の影響で中止となった，1916年の第6回オリンピック競技大会の開催予定だった都市は(⑩)である。

(11) ケガをした際の応急処置に「RICE」処置があるが，Rは(⑪)

の頭文字をとったものである。

(12)　練習を進めていく過程で，練習曲線が平坦になってしまう現象を(　⑫　)という。

(13)　新体力テストの反復横とびの測定では，中央ラインから(　⑬　)cm離れた両側に平行ラインを引く。

(14)　ソフトボールの塁間距離(小学生を除く)は，(　⑭　)mである。

(15)　柔道の試合では，(　⑮　)回目の「指導」は「反則負け」となる。

(☆☆☆○○○)

【3】次の各文の(　①　)～(　⑤　)にあてはまる語句を記せ。ただし，(　③　)，(　④　)，(　⑤　)は英語で記せ。

(1)　次の文は，日本国憲法第25条である。

　　すべて国民は，健康で文化的な(　①　)の生活を営む権利を有する。

　　国は，すべての生活部面について，社会福祉，社会保障及び(　②　)の向上及び増進に努めなければならない。

(2)　次の文は，WHO憲章における健康の定義である。

Health is a state of complete (　③　), mental and social (　④　) and not merely the absence of disease or infirmity.

(3)　次の文は，近代オリンピックの始祖，ピエール・ド・クーベルタン男爵の演説の一部である。

The most important thing in the Olympic Games is not to win but to take part, just as the most important thing in (　⑤　) is not the triumph but the struggle.

(☆☆☆○○○)

【4】中学校学習指導要領(平成20年3月告示)について，次の(1)，(2)の文中の(　①　)～(　⑩　)にあてはまる語句を記せ。

(1)　次の文は，第1章総則第1教育課程編成の一般方針の一部である。

　　学校における体育・健康に関する指導は，生徒の(　①　)を考慮

して，学校の教育活動全体を通じて適切に行うものとする。特に，学校における(②)の推進並びに体力の向上に関する指導，(③)に関する指導及び心身の健康の保持増進に関する指導については，保健体育科の時間はもとより，(④)，特別活動などにおいてもそれぞれの特質に応じて適切に行うよう努めることとする。また，それらの指導を通して，家庭や地域社会との連携を図りながら，日常生活において適切な体育・健康に関する活動の実践を促し，生涯を通じて健康・安全で(⑤)ある生活を送るための基礎が培われるよう配慮しなければならない。

(2)　次の文は，第1章総則第4指導計画の作成等に当たって配慮すべき事項の一部である。

　　生徒の自主的，自発的な参加により行われる(⑥)については，スポーツや文化及び科学等に親しませ，(⑦)の向上や責任感，(⑧)の涵養等に資するものであり，学校教育の一環として，(⑨)との関連が図られるよう(⑩)すること。その際，地域や学校の実態に応じ，地域の人々の協力，社会教育施設や社会教育関係団体等の各種団体との連携などの運営上の工夫を行うようにすること。

(☆☆☆◎◎◎)

【5】次の(1)〜(3)は，高等学校学習指導要領(平成21年3月告示)第2章第6節第2款第1体育の2内容「E球技」の文である。(①)〜(⑩)にあてはまる語句を記せ。

(1)　次の運動について，勝敗を競う楽しさや喜びを味わい，(①)や状況に応じた技能や仲間と連携した動きを高めてゲームが展開できるようにする。

　　ア　(②)型では，状況に応じたボール操作と(③)を埋めるなどの動きによって空間への侵入などから攻防を展開すること。

　　イ　(④)型では，状況に応じたボール操作や安定した(⑤)の操作と連携した動きによって空間を作りだすなどの攻防を展開

　　　すること。

　ウ　(⑥)型では，状況に応じた(⑦)操作と走塁での攻撃，
　　　安定したボール操作と状況に応じた守備などによって攻防を展開
　　　すること。

(2)　球技に主体的に取り組むとともに，(⑧)なプレイを大切にし
　　ようとすること，役割を積極的に引き受け自己責任を果たそうとす
　　ること，(⑨)に貢献しようとすることなどや，健康・安全を確
　　保することができるようにする。

(3)　技術などの名称や行い方，体力の高め方，課題解決の方法，競技
　　会の仕方などを理解し，チームや自己の課題に応じた運動を
　　(⑩)するための取り組み方を工夫できるようにする。

(☆☆☆◎◎◎)

【二次試験】

【1】中学校学習指導要領(平成20年3月告示)第2章　各教科　第7節　保
　　健体育　第3　指導計画の作成と内容の取扱いで示されている授業時
　　数の配当について配慮すべき事項を4つ答えよ。

(☆☆☆◎◎◎)

【2】熱中症を防ぐための運動時の対策を5つ答えよ。

(☆☆☆◎◎◎)

【3】傷病者を発見し，その傷病者に意識がない場合の応急手当の手順に
　　ついて，箇条書きで説明せよ。

(☆☆☆◎◎◎)

【4】体力(身体的要素)の構成要素について説明せよ。

(☆☆☆◎◎◎)

【5】 次のことについて説明せよ。

(1)　健康寿命

(2)　インフォームド・コンセント

(3)　ユニバーサルデザイン

(4)　VDT症候群

(5)　シックハウス症候群

(6)　運動技能と運動技術

(☆☆☆◎◎◎)

解答・解説

【一次試験】

【1】(1)　○　　(2)　65歳　　(3)　A　　(4)　○　　(5)　○　　(6)　大麻
(7)　自己実現　　(8)　不慮の事故　　(9)　体重(kg)÷身長(m)÷身長(m)
(10)　母体保護法　　(11)　○　　(12)　○　　(13)　○　　(14)　800m
(15)　○

〈解説〉(1)　ある年の各年齢における死亡率が今後ともそのまま持続すると仮定したとき，各年齢の人が平均してあと何年生きられるかを理論的に示した数値を平均余命という。生まれたばかりの赤ちゃん(0歳)の平均余命を，とくに平均寿命という。平均余命は，それぞれの年齢について計算されるものであり，決して平均寿命からその年齢を引いた年数ではない。　(2)　国連では，65歳以上の人口が国全体の人口の7％になった段階から高齢化社会とし，その割合が14％になるまでに要する年限を高齢化社会の速度としている。　(3)　タイプA行動パターンの特徴は，過度に競争心が強く，攻撃的でせっかちである。この性格傾向の強い者は休みなく他人や自分と競争し続けたりするなど，慢性的に闘争的な反応を続けることになり，ストレス反応を強く起こすことから血管，心臓の病気になりやすい傾向にある。　(5)　アルコ

ールは，少量であればリラックスするなどの効果もあるが，量が増えると判断力や体の動きが鈍ったり，自制心が弱くなったりする。　(6)　高等学校学習指導要領では「薬物乱用」において，「特に薬物乱用では大麻を取り上げ，より現代における健康課題に対応することとした。」とされている。　(7)　マズローの欲求階層は，人間の欲求を低次から高次の順に「生理的欲求」，「安全欲求」，「愛情欲求」，「尊敬欲求」，「自己実現欲求」の順で分類している。「自己実現」の欲求は自分自身の持っている能力や可能性を最大限に引き出し，創造的活動や目標の達成，自己成長などに対する欲求である。　(8)　不慮の事故の中でも交通事故による死亡者数が多くを占めており，その理由としては無謀な運転や暴走行為などである。　(9)　日本肥満学会によると，BMIが22の場合が標準体重，25以上の場合を肥満，18.5未満である場合をやせとする。　(10)　母子保健法は，母性や乳児・幼児に対する保健指導，健康診査，医務などの措置を講ずることが示されたものである。それに対し，母性の生命健康を保護することを目的として不妊手術及び人工妊娠中絶に関する事項を定めているのは母体保護法である。　(11)　脛骨疲労性骨膜炎ともいわれる。ランニングなどによりふくらはぎ内側の中1/3から下1/3にかけて生じる痛みの事で，下腿のランニング障害の最も多い原因の1つ。特に16～17歳ぐらいの発生が多く，女性は男性の約1.5倍の発生頻度である。　(13)　アイソキネティックとは，「等速性」という意味であり，一定の速度で筋肉が短縮，伸張する状態のこと。そのため，アイソキネティックトレーニングでは，特殊なトレーニングマシンを使い，運動速度を一定にして，筋肉が最大の力を発揮できるようにする。このトレーニングは筋力の発達，運動障害の防止，スポーツスキルの向上などに向き，怪我からのリハビリテーションにも活用される。　(14)　陸上競技の主な混成競技は次の通りである。十種目〔デカスロン〕(100m，走幅跳，砲丸投，走高跳，400m，110mH，円盤投，棒高跳，やり投，1500m)，八種目〔オクタスロン〕(100m，走幅跳，砲丸投，400m，110mH，やり投，走高跳，1500m)，七種目〔ヘプタスロン〕(100mH，走高跳，砲丸投，

200m, 走幅跳, やり投, 800m), 四種目〔テトラスロン〕(男子：110mH, 砲丸投(4kg), 走高跳, 400m, 女子：100mH, 走高跳, 砲丸投, 200m) (15) スローイン, ゴールキック, コーナーキックされたボールを直接受けようとする場合は, オフサイドとして罰せられない。

【2】① ドーピング ② 無機質(ミネラル) ③ 糖尿病
④ 運動の頻度 ⑤ 性病予防 ⑥ 耐性 ⑦ 20 ⑧ JAS
⑨ セカンド・オピニオン ⑩ ベルリン ⑪ Rest
⑫ プラトー ⑬ 100 ⑭ 18.29 ⑮ 4

〈解説〉① 1999年にスポーツにおけるアンチ・ドーピング活動を促進することを目的として, 世界アンチ・ドーピング機構(WADA)が設立され, 日本でも2001年に日本アンチ・ドーピング機構(JADA)が設立され国内におけるドーピング撲滅に取り組んでいる。 ② 人間に必要な栄養素は, 45〜50種類ほどあると言われ, 中でも炭水化物, たんぱく質, 脂質を3大栄養素という。更にビタミン, ミネラルを加えたものが5大栄養素である。 ③ 「肥満」, 「糖尿病」, 「高脂血症」, 「高血圧」が重なることで心筋梗塞や脳梗塞など, 動脈硬化による病気の進行を著しく早める。 ④ 運動の頻度は運動の強度と運動の時間との関連で決まる。一般の人の健康のためにおこなうトレーニングでは, 1週間に隔日で3回が実施基準とされている。 ⑤ 感染症法は「感染症の予防及び感染症の患者に対する医療に関する法律」という。2007年には「結核予防法」も統合された。 ⑥ 欲求不満耐性とは, 生後の経験によって学習されるもので, 欲求不満な状態に耐えることによって養われる。欲求不満を合理的に解決してきた経験をあまりもたない人は, 欲求不満耐性が弱いといわれている。 ⑨ 長期にわたる治療や重大な手術などの場合は, できるだけ複数の医師の診断や意見を聞くことが望ましい。 ⑩ 近代オリンピックではこの他に1940年第12回大会(東京)と1944年第13回大会(ロンドン)が中止となっている。 ⑪ 応急処置時に必要な4つの処置の頭文字からRICE処置と呼び, そ

れぞれの意味は次の通り。Rest(安静)…スポーツ活動の停止，Ice(アイシング)…患部の冷却，Compression(圧迫)…患部の圧迫，Elevation(挙上)…患部の挙上　⑫　プラトーは練習内容が難しかったり，同時に多くの課題を解決しようとする時などに生じる。対策としては練習方法や内容を変える，運動課題を減らす，あせらずに練習をするように心掛ける等があげられる。　⑭　塁間距離は男子・女子18.29m，小学生16.76m。投球距離はそれぞれ，男子14.02m，女子13.11m(中学生・高校生女子は12.19m)，小学生10.67mである。　⑮　「指導」については3回で「技あり」，2回で「有効」，1回で「効果」と同等になる。

【3】①　最低限度　　②　公衆衛生　　③　physical　　④　well-being
　　⑤　life
〈解説〉(1)　これらは，日本国憲法第3条における国民の権利及び義務である。このような憲法の重要条文はしっかりおさえておくこと。
　(2)　WHOに関しては感染症や薬物乱用の対策，健康教育の促進等の活動も目を通しておくとよい。訳：健康とは，完全な肉体的，精神的及び社会的福祉の状態であり，単に疾病又は病弱の存在しないことではない。　(3)　訳：オリンピックは勝つことではなく，参加することに意義がある。人生において重要なことが，成功することではなく，努力することであるのと同じように。

【4】①　発達の段階　　②　食育　　③　安全　　④　技術・家庭科
　　⑤　活力　　⑥　部活動　　⑦　学習意欲　　⑧　連帯感
　　⑨　教育課程　　⑩　留意
〈解説〉(1)　これからの社会を生きる生徒に，健やかな心身の育成を図ることは極めて重要であり，現代的課題に対して，今回の改訂では，学校における体育・健康に関する指導を，生徒の発達の段階を考慮して学校教育活動全体として取り組むことが必要であることを強調されている。　(2)　中学校における「部活動」については，平成20年1月の中央教育審議会の答申において，「生徒の自発的・自主的な活動と

して行われている部活動について，学校教育活動の一環としてこれまで中学校教育において果たしてきた意義や役割を踏まえ，教育課程に関連する事項として，学習指導要領に記述することが必要である。」とされた。なお，各学校が部活動を実施するに当たっては，「本項を踏まえ，生徒が参加しやすいように実施形態などを工夫するとともに，休養日や活動時間を適切に設定するなど生徒のバランスのとれた生活や成長に配慮することが必要である。」ということも記されている。

【5】① 作戦　② ゴール　③ 空間　④ ネット　⑤ 用具　⑥ ベースボール　⑦ バット　⑧ フェア　⑨ 合意形成　⑩ 継続

〈解説〉球技は，ゴール型，ネット型，ベースボール型などから構成され，個人やチームの能力に応じた作戦を立て，集団対集団，個人対個人で勝敗を競うことに楽しさや喜びを味わうことのできる運動である。前段階の中学校では，基本的な技能や仲間と連携した動きを発展させて，作戦に応じた技能で仲間と連携しゲームが展開できるようにすることをねらいとして学習が段階的にすすめられてきた。そのことを受けて，高等学校では，「作戦や状況に応じた技能や仲間と連携した動きを高めてゲームが展開できるようにする」ことが求められる。

【二次試験】

【1】・保健分野の授業時数は，3学年間で，48単位時間程度を配当すること。　・体育分野の授業時数は，各学年にわたって適切に配当すること。その際，体育分野の内容の「A体つくり運動」については，各学年で7単位時間以上を，「H体育理論」については，各学年で3単位時間以上を配当すること。　・体育分野の内容の「B器械運動」から「Gダンス」までの領域の授業時数は，その内容の習熟を図ることができるよう考慮して配当すること。　・保健分野の授業時数は，3学年間を通して適切に配当し，各学年において効果的な学習が行われるよう適切な時期にある程度まとまった時間を配当すること。

〈解説〉指導計画の作成にあたっては，保健体育科の目標を達成するために，学習指導を計画的に，効率的に展開する必要がある。このため，地域や学校の実態，生徒の心身の発達の段階や特性等を十分考慮し，中学校の3学年間を見通した上で目標や内容を的確に定め，調和のとれた具体的な指導計画を作成することが大切であるため，解答の事項の配慮をする必要がある。

【2】(例)・環境条件の把握　　・状況に応じた水分補給　　・暑さに徐々に慣らす　　・個人の条件や体調を考慮　　・服装に気をつける・具合が悪くなった場合に早めの措置

〈解説〉熱中症は人間の持つ適応能力を超えた場合に起こる症状であり，原因としては気温などの環境，個人の適応能力(暑さに弱いなど)や体調不良などがあげられる。したがって，水分補給をこまめにする，急に気温・湿度が高くなった場合，体が慣れるまでは軽めの運動におさえる等の工夫を考えておきたい。また，熱中症にかかった場合の処置についても頻出なので，あわせて学習すること。

【3】(例)　反応を確認 → 助けを呼ぶ(119番通報とAEDの手配) → 気道の確保 → 呼吸の確認 → (正常な呼吸をしていない場合)人工呼吸2回 → 胸骨圧迫30回と人工呼吸2回 → AEDを装着し，電源を入れて電極パッドを装着 → 心電図の解析 → 電気ショックが必要である場合，電気ショックを1回 → その後ただちに胸骨圧迫と人工呼吸を再開

〈解説〉緊急事態における時間経過と死亡率の関係をみると，心停止から3分後，呼吸停止から10分後，大量出血から30分後は死亡率が50％になる。救急通報から救急車の現場到着まで平均時間が約6～7分といわれていることから考えると，応急手当の重要性が理解できるだろう。応急手当に関する問題は頻出なので，関連事項も含めてよく学習しておくこと。

【4】(例)　体力とはヒトが生存し活動するために必要な身体の能力のことであり，生存のために最小限必要な抵抗力と，環境に働きかけて積極的によりよく生きていくために必要な行動力とがある。行動力には運動を「発現する能力(筋力，瞬発力)」，「持続する能力(全身持久力，筋持久力)」，「調整する能力(調整力，柔軟性など)」があり，抵抗力には「身体組織・器官の性能」，「体温調整機能」，「病原体に対する抵抗力」などがある。

〈解説〉抵抗力が高いほど疲れにくく，病気やけがになりにくい。また，行動力が高いほど，スポーツなどの運動能力が高くなり，日常生活における行動も活発になる。

【5】(1)　(例)　心身ともに自立した活動的な状態で生存できる期間で，あと何年健康な生活ができるかを示すもの。　(2)　医療を受ける患者や家族と，医療を提供する，医師や看護師をはじめとする医療関係者との人間関係の基本となる考え方で，医師は患者にわかりやすく選択肢を付けて説明し，患者が自主的に判断して受けたいと思う医療を安心して受けられるようにする考え方である。我が国では，「説明と同意」と訳され，患者本人への説明のみならず，患者と家族，あるいは親族への説明と同意が必要と考えられている。　(3)　(例)　「すべての人にとって，できる限り利用可能であるように，製品，建物，環境をデザインすることであり，デザイン変更や特別仕様のデザインが必要なものであってはならない。」と定義され，障害の有無や年齢・性別・国籍に関わらず，はじめから誰もが使いやすいように施設や製品，環境などをデザインするという考え方。　(4)　(例)　パソコンなどのVDT(Visual Display Terminals：視覚表示端末)を見ながらおこなう作業を長時間，不適切な姿勢で操作するという作業条件が原因で，目の疲れ，首や肩の痛み，頭痛などの症状があらわれるもの。

(5)　(例)　新築の住宅などでおこる体の不調の総称。倦怠感，目・鼻・のどの病み，頭痛，はき気，めまいなどがみられる。

(6)　(例)　運動技能とは，運動課題を合理的・能率的に達成するため

に，身体内外からの感覚を手がかりとして，その場に応じたやり方で，運動をコントロールする能力のことであり，運動技術とは，スポーツが歴史的・文化的に定着してくるにしたがって，効率的な運動の仕方として受けつがれてきたものである。

〈解説〉いずれの語句も頻出なので，全問正答できるようにしておこう。特に，類似の意味を持つ語句との混同には注意が必要である。例えば(1)では健康寿命と平均余命，(3)ではユニバーサルデザインとノーマライゼーションやバリアフリーなどがあげられる。それぞれの意味の違いや関連性をみながら学習していきたい。

2010年度　実施問題

【一次試験】

【1】次の下線部分が，正しい場合には○，誤っている場合には，下線部分を正しい語句に直せ。

(1) 体操競技では，日本国内のジュニア，中学，高校の大会において，規定演技と自由演技が行われている。

(2) 陸上競技の110mハードル走では，ハードル数は11台である。

(3) 水泳競技の平泳ぎでは，スタートおよび折り返し後の水面下での2かき1けりは許される。

(4) バスケットボールでは，フロントコート内でボールをコントロールしたチームのプレーヤーが，相手のバスケットに近い制限区域内に5秒を超えて入っていたときは，バイオレーションとなる。

(5) バスケットボールでは，ゲーム開始予定時刻から，10分過ぎても用意の整わないチームはゲームが没収される。

(6) ハンドボールでは，各チームは前半と後半に各1回ずつ，1分間のチームタイムアウトをとることができる。

(7) 6人制バレーボールでは，セットカウントが2対2の場合，最終セットは最小限25点先取したチームが勝ちとなる。

(8) サッカーでは，プレーヤーの数は1チーム11人以下であるが，いずれかのチームが8人未満となった場合，試合を続けることはできない。

(9) ラグビーでは，トライを1回すると5点の得点となる。

(10) バドミントンでは，スコアが20点オールになった場合，その後最初に3点リードしたサイドが，そのゲームの勝者となる。

(11) 国際連合の活動のうち，保健衛生分野を担当しているのはUNEPである。

(12) 血液中の糖の濃度が高くなってしまう病気を高脂血症という。

(13)　非喫煙者であっても喫煙者の周囲にいれば，煙を吸い込むことになる。このことを<u>強制喫煙</u>という。

(14)　ノーマライゼーションとは，<u>米国</u>で「精神遅滞者にふつうに近い生活を確保する」という意味で使われはじめ，その後世界中に広まった社会福祉の理念である。

(15)　ストレスが強かったり長く続いたりして心の緊張が体に影響し，その原因や経過に心の問題が緊密にかかわって体におこる病気を<u>心身症</u>という。

(16)　民法では，女性が再婚するには，前の結婚の解消または取り消しの日から<u>8ヶ月</u>経過した後でなければならない。

(17)　高齢社会を，健康で活力ある社会とするために，寝たきりや認知症にならないで生活できる期間を<u>平均余命</u>という。

(18)　大気中に浮かぶ粒子状物質のうち，その大きさが<u>0.01mm</u>以下のものを浮遊粒子状物質という。

(19)　富山県神通川流域で発生したイタイイタイ病の原因は，神通川上流にある鉱業所の廃水に含まれた<u>メチル水銀</u>である。

(20)　<u>植物状態</u>とは，脳幹を含む全脳の機能が不可逆的に停止した状態のことをいう。

(☆☆☆◎◎◎)

【2】次の各文の(　　)の中に入る適切な語句または数字を記せ。

(1)　未成年の飲酒は，発達の途上にある脳や生殖器への障害が大きいこと，また，アルコール(　　)症になりやすいことがわかっている。

(2)　医薬品を医療の目的からはずれて使用したり，医薬品でない薬物を不適切な目的で使用することを(　　)という。

(3)　薬を処方どおりに使用しても，健康被害がでてしまう場合がある。これを(　　)という。

(4)　アンチロック・ブレーキシステム[ABS]のように車の事故を未然に防ぐための対策を(　　)という。

(5)　エアバッグのように車の事故による傷害を軽減するための対策を

（　　　）という。

(6)　朝，目が覚めたとき，寝たままの状態で，舌の下で測る体温を
（　　　）という。

(7)　ヒトは発育期を経て成熟し，しだいに衰退して死に至る。この過
程のことを（　　　）という。

(8)　現在の（　　　）省は，「心とからだの健康づくり」（トータル・ヘル
スプロモーション・プラン）を1988年から展開している。

(9)　ストレスへの気づきの援助や，心身の緊張をときほぐすリラクセ
ーションの指導などの，心の健康づくりのための措置を（　　　）とい
う。

(10)　1960年代に発生した（　　　），イタイイタイ病，熊本水俣病，新潟
水俣病の裁判は四大公害裁判と呼ばれる。

(11)　オリンピック憲章は，（　　　）によって採択されたオリンピズムの
根本原則，規則，付属細則を成文化したものである。

(12)　わが国のスポーツ振興基本計画（平成18年9月21日改定）では，
（　　　）年までに，全国の各市町村において少なくとも1つは総合型地
域スポーツクラブを育成することを到達目標としている。

(13)　日本国憲法第25条に「すべて国民は，（　　　）で文化的な最低限度
の生活を営む権利を有する」とうたわれている。

(14)　中学校，高等学校の保健体育の体つくり運動には，（　　　）と体力
を高める運動がある。

(15)　（　　　）とは，ゲーム場面での特定の状況における合理的で効果的
な行動のしかたのプログラムのことである。

(16)　筋肉には，（　　　），心筋，平滑筋がある。

(17)　運動量は，（　　　）と運動時間によって決まる。

(18)　新体力テストの反復横跳びでは，それぞれの線を通過するごと
に1点を与え，（　　　）秒間の点数を記録する。

(19)　全力の負荷と完全休養を何回か繰り返すトレーニングを（　　　）ト
レーニングという。

(20)　心室細動を起こした心臓に電気ショックを与えることで心臓の

拍動を正常に戻す機器を(　　　)という。

(☆☆☆◎◎◎)

【3】オリンピック夏季競技会の歴史について，次の文中の(　①　)～
(　⑩　)にあてはまる語句や数字を，下の語群の中のア～トから1つず
つ選び，記号で答えよ。

(1)　わが国が，初めてオリンピックに参加したのは，(　①　)で開催
された第5回大会である。

(2)　バスケットボールが正式種目として採用されたのは，(　②　)で
開催された，第11回大会である。

(3)　日本の男子体操競技は，団体種目で第17回大会から第(　③　)回
大会まで連続して金メダルを獲得した。

(4)　日本の男子バレーボールは，(　④　)で開催された第20回大会で
初めて金メダルを獲得した。また，女子バレーボールは，第18回東
京大会で初めて金メダルを獲得し，(　⑤　)で開催された第21回大
会で，2回目の金メダルを獲得した。

(5)　第27回大会の女子マラソンで日本の(　⑥　)選手が，日本人初の
金メダルを獲得した。また，第28回大会では同種目で(　⑦　)選手
が金メダルを獲得した。

(6)　第28回大会の男子ハンマー投げで，日本の室伏広治選手は
(　⑧　)メダルを獲得した。また，第29回大会では，(　⑨　)メダ
ルを獲得した。

(7)　水泳競技で，第28回，第29回の2大会において100m，200mの平泳
ぎで金メダルを獲得したのは(　⑩　)選手である。

[語群]

ア	金	イ	銀	ウ	銅	エ	21	オ	22	カ	23
キ	ベルリン			ク	ストックホルム			ケ	パリ		
コ	ミュンヘン			サ	メルボルン			シ	メキシコ		
ス	モントリオール			セ	鈴木大地			ソ	高橋尚子		
タ	有森裕子			チ	野口みずき			ツ	田口信教		

テ 北島康介　　　　ト 荒川静香

(☆☆☆○○○)

【4】次の文は，平成20年3月に告示された中学校学習指導要領「第2章 各教科」「第7節　保健体育」の「第3　指導計画の作成と内容の取扱い」を抜粋したものである。(①)～(⑩)にあてはまる適切な語句や数字を，下の語群の中のア～ネから1つずつ選び，記号で答えよ。

(1)　授業時数の配当については，次のとおり取り扱うこと。

　　ア　保健分野の授業時数は，3学年で，(①)単位時間程度を配当すること。

　　イ　体育分野の授業時数は，各学年にわたって適切に配当すること。その際，体育分野の内容の「A(②)」については，各学年で(③)単位時間以上を，「H(④)」については，各学年で(⑤)単位時間以上を配当すること。

　　ウ　体育分野の内容の「B(⑥)」から「G(⑦)」までの領域の授業時数は，その内容の習熟を図ることができるよう考慮して配当すること。

(2)　第1章総則の第1の3に示す学校における(⑧)に関する指導の趣旨を生かし，特別活動，(⑨)の活動などとの関連を図り，日常生活における(⑧)に関する活動が適切かつ(⑩)に実践できるよう留意すること。

[語群]

ア　3　　　イ　4　　　ウ　5　　　エ　7
オ　8　　　カ　9　　　キ　36　　　ク　48
ケ　保健　　　　　　コ　体育理論　　　サ　知識・理解
シ　体力つくり運動　ス　体つくり運動　セ　体操
ソ　ダンス　　　　　タ　体育・保健　　チ　体育・健康
ツ　レクリエーション　テ　器械運動　　ト　ニュースポーツ
ナ　円滑　　　　　　ニ　継続的　　　　ヌ　運動部
ネ　文化部

(☆☆☆○○○)

【二次試験】

【１】中学校学習指導要領(平成20年3月告示)「第1章　総則　第4　指導計画の作成等に当たって配慮すべき事項　2(13)」に示された，部活動の意義と留意点及び配慮事項について記せ。

(☆☆☆◎◎◎)

【２】トレーニングの5原則について，次に示した例を参考に，残り4つの原則を記し，それぞれについて説明せよ。

(例)　意識性：トレーニングの意義をよく理解し，目的をもって積極的に行う。

(☆☆☆◎◎◎)

【３】スキャモンの発育曲線について，次の表中に示した①を参考に，残り3つの発育の型とそれぞれに対応する体の器官を2つずつ表に記入せよ。また，①～④の発育曲線を図に記入し，それぞれの曲線に①～④の番号を記せ。ただし，縦軸は20歳時を100とした比率とする。

発育の型	体の器官	
①　神経型	脳	視覚器
②		
③		
④		

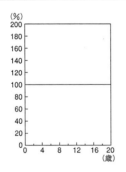

(☆☆☆◎◎◎)

【4】次の事柄について説明せよ。

(1)　メタボリックシンドローム

(2)　薬剤耐性菌

(3)　全国スポーツ・レクリエーション祭

(4)　心室細動

（☆☆☆◎◎◎）

解答・解説

【一次試験】

【1】(1)　解答不能　　(2)　10台　　(3)　1かき1けり　　(4)　3秒

(5)　15分　　(6)　○　　(7)　15点　　(8)　7人　　(9)　○

(10)　2点　　(11)　WHO　　(12)　糖尿病　　(13)　受動喫煙

(14)　デンマーク　　(15)　○　　(16)　6ヶ月　　(17)　健康寿命

(18)　○　　(19)　カドミウム　　(20)　脳死(脳死状態)

〈解説〉(1)　平成21年度から高校の適用規則が変更され，自由競技のみ行われることとなったため，解答不能。全員正解とする。　(2)　ハードル競走には，100mハードル，110mハードル，400mハードルがある。各自のレーンを，決められた距離と高さで配置された10台のハードルを走り越えながら，タイムを競う。　(3)　スタートおよび折返し後は，水中で1かきと1けりを行うことができる。頭の一部は，2かき目の両腕がもっとも広い部分で，かつ両手が内側に向かう前までに，水面上に出なければならない。次の平泳ぎのけりにつながる1回の下方へのドルフィンキックは，体全体が水没状態の中で許される。

(4)　・制限区域を区画している線の一部に触れていても，制限区域内にいることになる。　・プレーヤーが制限区域の外に出るとは，両足が制限区域の外の床に触れたことをいう。　(5)　規定時間内に，得点を多くあげたチームが勝ちとなる。ただし，次のような場合はゲーム

を没収され，相手チームの勝ちとなる。　・ゲーム開始のとき，開始時刻を15分すぎても5名のプレーヤーがそろわなかった場合。　・主審がプレーをすすめたのに，なおプレーすることをこばんだ場合。没収勝ちは20対0のスコアとなる。　(6)　チームタイムアウトは，ボールを所持しているチームにいつでも認められる。　(7)　5セットマッチで行われる試合でセットカウントが2対2のタイとなった場合，最終(第5)セットは，最小限2点差をつけて15点を先取したチームが勝者となる。14点対14点の場合は，どちらかが2点リードするまで続けられる。　(8)　1チームは11名のプレーヤーで編成する。試合をするためには最少限7名が必要で，それ以上なら11名に足りなくても試合に参加できる。　(9)　得点は次の場合に，それぞれの定められた得点となる。トライ(5点)，ペナルティトライ(5点)，コンバージョンゴール(トライ後のゴール)2点，ペナルティキックのゴール(3点)，その他のドロップキックのゴール(3点)　(10)　ゲームの終盤になって，両者のポイントが20オールになった場合には，その後最初に2点リード(2点差)したサイドが勝者となる。29オールになった場合には，30点目を得点したサイドが勝者となる。　(11)　World Health Organization　1948年国際連合の保健衛生に関する専門機関として発足した。その目的はWHO憲章に示されているように，健康を「身体的，精神的ならびに社会的に完全なる良好状態であって，たんに病気でないというだけのことではない」と定義し，「世界のすべての人々が可能な限りの最高の健康水準に到達すること」をめざし，伝染病対策，衛生統計，医薬品供給，技術援助等の活動を行っている。　(12)　糖尿病ではインスリン作用の低下のため食事として摂取したブドウ糖が筋肉などの細胞に入っていきにくくなるため，細胞内でエネルギー不足をきたし，また，ブドウ糖はそのまま血液中にとどまり血糖が高くなり尿の中に糖があふれ出るようになる。また，ブドウ糖などの糖質だけでなく蛋白質や脂質の利用まで障害される。これらの結果，高血糖，高脂血症となり，それらにより血管や神経に障害をきたしいろいろな合併症が出現する。　(13)　非喫煙者であっても，喫煙者の近くにいるだけで，いや

おうなしに有害物質を含んだたばこの煙を吸わされることであり，受動喫煙者であってもがんなどにかかる危険性が高まる。　　(14)　高齢者や障がい者が特別あつかいされることなく，だれもが社会のなかで，ふつうの生活をおくれることをめざす考え方。　　(15)　思春期におこりやすい心身症には，摂食障害，過換気症候群，過敏性腸症候群，起立性調節障害，偏頭痛などがある。　　(16)　日本では民法第733条の規定により，女性は前の結婚の解消の日から6ヶ月は結婚できないと定められている(再婚禁止期間)。これは，父親の推定ができなくなり，混乱を防ぐためといわれている。　　(17)　WHOが2000年に公表したものであり，日常的に介護を必要としないで，自立した生活ができる生存期間のことである。平均寿命から自立した生活ができない期間を引いた数が健康寿命になる。　　　(18)　大気中に浮遊している粒子状物質のことであり，代表的な「大気汚染物質」のひとつである。

(19)　富山県の神通川流域に発生したイタイイタイ病は，上流の金属鉱山から流れでたカドミウムが下流の水田を汚染し，そこで収穫された米を長年食べつづけた人びとにおきた慢性中毒である。　　(20)　脳死とは，臓器移植法によって認められた死の概念であり，脳の機能が完全に失われ，心臓が動いていても回復不能と認められる状態のことである。

【2】(1)　依存　　(2)　薬物乱用　　(3)　薬害　　(4)　アクティブセイフティ　　(5)　パッシブセイフティ　　(6)　基礎体温　　(7)　加齢(エイジング)　　(8)　厚生労働　　(9)　メンタルヘルスケア
(10)　四日市ぜんそく　　(11)　国際オリンピック委員会(IOC)
(12)　2010(H22，平成22)　　(13)　健康　　(14)　体ほぐしの運動
(15)　戦術　　(16)　骨格筋　　(17)　運動強度　　(18)　20
(19)　レペティション　　(20)　AED(自動体外式除細動器)
〈解説〉(1)　薬物依存症の一種であり，飲酒などアルコール(特にエタノール)の摂取によって得られる精神的,肉体的な薬理作用に強く囚われ，自らの意思で飲酒行動をコントロールできなくなり，強迫的に飲酒行

為を繰り返す精神疾患。　(2)　医薬品を医療目的からはずれて使用したり，医療目的でない薬物を不正に使用したりすることで，乱用される薬物には麻薬，覚せい剤，大麻，有機溶剤，向精神薬などがある。これらの薬物は中枢神経系に作用して，一時的に気分や感覚を変化させたりすることがあり，それらの作用と同時に，大脳の正常なはたらきを損なう。　(3)　医薬品の使用による医学的に有害な事象のうち社会問題となるまでに規模が拡大したもの。　(4)　自動車の安定性向上や衝突回避などに寄与する技術のことで，運転者の操作によるものでは，警笛，方向指示器，ポンピングブレーキ，昼間点灯／常時点灯，「かもしれない運転」，運転者の知覚を補助する装置ではドアミラー，ワイパー，ナイトビジョン，回復／回避動作を補助する装置ではアンチロック・ブレーキ・システム，トラクションコントロールシステム，横滑り防止機構などがある。　(5)　特に事故などの異常事態が起きた場合に人体などへの影響を最小限に抑える技術のことで，シートベルト，ヘルメット，衝突安全ボディー，エアバッグ，チャイルドシートなどがある。　(6)　基礎体温とは，人間が生きていく上で最低限必要な体温のことであり，起床して直ぐに身を動かすことなく測った体温を指す。基本的に女性においては基礎体温の高低は，卵胞ホルモン(エストロゲン)と黄体ホルモン(プロゲステロン)という2種類の女性ホルモンの増減によってそのサイクルが決まる。　(7)　出生，発育，成長，成熟，退縮と，時間の経過とともに進行する心身の変化のこと。
(8)　働く人の心とからだの健康を確保するために1988年「事業場における労働者の健康保持増進のための指針」を当時の労働省(現・厚生労働省)が策定し，労働者健康保持増進措置を開始した。　(9)　トータル・ヘルスプロモーション・プランの推進において，健康づくりのための健康測定をおこない，一人ひとりの健康状態に対応した運動指導や保健指導，栄養指導などと共に行われるものである。　(10)　1959年ころから，三重県四日市市の臨海部の大規模な石油コンビナートの操業により，そこから排出された二酸化硫黄や二酸化窒素などの汚染物質が原因となり，周辺住民にぜんそく症状を訴える患者が多発し，

呼吸器の病気で死亡する人が増加した。　(11)　オリンピック憲章とは，国際オリンピック委員会(IOC)によって採択されたオリンピズムの根本原則，規則，付属細則を成文化したもので，憲章はオリンピック・ムーブメントの組織，活動，運用の基準であり，かつオリンピック競技大会の開催の条件を定めるものである。　(12)　総合型地域スポーツクラブとは，人々が，身近な地域でスポーツに親しむことのできる新しいタイプのスポーツクラブで，子どもから高齢者まで(多世代)，様々なスポーツを愛好する人々が(多種目)，初心者からトップレベルまで，それぞれの志向・レベルに合わせて参加できる(多志向)，という特徴を持ち，地域住民により自主的・主体的に運営されるスポーツクラブをいう。　(13)　日本国憲法第25条は，日本国憲法第3章にあり，社会権のひとつである生存権と，国の社会的使命について規定している。　条文1)すべて国民は，健康で文化的な最低限度の生活を営む権利を有する。　条文2)国は，すべての生活部面について，社会福祉，社会保障及び公衆衛生の向上及び増進に努めなければならない。(14)　体ほぐしの運動は，手軽な運動などを通して，体や心の状態に気づく，体の調子をととのえる，仲間と交流するなどをねらいとした運動である。　(15)　運動技能の構成要素として，体力，技術とともに相互に関連する要素の一つ。　(16)　骨格を持つ動物の筋肉は，その配置から大別すると骨格に付随して身体を構成し，姿勢制御に貢献する骨格筋と，骨格に直接付属せず，身体構成・姿勢制御に直接関わらない内臓筋に分けることができる。しかしこの分類方法は便宜的な分類であり，もっともよく用いられる分類方法である組織学的分類によれば，横紋筋，平滑筋，心筋に分けることができる。また，意識して動かすことができるかという点で随意筋(骨格筋のみ)と不随意筋(心筋・平滑筋)に分けられる。　(17)　運動する本人の身体能力を基準として表現する数値であり，有酸素運動の強度ではその人の最大酸素摂取量あるいは最大心拍数を，筋力・筋持久力トレーニングでは最大挙上重量を基準とする。　(18)　反復横跳びは床の上に，中央ラインをひき，その両側100cmのところに2本の平行ラインをひく。実施方法は，

中央ラインをまたいで立ち「始め」の合図で右側のラインを越すか，
または踏むまでサイドステップし，次に中央ラインにもどり，さらに
左側のラインを越すかまたは触れるまでサイドステップする。記録は
20秒間繰り返し，それぞれのラインを通過するごとに1点とする。テ
ストは2回実施してよい方の記録をとる。　(19)　実際の競技で行われ
るスピードに近い速さで，決められた距離を，完全に疲労が回復した
状態で走るトレーニング法。　(20)　AED(自動体外式除細動器)を迅速
に使用し，除細動(心室細動の状態にある心臓に電気ショックを与え
る)を行うことで，心臓の正常な動きを取り戻すことができ，救命の可
能性が高まる。

【３】①　ク　　②　キ　　③　エ　　④　コ　　⑤　ス　　⑥　ソ
　　　⑦　チ　　⑧　ア　　⑨　ウ　　⑩　テ
〈解説〉夏季オリンピックは，近代オリンピック(オリンピック競技大会)
のうち夏期に行われるもので，4年に1度，4で割り切れる西暦年に開
催される。

【４】①　ク　　②　ス　　③　エ　　④　コ　　⑤　ア　　⑥　テ
　　　⑦　ソ　　⑧　チ　　⑨　ヌ　　⑩　ニ
〈解説〉指導計画の作成：指導計画の作成に当たっては，次の事項に配慮
するものとする。　(1)　授業時数の配当については，次のとおり取り
扱うこと。　ア　保健分野の授業時数は，3学年間で，48単位時間程
度を配当すること。　イ　体育分野の授業時数は，各学年にわたって
適切に配当すること。その際，体育分野の内容の「A　体つくり運動」
については，各学年で7単位時間以上を，「H　体育理論」については，
各学年で3単位時間以上を配当すること。　ウ　体育分野の内容の「B
器械運動」から「G　ダンス」までの領域の授業時数は，その内容の
習熟を図ることができるよう考慮して配当すること。　エ　保健分野
の授業時数は，3学年間を通して適切に配当し，各学年において効果
的な学習が行われるよう適切な時期にある程度まとまった時間を配当

すること。　(2)　第1章総則第1の3に示す学校における<u>体育・健康</u>に関する指導の趣旨を生かし，特別活動，<u>運動部</u>の活動などとの関連を図り，日常生活における<u>体育・健康</u>に関する活動が適切かつ<u>継続的</u>に実践できるよう留意すること。なお，体力の測定については，計画的に実施し，運動の指導及び体力の向上に活用するようにすること。

【二次試験】

【1】意義：スポーツや文化及び科学等に親しませ，学習意欲の向上や責任感，連帯感の涵養，互いに協力し合って友情を深めるといった好ましい人間関係の形成等に資するものである。　留意点：部活動は，教育課程において学習したことなども踏まえ，自らの適性や興味・関心等をより深く追求していく機会であることから，各教科等の目標及び内容との関係にも配慮しつつ，生徒自身が教育課程において学習する内容について改めてその大切さを認識するよう促すなど，学校教育の一環として，教育課程との関連が図られるようにする。　配慮事項：地域や学校の実態に応じ，スポーツや文化及び科学等にわたる指導者など地域の人々の協力，体育館や公民館などの社会教育施設や地域のスポーツクラブといった社会教育関係団体等の各種団体との連携などの運営上の工夫を行う。

〈解説〉生徒の自主的，自発的な参加により行われる部活動については，スポーツや文化及び科学等に親しませ，学習意欲の向上や責任感，連帯感の涵養等に資するものであり，学校教育の一環として，教育課程との関連が図られるよう留意すること。その際，地域や学校の実態に応じ，地域の人々の協力，社会教育施設や社会教育関係団体等の各種団体との連携などの運営上の工夫を行うようにすること。中学校教育において大きな役割を果たしてきている「部活動」については，前回の改訂により，中学校学習指導要領の中でクラブ活動との関連で言及がなされていた記述がなくなっていた。これについて，平成20年1月の中央教育審議会答申においては，「生徒の自発的・自主的な活動として行われている部活動について，学校教育活動の一環としてこれまで中学校教育において果たしてきた意義や役割を踏まえ，教育課程に

関連する事項として，学習指導要領に記述することが必要である。」
との指摘がなされたところである。

【２】個別性：個人差をよく理解し，個人の特徴に応じたトレーニングを
　　行う。　反復性：運動は繰り返し行うことによって効果が現れるため，
　　規則的に反復する。　漸進性：体力の向上とともに，次第に運動の強
　　さや量を高める。　全面性：心身の機能が調和を保って，全面的に高
　　められるようにする。
〈解説〉トレーニングの効果を上げるために「トレーニングの5原則」を
　　守る必要性がある。

【３】表：②　一般型…身長・体重　　肝臓(腎臓)　　③　リンパ系型…
　　扁桃　　リンパ節　　④　生殖器系型…男児の陰茎・睾丸　　女児の
　　卵巣・子宮
　　図：

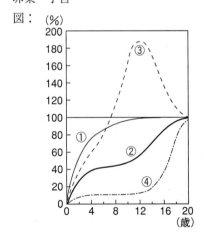

〈解説〉スキャモンの発育曲線…成長発育を20歳のレベルを100％として
　　考え，各体組織の発育の特徴を4つのパターンに分けてグラフ化した
　　もの。　（一般型）　身長・体重や肝臓，腎臓などの胸腹部臓器の発育
　　を示す。特徴は，乳幼児期まで急速に発達し，その後は次第に緩やか
　　になり，二次性徴が出現し始める思春期に再び急激に発達する。思春

期以降に再び発育がみられ大人のレベルに達する。　(神経系型)　器用さやリズム感をになう神経系の発達は，脳の重量や頭囲で計る。出生直後から急激に発育し，4・5歳までには成人の80％程度(6歳で90％)にも達する。　(リンパ系型)　免疫力を向上させる扁桃，リンパ節などのリンパ組織の発達であり，生後から12・13才までにかけて急激に成長し，大人のレベルを超えるが，思春期すぎから大人のレベルに戻る。　(生殖器系型)　男児の陰茎・睾丸，女児の卵巣・子宮などの発育。小学校前半まではわずかに成長するだけではあるが，14歳あたりから，急激に発達する。生殖系の発達で男性ホルモンや女性ホルモンなどの性ホルモンの分泌も多くなる。

【4】(1)　内臓脂肪型肥満に加えて，高血糖，高血圧，脂質異常のうちいずれか2つ以上をあわせもった状態。内臓脂肪症候群ともいう。内臓脂肪が過剰にたまっていると，糖尿病や高血圧症，高脂血症といった生活習慣病を併発しやすくなる。さらに，血糖値や血圧が多少高い場合でも併発することで，動脈硬化が急速に進行する。　(2)　特定の抗生物質に対して耐性をもつ菌のこと。メチシリン耐性黄色ブドウ球菌(MRSA)やバンコマイシン耐性腸球菌などがある。　(3)　勝敗のみを競うのではなく，誰もが，いつでも，どこでも気軽にスポーツ・レクリエーション活動を楽しみ，交流を深めることを目的として，昭和63年から各都道府県持ち回り方式で毎年開催されている，生涯スポーツの一大祭典のこと。　(4)　心臓の心室が小刻みに震えて全身に血液を送ることができない状態。心停止の一病態である。心臓は電気刺激が順番に伝わることによって規則的に収縮し，血液を送り出すポンプの役目を果たす。心室細動ではこの電気刺激がうまく伝わらず，心筋が無秩序に収縮している。

〈解説〉省略

2009年度　　実施問題

【一次試験】

【１】次の下線部分が，正しいものには○，誤っているものには，その下線部に入る正しい語句を記せ。

(1)　体操競技には，女子は4種目，男子は<u>6種目</u>がある。

(2)　陸上競技の投てき競技において，記録の計測は，すべて<u>2cm</u>きざみで行う。

(3)　水泳競技において，体の中心線がコースロープをこえると失格となる。その判断の基準は<u>頭部</u>である。

(4)　バスケットボールにおいて，コート内でボールをコントロールしたチームが<u>30秒</u>以内にショットをしなかったときは，バイオレーションとなる。

(5)　ハンドボールでは，試合に登録できる人数は<u>14人</u>までである。

(6)　ハンドボールでは，コート上で，相手チームのプレーヤーやチーム役員が，明らかな得点チャンスを妨害したとき，<u>フリースロー</u>が与えられる。

(7)　6人制バレーボールでは，競技者交代は各チーム1セット<u>4回</u>の範囲で行うことができる。

(8)　国際柔道連盟試合審判規定では，試合は主審の「はじめ」の宣告で開始し，「<u>やめ</u>」の宣告で終了する。

(9)　テニスでは，偶数ゲームが終了したときに<u>サービス</u>をチェンジする。

(10)　ソフトテニスでは，ゲームは<u>6ポイント</u>の先取をもって勝ちとする。

(11)　たばこの点火部からたちのぼる<u>主流煙</u>には，ニコチンやタールなどの有害物質が多く含まれている。

(12)　国際連合の活動のうち，<u>NGO</u>は環境問題の調整や解決のために活動している。

(13) たばこ規制枠組条約は，<u>UNICEF</u>のもとでつくられた保健分野におけるはじめての多数国間条約である。

(14) アルコールが体内で分解されると<u>ホルムアルデヒド</u>という有害物質になる。

(15) 日常生活で「～したいけれど，できない」「～したくないけれど，しなければならない」というような「板ばさみ」の状態を<u>抑圧</u>という。

(16) 最終月経の第1日から妊娠週数が満<u>30週</u>0日を出産予定日とする。

(17) 脳死下で臓器提供者となるためには，，臓器提供意思表示カードなど，書面での本人の意思表示が必要である。こうした意思表示については，本人が<u>15歳以上</u>のときの意思表示が有効なものとされている。

(18) <u>公害基本法</u>で定められた環境基準では，光化学オキシダント(1時間値)は0.06ppm以下である。

(19) 食品の安全性の確保にかんする施策を総合的にすすめることを目的に，2003年に<u>食品衛生法</u>が制定された。

(20) ストレスとは，負荷がかかった状態を意味し，体にストレスを生じる環境の変化，あるいは刺激を<u>ストレッサー</u>という。

(☆☆☆☆◎◎◎◎◎)

【2】次の各文の(　　)の中にあてはまる適切な語句または数字を記せ。

(1) わが国では，(　　)法で20歳未満の者は飲酒できないことを定めている。

(2) 生体が本来もっている病気やけがを治そうとする力を(　　)力という。

(3) おさえられた性的欲求などを学問・スポーツ・芸術などに向ける適応機制のことを(　　)という。

(4) 受精卵が細胞分裂をくり返しながら子宮へ運ばれ，子宮内膜に付着して，胎盤をつくりはじめることを(　　)という。

(5) わが国では，妊娠した場合でも特別な理由があれば，あるかぎら

れた時期までは，手術によって胎児を母体外に出すことが認められている。この法律を(　　)法という。

(6)　がん，心臓病，脳卒中などの「生活習慣病」は，中高年に多くみられることから，長い間「(　　)」と呼ばれてきた。

(7)　医師・歯科医師の側からも，患者にたいして積極的に必要な情報を伝え，同意を得たうえで治療にあたることを(　　)という。

(8)　私たちの日常生活にともなって生じる(　　)は，現在，水質汚濁の大きな原因となっている。

(9)　廃棄物処理法では，廃棄物が，排出者や種類によって一般廃棄物と(　　)に区分される。

(10)　公害による健康被害の補償は，現在，大気汚染による気管支ぜんそく，イタイイタイ病，水俣病，慢性ヒ素中毒症などが対象になっており，その補償の財源は，(　　)の原則にもとづいて，汚染源となった企業などが負担している。

(11)　飲食物をとおして体内にはいった細菌や有害物質によっておこる健康障害のことを(　　)という。

(12)　加齢にともなって中高年期におこる心身のおとろえを，(　　)と呼んでいる。

(13)　試合前に実際の競技場面を思いうかべて，心理的コンディションをととのえることを(　　)という。

(14)　外的条件に左右されることのない状況下で発揮される部分技能を(　　)・スキルという。

(15)　スポーツにかかわろうとする行動の成立にかんする諸条件のうち，関心や意欲など，個人的・主体的要因をのぞく要因の総称を(　　)という。

(16)　実際には体を動かさないで，頭のなかで運動をしているイメージを思い描くことによって，運動技能を高める練習方法を(　　)という。

(17)　(　　)トレーニングは手や足などを動かさない状態で筋力を発揮させるトレーニング方法である。

(18) 筋肉には，骨格筋，心筋，(　　)がある。

(19) 道路交通法の改正により1985年から運転者の(　　)の着用が義務化された。

(20) 他人を死傷させたり物をこわしたりすると，その損害を(　　)する責任を負う。

(☆☆☆◎◎◎◎)

【3】スポーツの歴史について，(　①　)～(　⑩　)にあてはまる適切な語句や数字を，下の語群の中のア～トから1つ選び，記号で答えよ。

(1) 器械運動が日本へ導入されたのは幕末から明治初期にかけてであった。この器械・器具を用いて行う運動は19世紀はじめに，ドイツの(　①　)が考案した運動が原型となっている。

(2) バスケットボールは1891年に，(　②　)により考案された。

(3) わが国では1922年(　③　)により(　④　)人制ハンドボールが紹介された。

(4) バレーボールはわが国には1908年，(　⑤　)によって紹介された。

(5) サッカーは古くからイギリス各地で行われており，1873年に(　⑥　)が日本に紹介し，学校を中心に全国へ普及した。

(6) テニスは，1878年にアメリカの(　⑦　)によって日本に紹介された。

(7) 日本に卓球を広めたのは，1902年に欧米体育視察で滞在していたロンドンから用具とルールブックを持ち帰った(　⑧　)である。

(8) バドミントンは(　⑨　)で行われていた遊びを，イギリスの将校が1873年に本国に紹介した。

(9) 我が国では，ラグビーは1899年に慶応義塾大学の(　⑩　)とE・Bクラークの指導によりはじめられた。

[語群]

ア	11	イ	7	ウ	坪井玄道	エ	リーランド
オ	大谷武一	カ	ヤーン	キ	ハーン	ク	田中銀之助
ケ	J.ネイスミス	コ	M.ジョーダン	サ	ダグラス		

```
シ　インド　　　ス　大森兵蔵　　　セ　8　　　ソ　インドネシア
タ　伊藤博文　　チ　吉田茂　　　　ツ　10　　　テ　フランス
ト　ハリス
```

(☆☆☆☆◎◎◎◎)

【4】次の(1)，(2)の文は平成20年1月17日中央教育審議会が答申した体育，保健体育改善の基本方針の一部である。文中の（　①　）～（　⑩　）にあてはまる適切な語句を，下の語群の中のア～トから1つ選び，記号で答えよ。

(1)　体育科，保健体育科については，その（　①　）を踏まえ，生涯にわたって健康を保持増進し，豊かな（　②　）を実現することを重視し改善を図る。その際，心と体をより（　③　）としてとらえ，健全な成長を促すことが重要であることから，引き続き（　④　）と体育を関連させて指導することとする。

　　また，学習したことを実生活，実社会において生かすことを重視し，学校段階の接続及び発達の段階に応じて指導内容を整理し，明確に示すことで体系化を図る。

(2)　体育については，体を動かすことが，身体能力を身に付けるとともに，情緒面や知的な発達を促し，（　⑤　）や身体表現などを通じて（　⑥　）能力を育成することや，筋道を立てて練習や作戦を考え，改善の方法などを互いに話し合う活動などを通じて（　⑦　）をはぐくむことにも資することを踏まえ，それぞれの運動が有する特性や魅力に応じて，基礎的な身体能力や（　⑧　）を身に付け，生涯にわたって運動に親しむことができるように，発達の段階のまとまりを考慮し，指導内容を整理し体系化を図る。

　　また，（　⑨　）については，その学習を通じて我が国固有の（　⑩　）と文化に，より一層触れることができるよう指導の在り方を改善する。

[語群]
```
ア　知識　　　イ　個人的活動　　ウ　スポーツライフ　　エ　武道
オ　柔道　　　カ　課題　　　　　キ　応用力　　　　　　ク　伝統
```

ケ　集団的活動　　コ　ポイント　　サ　論理的思考力
シ　一体　　ス　歴史　　セ　コミュニケーション　　ソ　合同
タ　創造力　　チ　健康　　ツ　将来　　テ　保健　　ト　習慣

(☆☆☆☆○○○○)

【二次試験】

【1】熱中症について，次の問いに答えよ。

(1)　症状により熱中症を4つに分類するとき，次の表の中の例を参考に，残り3つの名称を記し，それぞれについて説明せよ。

	名　称	説　明
例	熱失神	脱水と皮膚血管の拡張のため血圧が低下し，めまいや失神がおこる。
①		
②		
③		

(2)　熱中症の応急手当の手順を述べよ。

(☆☆☆☆○○○○)

【2】運動の特性を4つあげ，特性別に運動の楽しみ方及び具体的な領域を記入せよ。

特　性	楽　し　み　方	領　域

(☆☆☆☆○○○○)

【3】出生からおとなになるまでの身長や体重の発育曲線(Aを始点とする)を図示し，その特徴について説明せよ。

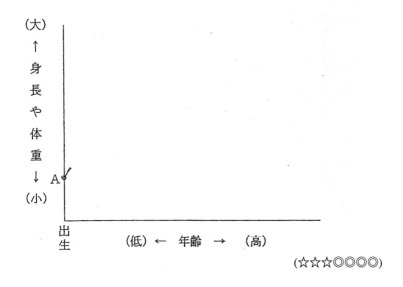

（☆☆☆◎◎◎）

【4】次のことについて説明せよ。

(1)　トレーニング効果(体力について)

(2)　民族スポーツ

(3)　SARS

(4)　有酸素運動

（☆☆☆☆☆◎◎◎）

解答・解説

【一次試験】

【1】(1)　○　　(2)　1cm　　(3)　○　　(4)　24秒　　(5)　○

(6)　7mスロー　　(7)　6回　　(8)　それまで　　(9)　○

(10)　4ポイント　　(11)　副流煙　　(12)　UNEP(国連環境計画)

(13)　WHO(世界保健機関)　　(14)　アセトアルデヒド　　(15)　葛藤

(16) 40週　　(17)　○　　(18)　環境基本法　　(19)　食品安全基本法
(20)　○

〈解説〉スポーツ及び体育，保健分野から多種多岐にわたって頻出の基本
　的用語を出題し，基礎的な知識・理解を問うている。体育分野につい
　ては，最新スポーツルール百科やルールブックで基本的な競技用語や
　ルールを正しく理解しておく。保健分野については，高等学校の「保
　健」の教科書に記載されている用語を覚えておく必要がある。特に，
　保健・健康に関した法律名や保健に関する国際組織名は，要点を整理
　して理解しておくようにしたい。教員採用試験の専門教養の精選実施
　問題集が出版されているので，それを参考にして頻出語句・内容の理
　解を深めておくことが大切である。

【2】(1)　未成年者飲酒禁止法　　(2)　自然治癒　　(3)　昇華
　(4)　着床　　(5)　母体保護　　(6)　成人病　　(7)　インフォーム
　ド・コンセント　　(8)　生活排水　　(9)　産業廃棄物　　(10)　汚染
　者負担　　(11)　食中毒　　(12)　老化　　(13)　メンタルリハーサル
　(14)　クローズド　　(15)　スポーツ環境　　(16)　メンタルプラク
　ティス　　(17)　アイソメトリック　　(18)　平滑筋　　(19)　シート
　ベルト　　(20)　賠償

〈解説〉近年に出題された問題の用語の説明ができるように，要点を整理
　しておくことが大切である。　(1)　未成年者喫煙禁止法も覚えておく。
　(2)　手術を施したり，人工的な薬物を投与したりしなくても治る機能
　は，自己治癒力とも呼ばれる。自然治癒力の機能の中には，自己再生
　機能(傷の再生などのこと)と自己防衛機能(免疫のこと)がある。
　(3)　適応機制の方法・種類をまとめて整理しておく。　(4)　生殖にか
　かわる機能の成熟については，受精・妊娠までを取り扱うものとし，
　妊娠の経過は取り扱わない。(中学校の保健分野)　　(5)　母体保護法
　は，1996年，従来の優生保護法が改正されたもの。　(6)　3大生活習
　慣病——悪性新生物(がん)，心臓病(虚血性心疾患)，脳卒中(脳血管疾
　患)　　(7)　インフォームド・コンセントを直訳すれば「十分に知ら

215

された上での同意」などの意。　　(8)　現在の水質汚濁の7割近くは,
一般家庭からの生活排水が汚染源となっている。　　(9)　正式名称は,
「廃棄物の処理及び清掃に関する法律」　　(10)　汚染者負担の原則(PPP
の原則)は,経済協力開発機構(OECD)が1972年に提唱した。　　(11)　食
中毒の原因の90％以上は,サルモネラ,腸炎ビブリオなどの細菌によ
るものである。食品の製造過程の衛生管理手法として,危害分析によ
る重点管理点(HACCP)方式の出題頻度が高い。　　(13)・(16)　自信をも
って競技にのぞむことが出来るように,試合前に実際の競技場面を思
いうかべて,心理的コンディションをととのえることをメンタルリハ
ーサルという。また,実際には体を動かさないで,頭の中で運動をし
ているイメージを思い描くことによって,運動技能を高める練習法を
メンタルプラクティスという。このメンタルリハーサルとメンタルプ
ラクティスをあわせたものが,イメージトレーニングである。

(14)　クローズドスキル→運動の対象となるものが静止していたり一
定である場合のスキル。ゴルフ,体操など。　　オープンスキル→球技
のように運動の対象となるものが変化し,ボールなどに合わせて動き
を変えていく。　　(17)　アイソメトリックトレーニング→筋肉の等尺
性収縮を利用した静的トレーニング。重量物(フリーウエイトやマシー
ン)を用いる。アイソトニックトレーニング→筋肉の等張性収縮を利用
した動的トレーニング。特別な器具を用いない。　　(19)　2008年6月
1日に施行された改正道路交通法では,後部座席のシートベルト着用
義務化が盛り込まれた。

【3】①　カ　　②　ケ　　③　オ　　④　ア　　⑤　ス　　⑥　サ
　　⑦　エ　　⑧　ウ　　⑨　シ　　⑩　ク
〈解説〉各種スポーツのおいたちや発展の歴史はまとめて整理し,覚えて
　おくようにしたい。

【4】①　カ　　②　ウ　　③　シ　　④　テ　　⑤　ケ　　⑥　セ
　　⑦　サ　　⑧　ア　　⑨　エ　　⑩　ク

〈解説〉平成20年1月，中央教育審議会が答申した体育，保健体育改善の基本方針から早速出題されている。教員採用試験にあたって，受験生は最新の答申や報告等にも目を通しておくことが大切である。また，同年3月，中学校の新学習指導要領も告示(平成24年度に完全実施)されており，現行の学習指導要領の内容との改善点も今後出題されるものと予想されるので，学習しておく必要がある。保健体育科では，生涯にわたって健康を保持増進し，豊かなスポーツライフを実現することが重視されているが，中学校1・2学年で武道とダンスを含む全領域を必修化し，3学年から選択とするなどは，大きな改善点である。

【二次試験】

【1】(1) ① 熱けいれん 大量の汗をかき，水だけを補給して血液の塩水濃度が低下したときに，足，腕，腹部の筋肉に痛みを伴ったけいれんが起こる。 ② 熱疲労 大量の発汗による脱水症状で，脱力感，倦怠感，めまい，頭痛，吐き気などが起こる。 ③ 熱射病 体温上昇のため，体温調節機能に異常をきたした意識障害が起こり死に至ることもある。 (2) ○風通しが良く，涼しい所に運び，衣類を緩め，水平位または上半身をやや高めに寝かせる。顔面が蒼白で脈が弱いときには，足を高くした体位にする。 ○意識があり，吐き気や嘔吐などがなければ，冷たい水やスポーツ飲料などを飲ませるとともに塩分を摂らせる。 ○体温が高いときには，水で全身の皮膚をぬらし，あおいで風を送り体温を下げる。 ○皮膚が冷たかったり，震えがあるときには，乾いたタオルなどで皮膚をマッサージする。 ○意識がないときには，回復体位をとらせ，一刻も早く医療機関へ搬送する。

〈解説〉毎年，熱中症の事故が多いこともあり，非常に出題頻度が高いので，熱中症の原因，種類(原因・症状・治療)，予防法，応急処置等をまとめて学習しておくことが大切である。

【2】○競争型 他人やチームに挑戦し，勝ち負けを競い合う楽しさ 球技・(陸上，水泳，武道) ○克服型 自然や人工的につくられた物的

障害に挑戦し，それを克服する楽しさ　器械運動　○達成型　記録や
フォームなどの観念的に定められた基準に挑戦し，それを達成する楽
しさ　陸上競技・水泳・武道　○模倣・変身型　表したいイメージを
リズミカルな動きで表現したり交流したりする楽しさ　ダンス

〈解説〉運動が人間のどのような欲求を充足するか，または，身体的な必
要性を充足するのかに着目したのが，機能的特性である。これはその
運動の持つ一般的な魅力や喜び方，楽しみ方を言い，「競争型」「克服
型」「達成型」「模倣・変身型」の4つのタイプに運動のおもしろさを
分類できる。しかし，運動によっては，陸上競技や水泳のように2つ
の機能的特性を持っているものもある。

【３】

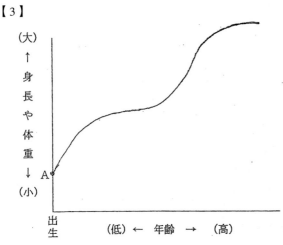

(説明)　身長や体重は，乳幼児期まで急速に発達し，その後は次第に
緩やかになり，二次性徴が出現し始める思春期に再び急激に発達し，
大人のレベルに達する。

〈解説〉スキャモンの発育・発達曲線は，身体諸器官・諸機能の発育・発
達の実態を加齢に関して示したもので，20歳をそのピークに考えたも
のである。スキャモンは体組織の成長のパターンをその特徴から4つ
の型に分類した。その4つの型は，「一般的」「神経系型」「リンパ系型」

「生殖器系型」である。身長や体重の発育は一般型に入り，緩やかなS字カーブを描きながら14〜16歳(中学校期)あたりでスパートし，20歳頃そのピークを迎える。よって，この問題の発育曲線は一般型の図を書く。

【4】(1)　運動をすると，体力が高まるが，それは運動がその人の体に適切な刺激として働いた場合である。トレーニング効果を得るためには，「オーバーロード(過負荷)の原理」「可逆性の原理」「特異性の原理」を考えに入れて，各人の体力やねらいに応じて，適切な運動を行わなければならない。　(2)　民族スポーツは，特定の国や地域，民族に限って行われるスポーツで，その土地の人々の伝統的な独自の生活文化のなかから生まれたスポーツである。　(3)　SARSは，SARSコロナウイルスが原因で引き起こされる新種の感染症で，重症急性呼吸器症候群のことである。人から人へ飛沫感染し，感染してから2〜10日で38度以上の高熱が出て，咳，息切れ，呼吸困難などの症状が現れ，1週間くらいで肺炎を起こし，死に至ることもある。　(4)　有酸素運動は，血中の糖分や筋細胞内に貯蔵してあるグリコーゲンを燃料として使い，酸素を使って燃焼させて筋収縮のエネルギーを発生させる運動である。エネルギー産出の効率が高く，乳酸を生じないので長く続けることが可能である。エアロビクスやウォーキング，ゆっくりした水泳も有酸素運動である。全身持久力向上に役立つ。

〈解説〉(1)　トレーニングの三大原理は，

○オーバーロード(過負荷)の原理——日常生活で体験しているよりも高い運動負荷をかけなければ体力は向上しない。

○可逆性の原理——トレーニング効果は，トレーニング継続中は維持されるが中断すると徐々に失われていく。

○特異性の原理——身体は課せられた刺激に対して特異的に適応するので，競技特性を考えた上でどこの筋肉をどのような動作で鍛えるのかを考えなければトレーニング効果は望めない。

トレーニングの五大原則は，

○意識性の原則——トレーニングの意義をよく理解し，目的をもって積極的におこなう。

○全面性の原則——心身の機能が調和を保って全面的に高められるようにする。

○個別性の原則——個人差をよく理解し，個人の特徴に応じたトレーニングをおこなう。

○反復性の原則——運動はくり返しておこなうことによって効果があらわれる。

○漸進性の原則——体力の向上とともに，しだいに運動の強さ，量や頻度を高める。

(4)　無酸素運動は，酸素を消費しない方法で筋収縮のエネルギーを発生させる運動である。瞬間的に強い力が必要な時は，筋肉に貯めておいたグリコーゲン(糖質)を主原料として使う。酸素を必要としないので，短時間しか運動できないが，筋肉を鍛えることができる。筋力トレーニングや短距離走がこれにあたる。(注)無酸素運動とは言うが，これは本当に酸素を取り入れない(呼吸しない)でする運動という意味ではなく，あくまでも運動の強度が高いために酸素を使うことができず，結果として酸素を必要としないでできる運動のことである。

2008年度 実施問題

【一次試験】

【1】次の下線部分が，正しいものには○，誤っているものには，その下線部に入る正しい語句を記せ。

(1) 陸上競技の走り高跳びでは<u>3回</u>続けて失敗すると失格になる。

(2) 水泳競技のバタフライ，背泳ぎ，自由形のスタート，ターン後<u>10m</u>はキックでの潜行が認められる。

(3) バスケットボールでは，バックコート内でボールをコントロールしたチームが，<u>10秒</u>以内にボールをフロントコートに進めなかったときは，バイオレーションとなる。

(4) ソフトボールでは，打者は球審の「プレーボール」の宣告から<u>10秒</u>以内に打撃姿勢をとらなければならない。

(5) バレーボールでは，タイムアウトは，各セット2回，1回につき<u>40秒</u>間である。

(6) ハンドボールでは，レフリーの笛の合図から<u>5秒</u>以内にスローオフを行わなければならない。

(7) サッカーでは，ゴールキーパーが<u>ゴールエリア</u>内で，ボールを手で保持したままで，6秒を超えると相手側の間接フリーキックとなる。

(8) 国際柔道連盟試合審判規定では，試合者の一方が，相手を抑え込んで，15秒以上20秒未満逃げられなかったとき「<u>技あり</u>」となる。

(9) 卓球のサービスは，オープンハンドでボールを一時静止し，上方へ手のひらから，<u>16cm</u>以上の高さに投げ上げ，このボールが頂点に達した後で打たなければならない。

(10) バドミントンでは，サービス権に関係なく，ラリーを制したサイドが1点ずつ得点し，<u>15点</u>を先取したサイドがそのゲームの勝者となる。

(11)　わが国の平均寿命は，以前には<u>幼児死亡率</u>の大幅な減少により，また，近年では高齢者の死亡率の減少によりのびた。

(12)　たばこ煙中の有害物質であるタールは，健康な細胞を<u>がん細胞</u>に変化させ増殖させる。

(13)　2000年にスタートした「健康日本21」を中核とする，国民の健康づくり・疾病予防をさらに積極的に推進することを目的に，2002年に制定された法を<u>国民健康法</u>という。

(14)　<u>脳卒中</u>には，脳内の血管が破れて出血を起こす脳出血と，脳内の血管がつまって血流がとだえてしまう脳梗塞などがある。

(15)　大脳辺縁系に生じた不安は，自律神経系や<u>内分泌系</u>を介して，意志とは関係なく自動的に体の働きに影響をおよぼす。

(16)　普通二輪免許の取得可能年齢は，満<u>18歳</u>以上である。

(17)　血中アルコール濃度が0.41％以上になり，ゆり動かしてもおきない状態を<u>泥酔期</u>という。

(18)　わが国では，法律的には男性は満<u>18歳</u>，女性は満16歳になれば結婚が可能となる。

(19)　<u>公害対策基本法</u>は，環境に関する国の政策の基本的方向を示す法律で，1993年に制定された。

(20)　定職につかず，臨時的・パートタイム的に仕事を行っている人たちは，<u>ニート</u>と呼ばれている。

(☆☆○○○○)

【2】次の各文の(　　)の中に入る適切な語句または数字を記せ。但し，(2), (14)についてはアルファベットを用いて記せ。

(1)　わが国では，1900年代の半ばまでは，結核や肺炎をはじめとする(　　)で死亡する人が多く見られた。現在では大きく減少し，がん，心臓病，脳卒中で死亡する人が全体の約60％を占めるようになっている。

(2)　最近では，国際的にも注目されている(　　)という衛生管理方式が，加工食品の製造に導入されてきた。

(3) わが国では，(　　)法により未成年の喫煙は禁止されている。

(4) 医薬品の作用のうち，治療の目的に利用される作用の他に，治療上不必要なもの，または障害となるような作用を(　　)という。

(5) 病原性大腸菌O157による(　　)という疾病は，おもに食品が感染経路となるために，爆発的な集団感染を起こすことがある。

(6) HIV抗体検査やエイズにかんする相談は，全国の(　　)において無料かつ匿名でおこなわれている。

(7) (　　)とは生まれながらにしてもっている個体の生命維持と生殖にかかわる本能的な欲求で，生理的欲求とも呼ばれる。

(8) 心の傷が原因となってストレスによる症状がある程度の期間続くことを，(　　)ストレス障害という。

(9) 自動車や二輪車を所有し運転する人は，死傷事故をおこした際，とくに被害者またはその家族にたいする損害賠償に備えるために，(　　)に加入することになっている。

(10) 熱中症は，症状により熱けいれん，熱失神，熱疲労，(　　)に分類される。

(11) 足腰の弱った高齢者や車椅子の利用者のために，リフト付きの床を低くしたバスが運行されている。こうした概念のことを(　　)という。

(12) 臓器移植は，臓器を提供する人とその家族の善意によって成り立つ特殊な医療である。臓器移植法(1997年施行)には，(　　)状態にある本人の生前の意思と，家族の同意にもとづいておこなわれることが明記されている。

(13) 運動と運動の間にジョギングを入れるなど不完全休息をはさんで行うトレーニングを(　　)トレーニングという。

(14) 運動の計画的な学び方は，PLAN - DO - (　　)のサイクルで成り立っている。

(15) 筋力を高める方法には，(　　)を静的におこなうアイソメトリックトレーニングと動的におこなうアイソトニックトレーニングとがある。

(16)　トレーニングをしすぎると，疲労骨折や貧血などをひきおこす可能性がある。また，心理的には(　　)になる可能性もある。

(17)　(　　)とは，最近になって，日本に紹介されたスポーツや日本で近年開発されたスポーツの総称である。

(18)　新体力テストでは，シャトルランは(　　)m間隔の2本の平行線を往復する。

(19)　中学校学習指導要領(平成15年12月一部改正)保健体育[体育分野]の「2　内容　D　水泳」に示されている技能の内容は，クロール，(　　)，背泳ぎである。

(20)　高等学校学習指導要領の保健体育科に属する科目は，「体育」および「保健」の2科目である。その標準単位数は，「体育」が7～(　　)単位，「保健」が2単位である。

(☆☆◎◎◎◎◎)

【3】次の(1)，(2)の文の(　　)にあてはまる適切な語句や数字を，それぞれの語群から選び，記号で答えよ。

(1)　オリンピックの歴史と発展について

　　オリンピック競技大会は，(　①　)年にフランスのクーベルタンによって，(　②　)の精神にもとづいて，平和でよりよい世界をつくるために，古代オリンピックにならって再興された。第1回オリンピック夏季競技大会は(　③　)で開催された。このとき参加国はわずか14か国にすぎなかった。(　④　)で開催予定であった第12回大会とロンドンで開催予定であった第13回大会は，(　⑤　)により中止となった。21世紀最初にアテネで開催された第(　⑥　)回大会では国連の加盟国数よりも多い(　⑦　)の国および地域から，1万人をこえる選手が参加するスポーツ祭典になった。

[語群(1)]

ア　1894　　イ　1896　　ウ　1898　　エ　28　　オ　29
カ　30　　　キ　ローマ　ク　アテネ　ケ　東京
コ　メルボルン　サ　北京　シ　パリ　ス　第一次世界大戦

　　セ　第二次世界大戦　　ソ　南北戦争　　タ　200　　チ　202

　　ツ　204　　テ　フェアプレイ　　ト　スポーツマンシップ

(2)　高等学校学習指導要領解説保健体育編(平成16年5月一部補訂)第3
　　章第2節「学校における体育・健康に関する指導」の「運動部の活
　　動」について

　　　運動部の活動は，学校において計画する教育活動で，スポーツ等
　　に興味と関心をもつ(⑧)が運動部を組織し，より高い水準の技
　　能や記録に挑戦する中で，スポーツ等の(⑨)や喜びを味わい，
　　豊かな(⑩)を経験する活動である。また，この活動は，(⑪)
　　にわたって親しむことのできるスポーツ等を見いだす格好の機会で
　　あるとともに，活動の時間数，(⑫)，継続性から考えると，体
　　力の向上や健康の増進にも極めて効果的な活動である。　(中略)

　　　運動部の活動は，主として放課後に行われ，特に希望する生徒に
　　よって行われる活動であることから，生徒の(⑬)を尊重する必
　　要がある。その一方で，(⑭)のみを目指した活動にならないこ
　　と等に留意する必要がある。そのためには，運動部の活動の(⑮)が
　　十分発揮されるよう，生徒の個性の尊重と柔軟な運営に留意したり，
　　生徒のバランスのとれた生活や成長のためにも(⑯)や練習時間
　　を適切に設定したり，家庭や地域社会とともに生徒たちを育成する
　　開かれた学校となるためにも必要に応じて(⑰)を活用したりす
　　るなど，生徒の能力・適性，興味・関心等に応じつつ，適切な活動
　　が行われるよう配慮して指導することが必要である。このことによ
　　って，運動部の活動が生徒の[(⑱)]の育成に大きく貢献できる
　　ものと考える。

　　　なお，従前の特別活動の(⑲)が，放課後等の部活動や学校外
　　活動との関連，今回創設された「(⑳)」において生徒の興味・
　　関心を生かした主体的な学習活動が行われることなどから，今回の
　　改訂で廃止された。したがって，運動部活動については，従前にも
　　増してより適切に行われるよう配慮する必要がある。

[語群(2)]

ア　計画性	イ　意義	ウ　教科外活動	
エ　生涯	オ　積極的	カ　外部指導者	
キ　楽しさ	ク　クラブ活動	ケ　社会生活	
コ　主体性	サ　休養日	シ　学校生活	ス　主体的
セ　勝つこと	ソ　総合的な学習の時間		タ　同好者
チ　論理的	ツ　実践的　テ　ゆとりの時間		ト　厳しさ
ナ　自主性	ニ　愛好者	ヌ　生きる力	ネ　将来

(☆☆○○○○)

【二次試験】

【１】平成17年12月22日付け文部科学省スポーツ・青少年局長及び初等中等局長の「中学生の国民体育大会への参加について(通知)」について答えよ。

(1)　次の各文の(　　)の中に入る適切な語句を記せ。

・中学生の国民体育大会(予選会を含む。以下同じ。)への参加については，生徒の(　　　)の伸長，(　　　)の見地から，生徒の心身の発育・発達，学校教育への影響に配慮しつつ，体力に優れ，著しく競技水準の高い者に限って参加を認めるものであること。

・生徒の国民体育大会への参加が，当該生徒の心身の発育・発達の状況，学校教育への影響等を総合的に勘案し，(　　　)であると認められる場合には，校長は，学校教育活動の一環として参加させることができるものであること。その際，授業の出欠については，「出席」扱いとすることが適当であること。

・学校教育活動の一環として国民体育大会に参加させる場合には，独立行政法人日本スポーツ振興センターが行う(　　　)の対象となること。

・生徒のブロック予選又は本大会への参加に要する経費は，原則として(　　　)の選手団派遣母体によって支弁されるものであること。

(2)　この通知により国民体育大会の競技として新たに中学生の参加が認められたものを5つ記せ。

(☆☆☆☆☆◎)

【2】球技におけるゲームの構造的特性を3つに大別し，説明せよ。また，それぞれの種目における個人的技能を4つ以上記せ。

構造的特性	説　明	種　目　例	個人的技能
型		ハンドボール	
型		バレーボール	
型		ソフトボール	

(☆☆◎◎◎◎)

【3】プラトーとスランプを説明する練習曲線を図示し，それぞれ曲線のどの部分にあたるか明示せよ。また，プラトーとスランプを簡潔に説明せよ。

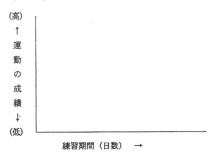

(☆☆◎◎◎◎◎)

【4】次のことについて説明せよ。

(1)　ドーピング

(2)　オーバーロードの原理

(3)　グリーン購入

(4)　スポーツの経済波及効果

(5)　地球温暖化

(☆☆☆○○○○)

解答・解説

【一次試験】

【1】(1)　○　　　(2)　15m　　(3)　8秒　　(4)　○　　(5)　30秒

(6)　3秒　　(7)　ペナルティエリア　　(8)　有効　　(9)　○

(10)　21点　(11)　乳児死亡率　　(12)　○　　(13)　健康増進法

(14)　○　(15)　○　(16)　16歳　(17)　昏睡期　(18)　○

(19)　環境基本法　　(20)　フリーター

〈解説〉(1)　片足で踏み切る。どの高さから始めてもよいが続けて3回失敗すれば失格。　(3)　制限時間のバイオレーション　・3秒ルール…相手側の制限区域内に3秒以上入れない。　・8秒ルール…バックコートでボールを保持したチームは8秒以内にフロントコートにボールを進めなければならない。　・5秒ルール…ボールを保持したプレーヤーは，5秒以内にパス，ショット，ドリブル，転がすなどのいずれかを行わなければならない。スローインは審判にボールを渡されてから5秒以内におこなう。　・24秒ルール…コート内でボールを保持したチームは24秒以内にショットしなければならない。　(7)　・ボールを手から離すまでに，ボールを手でコントロールしたまま6秒を超える。・ボールを手から離して，しかも相手競技者が触れる前に，そのボールに手で再び触れる。　・味方競技者によって意図的にゴールキーパ

ーに足でキックされたボールに手で触れる。
・味方競技者によってスローインされたボールを直接受けて手で触れる。　・時間を浪費する。　(8)　・抑え込んで10秒以上15秒未満を迎えたとき「効果」　・抑え込んで15秒以上20秒未満を迎えたとき「有効」　・抑え込んで20秒以上25秒未満を迎えたとき「技あり」　・抑え込んで25秒を迎えたとき「一本」　(9)　サービスのルール　・サービスは審判から見えるようにおこなう。　・サービスは上空へ16cm以上投げ上げてから打つ。　・サービスボールは1度自分のコートでバウンドしてから相手コートにいれる。　・ネットにあたって入ったサービスはレット。　(10)　スコアリングシステム　・マッチ(試合)は，特に定めなければ2ゲーム先取の3ゲームで行う。　・ゲームで21点を先取したサイドがそのゲームの勝者となる。ただし，本条第4項，第5項の場合を除く。　・ラリーに勝ったサイドが得点することができる。すなわち，相手のサイドが「フォルト」をしたり，シャトルが相手のコート内に落ちてインプレーでなくなったりした場合である。　・スコアが20点オールになった場合には，その後最初に2点リードしたサイドがそのゲームでの勝者となる。　・スコアが29点オールになった場合には，30点目を得点したサイドがそのゲームでの勝者となる。　・ゲームに勝ったサイドが次のゲームで最初にサービスをする。

【2】(1)　感染症　　(2)　HACCP　　(3)　未成年者喫煙禁止　　(4)　副作用　　(5)　腸管出血性大腸菌感染症　　(6)　保健所(保健センター)　(7)　一次的欲求　　(8)　(心的)外傷後　　(9)　自動車損害賠償責任保険(自賠責保険)　　(10)　熱射病　　(11)　バリアフリー　　(12)　脳死　(13)　インターバル　　(14)　SEE　　(15)　筋収縮　　(16)　バーンアウト　　(17)　ニュースポーツ　　(18)　20　　(19)　平泳ぎ　(20)　8
〈解説〉(2)　HACCPとは，Hazard Analysis Critical Control pointの頭文字をとったもので，危害分析・重要管理点とも言われている。食品の製造・加工の際の衛生管理の方式の一つである。HACCPは，食品の安全

性について危害を予測し，重要管理点を設定することによって，危害の発生の予防措置に重点を置いて衛生上の安全性を確保する方式である。⇒具体的には，①食品の製造・加工のあらゆる段階で発生するおそれのある危険の評価を行う(危害分析：HA)，②分析結果に基づいて，どの段階でその対策をすれば安全が確保されるのかの重点管理点(CCP)を定める，③CCPが遵守されているか連続的にモニターする，④管理内容を全て記録し，製造工程全般を通じて製品の安全確保を図る。　(5)　大腸菌は，家畜や人の腸内にも存在します。ほとんどのものは無害ですが，このうちいくつかのものは，人に下痢などの消化器症状や合併症を起こすことがあり，病原大腸菌と呼ばれています。病原大腸菌の中には，毒素を産生し，出血を伴う腸炎や溶血性尿毒症症候群(HUS)を起こす腸管出血性大腸菌と呼ばれるものがあります。腸管出血性大腸菌は，菌の成分(「表面抗原」や「べん毛抗原」などと呼ばれています)によりさらにいくつかに分類されています。「O157」はこの腸管出血性大腸菌の一種で，毒素により出血性腸炎を起こすことから，正式には「腸管出血性大腸菌O157」と呼ばれています。

(8)　著しく破局的な，あるいは脅威的な事件や状況にさらされて，強い恐怖，驚愕，絶望を伴う体験をした後にその後遺症として起こる心的外傷(トラウマ)。戦争体験，自然災害，レイプ，虐待などがあり，一般に事件後数週から数カ月の間にみられるが，ときには数年経ってから不眠，不安，パニック等の症状が発症することもある。衝撃的な事件に直面したような例ではその発症率は30〜70％にのぼるといわれています。　(10)　熱中症とは，体の中と外の“あつさ”によって引き起こされる，様々な体の不調であり，専門的には，「暑熱環境下にさらされる，あるいは運動などによって体の中でたくさんの熱を作るような条件下にあった者が発症し，体温を維持するための生理的な反応より生じた失調状態から，全身の臓器の機能不全に至るまでの，連続的な病態」とされている。

【3】(1) ① イ ② テ ③ ク ④ ケ ⑤ セ ⑥ エ
⑦ チ (2) ⑧ タ ⑨ キ ⑩ シ ⑪ エ ⑫ ア
⑬ ナ ⑭ セ ⑮ イ ⑯ サ ⑰ カ ⑱ ヌ
⑲ ク ⑳ ソ

〈解説〉(1) 高等学校保健体育用教科書「現代保健体育」大修館 p119
からの引用 (2) 高等学校学習指導要領解説 保健体育編 p101,
p102参照

【二次試験】

【1】(1) 個性・能力，競技力の向上，教育上有意義，災害共済給付，
各都道府県 (2) カヌー，ゴルフ，サッカー，卓球，テニス，ボウ
リング のうち5つ

〈解説〉文部科学省HPのHome＞政策・施策＞白書，告示・通達＞告示・
通達等＞中学生の国民体育大会への参加について を参照

【2】ゴール型：双方入り交じってボールを手や足などや用具を用いて一
定時間内に相手ゴールを攻め，得点を競うゲームである。 ハンドボ
ールの個人的技能：パス，キャッチ，ドリブル，シュート，フットワ
ーク，フェイント，ゴールキーピングなど。
ネット型：ネットをはさんで相対して攻防を展開し，一定の得点に早
く達することを競うゲームである。 バレーボールの個人的技能：サ
ービス，パスとレシーブ，トス，スパイク，ブロックなど。
野球型：攻防を規則的に交替し合ってゲームを展開し，一定回数内の
得点を競うゲームである。 ソフトボールの個人的技能：スローイン
グ，キャッチング，バッティング，ベースランニングなど。

〈解説〉ハンドボール：集団的技能としては，速攻，セットオフェンス，
マンツーマンディフェンス，ゾーンディフェンス，ゴールキーパーと
の連携等での自己の役割を理解し，ゲームで生かせるようにする。個
人的技能としては，パス，キャッチ，ドリブル，シュート，フットワ
ーク，フェイント，ゴールキーピングなどを身に付けるようにする。
ハンドボールでは，ゴール型のゲームの特性を理解し，集団的技能や

個人的技能を身に付け，それをゲームで生かすことができるようにする。　バレーボール：集団的技能としては，サービスやスパイクレシーブ，三段攻撃，二段攻撃，時間差攻撃とその防御等での自己の役割を理解し，ゲームで生かせるようにする。個人的技能としては，サービス，パスとレシーブ，トス，スパイク，ブロックなどを身に付けるようにする。　ソフトボール：集団的技能としては，バントエンドラン，ヒットエンドラン，ダブルプレー等での自己の役割を理解し，ゲームで生かせるようにする。個人的技能としては，スローイング，キャッチング，バッティング，ベースランニングなどを身に付けるようにする。

【３】

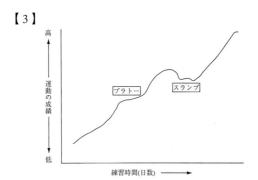

プラトー…運動技能の上達過程で，比較的長期間にわたって上達(進歩)が停滞する現象で，練習を開始した比較的初期の技能の未習熟の段階で発現する。(高原状態)　　スランプ…運動技能がある程度上達した段階(練習を開始した比較的後期の段階)で，成績が一定期間低下する現象のことで，技能上達の結果として現れる成績の悪化現象。

〈解説〉プラトーとスランプの時の練習方法の留意点…プラトーは次の進歩のための準備期間であることから，身体のコンディションを整え，異なったタイプの練習に変えてみたり，適切な練習を続けていると再び技能は上達してくる。スランプは過度な練習による慢性的な疲労やフォームの修正によるつまずき，精神的な悩みなどが原因となることが多いため，指導者や仲間とスランプの原因を検討して合理的な練習

計画を立て，十分な休養をとりながら，焦らずに練習を行う。

【4】(1) 薬物や禁止方法を用いてスポーツの記録や成果を向上させること。 (2) 筋力，持久性などの身体能力の発達は，身体が慣れている以上の負荷をかけることで成されるというもので，体力を高めるためには，運動負荷が，その人の日常生活の運動よりも大きくなければならない。 (3) 生産者の環境負荷を低減するために取り組む買い物袋の持参などの消費者の行動。 (4) スポーツの普及によりスポーツ産業が発展し，多くの業種が生まれ経済的な効果が生まれてくる。 (5) 二酸化炭素などの温室効果ガスの増加により，地表面の熱を吸収して大気温度が上昇する。

〈解説〉(1) 禁止方法(Prohibited Method)には「酸素運搬能の強化」，「薬理学的・化学的・物理的操作」，「遺伝子ドーピング」がある。血液ドーピングとは，正当な医療行為以外の目的で，自己血，同種血，異種血又はその他に由来する赤血球製剤を投与することをいう。 (2) 運動の強度はオーバーロード(過負荷)の原則に基づいて，個人の体力に対する割合で決められるが，日常生活における運動よりもいくぶん強いものでなければならない。 (3) グリーン購入法：正式名称は，「国等による環境物品等の調達の推進等に関する法律」という。 国，独立行政法人等および地方公共団体による環境物品(環境負荷の小さい物品)等の調達の推進，環境物品等に関する情報の提供，その他の環境物品等への需要の転換を促進するために必要な事項を定めることにより，環境への負荷の少ない持続的発展が可能な社会の構築を図ること等を目的としている。高等学校保健体育用教科書「現代保健体育」大修館 p99参照 (4) 高等学校保健体育用教科書「現代保健体育」大修館 p118参照 (5) 温室効果ガス(Greenhouse Gas, GHG)とは，大気圏にあって，地表から放射された赤外線を一部吸収することにより温室効果をもたらす気体の総称であり，水蒸気，対流圏オゾン，二酸化炭素，メタンなどが該当し，その中で最も温室効果をもたらしているのは水蒸気である。

2007年度　実施問題

【一次試験】

【1】次の文の下線部分が，正しいものには○，誤っているものには，その下線部に入る正しい語句を記せ。

(1)　跳び箱運動には，<u>支持系</u>の技と回転系の技がある。

(2)　陸上競技の400mリレーでは，<u>30m</u>のテークオーバーゾーンの中でバトンの受け渡しを完了しなければならない。

(3)　バスケットボールのフリースローでは，エンドラインの審判にボールを渡されてから<u>10秒</u>以内にシュートしなければならない。

(4)　ハンドボールでは，シュートチャンスに反則すると，相手チームの<u>10m</u>スローによりゲームが再開される。

(5)　ラグビーでは，コンバージョンゴールの成功によって与えられる得点は<u>5点</u>である。

(6)　バレーボールでは，サービス時に，決められた正しい位置をとっていなかったとき<u>ペネトレーション</u>フォールトの反則となる。

(7)　ソフトテニスの試合では，ボールを<u>1.5m</u>の高さから落下させて70〜80cmの範囲内に弾むように調節する。

(8)　卓球のシングルスにおいて，サービスは<u>3本</u>ずつで交代する。ただし，10対10になった後，および促進ルールに入った場合は1本ずつ交代する。

(9)　柔道では，「指導」を3回与えられると「<u>有効</u>」と同等とみなされる。

(10)　剣道では，充実した<u>気勢</u>，適正な姿勢をもって，竹刀の打突部で打突部位を刃筋正しく打突し，残心があるものを有効打突としている。

(11)　熱中症とは，暑さのなかで起きる障害の総称で，<u>熱けいれん</u>，熱疲労，熱射病の3つに分けることができる。

(12)　思春期になると，脳の下垂体から<u>副腎皮質</u>ホルモンが分泌されるようになり，その刺激によって女子では卵巣，男子では精巣の働

234

きが活発になる。

(13)　二次的欲求には，人に認められたいとか，社会のなかで活動したいという社会的欲求と，自分にしかできないことを成しとげたいなどの生理的欲求がある。

(14)　暑さ・寒さの感じかたには，主に気温，湿度，気圧が関係している。

(15)　体内の水分の約10%が失われると禁断症状が現れ，約20%が失われると生命を保つことができないといわれている。

(16)　現在，水道水の安全について，消毒用の塩素によって水道水中に発生するトリハロメタンや，塩素で死滅しないクリプトスポリジウムによる健康への悪影響が心配されている。

(17)　イタイイタイ病の原因物質である有機水銀は腎臓障害や骨軟化症などをもたらす。

(18)　今日，二酸化炭素やメタンなどの光化学オキシダントの増加による地球温暖化が問題になっている。

(19)　心臓病には，心臓の筋肉に血液を供給する血管が狭くなって起こる心臓肥大と，つまって起こる心筋梗塞がある。

(20)　健康増進法によって，受動喫煙防止のための対策が義務となり，公共施設，職場，学校などでは全面禁煙や分煙が進められている。

(☆☆☆◎◎◎)

【2】次の各文の(　　)の中に入る適切な語句を記せ。

(1)　1986年にWHOがオタワ憲章のなかで提唱した(　　)という考え方では，健康を保持増進するためには，個人に対して教育面と環境面での支援を組み合わせて行うことが重要だとしている。

(2)　集団の健康状態をはかるものさしを健康指標といい，これではかられた健康の程度を(　　)という。

(3)　今日では，ノーマライゼーションの実現や，バリアフリーの考え方の普及に伴い，障害の有無や年齢・性別・国籍にかかわらず，はじめからだれもが使いやすいように施設や製品，環境などをデザインするという，(　　)デザインが増加している。

(4) 循環機能の発達は，(　　)数の減少や拍出量の増大によって知ることができる。

(5) もっともらしい理由をつけて自分を正当化する適応機制を(　　)という。

(6) 感染症対策は，感染源，感染経路，(　　)への対策の三つに分けて考えることができる。

(7) 細菌による食中毒には，細菌がついた食品を食べて発病する感染型と，細菌がつくりだした食中毒をおこす物質を，食品とともに食べることによって発病する(　　)型とに分けられる。

(8) 憲法第25条では，「すべて国民は，(　　)で文化的な最低限度の生活を営む権利を有する。」としている。

(9) 交通事故は，人的要因，(　　)要因，環境要因が関わり合って起こる。

(10) マンションなどの機密性の高い新築住宅において，新建材などの内・外装材に使用されるホルムアルデヒドなどの揮発性の化学物質を原因とする(　　)症候群がおきている。

(11) 治療体操やマッサージなどによって，起居動作や歩行など日常作業の回復のための医学的リハビリテーションをおこなう資格を持つ人を(　　)という。

(12) たばこの煙の中の有害物質である(　　)は，依存性が高く，血管を収縮させる作用もある。

(13) 各年齢の人が平均してあと何年生きられるかを理論的に示した数値を(　　)という。

(14) 体力を高めるためには，日常行っている運動よりやや強い運動をする必要があり，これを(　　)の原則という。

(15) 新体力テストで，測定者の柔軟性がわかるテスト項目は(　　)である。

(16) 対応すべき相手やボールがつねに変化するような状況下で発揮される部分技能を(　　)スキルという。

(17) 日本においては，初期のHIV感染の大半は(　　)によるものであ

る。

(18)　球技の授業では，生涯にわたって球技に親しむという観点から，各球技種目の特性や，効果的な練習法，正しい(　　)法，ゲームの運営などについて理解できるようにすることが大切である。

(19)　中学校学習指導要領(平成15年12月一部改正)では，「ダンス」の内容は，「創作ダンス」，「フォークダンス」及び，「(　　)」で構成されている。

(20)　高等学校の体育の授業における評価の観点としては，①関心・意欲・態度，②(　　)，③運動の技能，④知識・理解がある。

(☆☆☆◎◎◎)

【3】次の各文の(a)〜(t)の中に入る適切な語句を，各設問のあとの語群から選び，その記号を記せ。

(1)　オリンピック憲章について

①　オリンピズムは(　a　)であり，肉体と意志と知性の資質を高めて融合させた，均衡のとれた総体としての人間を目指すものである。スポーツを文化や教育と融合させるオリンピズムが求めるものは，努力のうちに見出される喜び，よい手本となる(　b　)，普遍的・基本的・倫理的諸原則の尊重などに基づいた生き方の創造である。

②　オリンピズムの目標は，スポーツを人間の調和のとれた発達に役立てることにある。その目的は，人間の尊厳保持に重きを置く，(　c　)を推進することにある。

③　オリンピック・ムーブメントは，オリンピズムの諸価値に依って生きようとする全ての個人や団体による(　d　)の最高権威のもとで行われる，計画され組織された普遍的かつ恒久的な活動である。それは五大陸にまたがるものである。またそれは世界中の競技者を一堂に集めて開催される偉大なスポーツの祭典，オリンピック競技大会で(　e　)に達する。そのシンボルは，互いに交わる五輪である。

④　スポーツを行なうことは(　f　)の一つである。各個人はスポーツを行う機会を与えられなければならない。そのような機会は，友情，

連帯そして(g)の精神に基づく相互理解が必須であるオリンピック精神に則りそしていかなる種類の差別もなく，与えられるべきである。スポーツの組織，管理，運営は独立したスポーツ団体によって監督されなければならない。

《語群》

　ア：フェアプレー　　　イ：到達目標　　　ウ：フレンドシップ
　エ：人生哲学　　　　　オ：平和な社会　　カ：理想
　キ：教育的価値　　　　ク：民主主義　　　ケ：スポーツマンシップ
　コ：自己満足　　　　　サ：IOC　　　　　シ：現実主義
　ス：健康的　　　　　　セ：健全な社会　　ソ：頂点
　タ：国際的価値　　　　チ：教育目標　　　ツ：FIFA
　テ：人権　　　　　　　ト：欲求

(2)　サッカーの技能の内容について

　サッカーでは，相手との攻防の中で手を用いないでボールを運び，ゴールに(h)して得点することを競う(i)のゲームの特性を理解し，既習の集団的技能や(j)を活用して，(k)に応じた(l)を立て，ゲームができるようにする。

　集団的技能としては，速攻，遅攻，マンツーマンディフェンス，(m)，チームの(n)，(o)との連携等での自己の役割を理解し，ゲームで生かせるようにする。

《語群》

　ア：個人的技能　　　　　イ：ゾーンディフェンス
　ウ：システム　　　　　　エ：発達段階
　オ：ネット型　　　　　　カ：発育段階
　キ：ポジション　　　　　ク：ドリブル
　ケ：プレスディフェンス　コ：シュート
　サ：学習段階　　　　　　シ：ゴール型
　ス：作戦　　　　　　　　セ：計画
　ソ：キャプテン　　　　　タ：ゴールキーパー
　チ：ディフェンダー　　　ツ：ミッドフィルダー

テ：ヘディング　　　　　ト：特殊技能

ナ：目標　　　　　　　　ニ：反則

ヌ：方針　　　　　　　　ネ：フォワード

ノ：セットディフェンス

(3)　高等学校学習指導要領(平成15年12月一部改正)の第2章第6節「保健体育」の目標について

　　心と体を(p)としてとらえ，健康・(q)や運動についての理解と運動の(r)な実践を通して，生涯にわたって計画的に運動に親しむ(s)や能力を育てるとともに，健康の保持増進のための(t)の育成と体力の向上を図り，明るく豊かで活力ある生活を営む態度を育てる。

《語群》

ア：全体　　イ：一部　　ウ：安全　　エ：積極的　　オ：合理的

カ：態度　　キ：資質　　ク：活力　　ケ：実践力　　コ：素質

サ：企画力　シ：一体　　ス：意欲的　セ：行動力

ソ：科学的　タ：福祉　　チ：医療　　ツ：生活

テ：論理的　ト：才能

(☆☆☆◎◎◎)

【二次試験】

【1】高等学校における「体力を高める運動」のねらいと内容について説明せよ。

(☆☆☆◎◎◎◎)

【2】次のことについて説明せよ。

(1)　アイソトニックトレーニング

(2)　環境影響評価(環境アセスメント)

(3)　剣道における気・剣・体の一致

(4)　AED(自動体外式除細動器)

(5)　健康日本21　　　　　　　　　　　　(☆☆☆◎◎◎)

【3】陸上競技「投てき」の授業で，安全について生徒が注意すべき内容を，投てきする生徒と，周囲の生徒に分けて記せ。

(☆☆☆◎◎◎)

【4】文化としてのスポーツについて次の問いに答えよ。

(1)　文化としてのスポーツについて説明せよ。

(2)　人々はスポーツと多様なかかわり方をもっているが，どのようなかかわりかたがあるか4つ記せ。

(☆☆☆☆◎◎)

解答・解説

【一次試験】

【1】(1)　切り返し系(反転系)　(2)　20m　(3)　5秒　(4)　7m
(5)　2点　(6)　ポジショナル　(7)　○　(8)　2本　(9)　技あり
(10)　○　(11)　○　(12)　性腺刺激　(13)　自我　(14)　気流
(15)　脱水　(16)　○　(17)　カドミウム　(18)　温室効果ガス
(19)　狭心症　(20)　○

〈解説〉(1)　跳び箱運動の内容　①切り返し(反転)系　切り返し(反転)跳びグループ：開脚跳び　かかえ込み跳び　屈伸跳びなど
②回転系　回転跳びグループ：頭はね跳び　前方屈腕倒立回転跳び　前方倒立回転跳び　側方倒立回転跳びなど　(2)　テイクオーバーゾーン…バトンを渡す20mのゾーンのことで，10m手前から走り始めることができる。オーバーゾーンはバトンを20mのゾーン外で渡すこと。
(3)　制限時間のバイオレーション　・3秒ルール…相手側の制限区域内に3秒以上入れない。　・8秒ルール…バックコートでボールを保持したチームは8秒以内にフロントコートにボールを進めなければならない。　・5秒ルール…ボールを保持したプレーヤーは，5秒以内にパ

ス，ショット，ドリブル，転がすなどのいずれかを行わなければならない。スローインは審判にボールを渡されてから5秒以内におこなう。・24秒ルール…コート内でボールを保持したチームは24秒以内にショットしなければならない。　(11)　熱中症とは，体の中と外の"あつさ"によって引き起こされる，様々な体の不調であり，専門的には，「暑熱環境下にさらされる，あるいは運動などによって体の中でたくさんの熱を作るような条件下にあった者が発症し，体温を維持するための生理的な反応より生じた失調状態から，全身の臓器の機能不全に至るまでの，連続的な病態」とされている。　(20)　健康増進法…2002年8月公布され，2003年5月に施行された。国民の健康増進の総合的な推進のための基本的事項を定めるとともに，栄養改善，健康増進を図るための措置を講じることで，国民保健の向上を図ることを目的としている。

【2】(1)　ヘルスプロモーション　　(2)　健康水準　　(3)　ユニバーサル
(4)　脈拍(心拍)　　(5)　合理化　　(6)　感受性者　　(7)　毒素
(8)　健康　(9)　車両　　(10)　シックハウス　　(11)　理学療法士
(12)　ニコチン　　(13)　平均余命　　(14)　オーバーロード(過負荷)
(15)　長座体前屈　　(16)　オープン　　(17)　薬害(血液製剤　又は非加熱製剤)　　(18)　審判　　(19)　現代的なリズムのダンス
(20)　思考・判断
〈解説〉(1)　ヘルスプロモーションとは，健康づくり活動の概念であり，人々が自らの健康をコントロールし，改善できるようにするプロセスを重視して，個人技術の開発，地域活動の強化に加えて，健康に関する政策づくり，健康を支援する環境づくりなどの活動も含めて考えるもの。WHOは，1986年11月21日カナダのオタワにおいて「ヘルスプロモーションに関するオタワ憲章」を提唱し，「健康のルネッサンス」と呼ばれた。　(3)　ユニバーサルデザイン：年齢や身体の状況等に関わらず，誰もが安全に使いやすく，わかりやすい，暮らしづくりのために，ものや環境・サービスを設計デザインすること。1990年頃から

米国の建築家ロナルド・メイス氏が提唱した。彼と製品デザイナーである モーリー・ストーリー氏を中心に，環境デザイナーやエンジニアなど様々な職業の人たちが集まり，「ユニバーサルデザインの7原則」を発表している。　http：//www.metro.tokyo.jp/INET/KONDAN/2004/07/40e7u104.htm　参照　　(5)　合理化…防衛機制の具体例のひとつで，自分に好都合な理由をあげて，自分の非を合理化しようとする方法。例えば，勉学をなまけて学業成績が悪いときに，家業の手伝いに時間をとられたという理由などで，自分の本当の原因をいつわって，自分の立場を合理化しようとする場合など。　　(10)　シックハウス症候群…マンションなどの高気密化した新築住宅において，新建材やカーペット，塗料などの内・外装に使用されるホルムアルデヒドなどの揮発性の化学物質によって起こるアレルギーや皮膚炎などの症状。シックハウス症候群を防ぐためには，化学物質の使用を極力抑えた建材や接着剤を使用した住宅を選ぶことがじゅうようである。最近では，ホルムアルデヒドを使用していない接着剤で壁紙を貼ったり，ホルムアルデヒドの使用を抑えたフローリングを使用するなど，健康に配慮した住宅も登場している。　　(16)　オープン・スキル…球技などのように運動の対象となるものが変化し，ボールなどに合わせて動きを変えていく運動技能のこと。運動学習の中で開かれた技能の学習のことを指し，視覚，聴覚などによって感知された外界の刺激の変化に応じて行う運動の学習で，変化する環境刺激に素早く対応することが求められる技能。　クローズド・スキル…運動の対象となるものがゴルフ，体操などのように静止していたり一定である場合のスキル。

【3】(1) a エ　　b キ　　c オ　　d サ　　e ソ　　f テ　　g ア
(2) h コ　i シ　j ア　k サ　l ス　m イ　n ウ
o タ　(3) p シ　　q ウ　　r オ　　s キ　　t ケ
〈解説〉(1)　オリンピック憲章は，IOCが採択した基本原則，規則および細則を成文化したものであり，オリンピック・ムーブメントの組織および運営を統括し，オリンピック競技大会開催のための諸条件を規定

するものである。オリンピズムの目標は，あらゆる場でスポーツを人間の調和のとれた発育に役立てることにある。またその目的は，人間の尊厳を保つことに重きを置く平和な社会の確立を奨励することにある。この趣意において，オリンピック・ムーブメントは単独または他組織の協力により，その行使し得る手段の範囲内で平和を推進する活動に従事する。　(2)　サッカーでは，相手との攻防の中で手を用いないでボールを運び，ゴールにシュートして得点することを競うゴール型のゲームの特性を理解し，既習の集団的技能や個人的技能を活用して，学習段階に応じた作戦を立て，ゲームができるようにする。集団的技能としては，速攻，遅攻，マンツーマンディフェンス，ゾーンディフェンス，チームのシステム，ゴールキーパーとの連携等での自己の役割を理解し，ゲームで生かせるようにする。　個人的技能としては，パス，トラッピング，ドリブル，ヘディング，タックル，シュート，スローイング，フェイント，ゴールキーピングなどを身に付けるようにする。　高等学校学習指導要領解説　保健体育編　p47, p48参照
(3)　高等学校学習指導要領解説　保健体育編　p16参照

【二次試験】

【1】体力を高める運動のねらいは，各種の運動に関連する体力及び健康に関連する体力の向上にある。　内容は，①大きな力を発揮する能力を高めるための運動，②スピーディなあるいはパワフルな動きができる能力を高めるための運動，③動きを持続する能力を高めるための運動，④体の柔らかさを高めるための運動，⑤動きの巧みさや柔らかさを高めるための運動，⑥総合的に体力を高めるための運動などによって構成される。
〈解説〉高等学校学習指導要領解説　保健体育編　p27参照

【2】(1)　筋肉の収縮をともなう等張性収縮による動的トレーニング
(2)　工場建設やゴルフ場開発など環境に著しい影響を及ぼす恐れのある事業を実施する前に，環境への影響を調査・予測・評価することで，

その結果を住民や関係者に公表して意見を聞きながら対策を講じる環境影響評価。　(3)　充実した気勢で，正しい竹刀さばきと体さばきが一致することをいい，攻撃する心と剣のわざと，それに相応した打突の姿勢が一致することで有効な打突として判定される。　(4)　心臓の突然の停止(心室細動)の際に電気ショックを与え(電気的除細動)，心臓の働きを戻すことを試みる医療機器。　(5)　21世紀における国民健康づくり運動のこと。健康寿命の延伸等を実現するために，2010年度を目途とした具体的な目標等を提示すること等により，健康に関連する全ての関係機関・団体等を始めとして，国民が一体となった健康づくり運動を総合的かつ効果的に推進し，国民各層の自由な意思決定に基づく健康づくりに関する意識の向上及び取組を促そうとするものである。

〈解説〉(4)　AED(自動体外式除細動器Automated External Defibrillator)とは，心臓の心室が小刻みに震え，全身に血液を送ることができなくなる心室細動等の致死性の不整脈の状態を，心臓に電気ショックを与えることにより，正常な状態に戻す器械。平成16年7月から一般市民による使用が認められた。　(5)　健康増進法は2002年8月公布され，2003年5月に施行された。国民の健康増進の総合的な推進のための基本的事項を定めるとともに，栄養改善，健康増進を図るための措置を講じることで，国民保健の向上を図ることを目的としている。

【3】投てきする生徒への注意事項
　①　投てき物は正しい持ち方，投げ方，取り扱い方をさせる。
　②　投げる方向を一方向からだけにする。
　③　投げるときには必ず前方の安全確認をさせる。
　④　投げたとき投てき物から目を離さない。
　⑤　全員が投げ終わってから拾いにいかせる。
　⑥　拾いにいくときには，必ず安全確認をさせる。
　⑦　投てき物を返すときは，投げ返さない。
　周囲の生徒の注意事項
　①　投てきの落下範囲に入らない。

②　投てきする生徒より前に出ない。

③　投てきする生徒を注意して見ているようにする。

【4】(1)　スポーツは，健康・体力の保持増進や身体を動かすことによる充足感，爽快感，連帯感などの精神的充足をもたらし，明るく豊かで活力に満ちた社会の形成に寄与しており，先端的な学術研究や芸術活動と共通する，人間の可能性の極限を追求する世界共通の文化的行為として位置づけられ，国や民族を越えた相互理解を促進するものである。　(2)　①　スポーツをおこなう　　②　スポーツを観戦する　③　スポーツを知る　　④　スポーツを支援する

〈解説〉(2)　今日我が国では各種のスポーツ・レクリエーションあるいはフィットネススポーツ等が盛んになり，国際的な競技会で活躍するトップアスリートから，毎日欠かさず町中を歩くウォーカー等にいたるまで，おのおの自分の希求するライフスタイルに合わせたスポーツとの関わり方がようやく実現できるようになってきた。多様な価値観が生まれ，自由時間の増大や長寿社会においては，これまで以上に幅広いスポーツ活動がますます重要な役割を持つようになってきた。

2006年度　実施問題

【一次試験】

【1】 次の文の下線部分が，正しいものには○，誤っているものには，その下線部に入る正しい語句を記せ。

(1) 体操競技において，演技は各器械に触れたときから開始されるが，<u>ゆか</u>では体を動かしたときから，跳馬・平均台では踏み切りの瞬間から採点される。

(2) 陸上競技の400mハードル走の，ハードル数は<u>12台</u>である。

(3) 陸上競技の投てき競技において，計測は投てき物の落下地点からサークルの中心を通る線上で，サークルの<u>外側</u>までを測る。

(4) 水泳競技において平泳ぎ，<u>背泳ぎ</u>のターンおよびゴールタッチは，両手同時に行わなければならない。

(5) 水泳競技の自由形，バタフライ，背泳ぎでは，スタートおよびターン後，壁から<u>20m</u>に達するまでに頭部が浮上しなければならない。

(6) バスケットボールにおいて，ボールを持っているプレーヤーは，相手に接近された状態でパス，シュート，ドリブル等のいずれもしないで，<u>3秒</u>をこえてボールを持ち続けるとバイオレーションとなる。

(7) バスケットボールにおいて<u>すべてのピリオド</u>は，ジャンプボールで始められる。

(8) ハンドボールにおいて，交代プレーヤーはいつでも，何回でも<u>交代ライン</u>から交代できる。

(9) ハンドボールにおいて，各チームは前・後半に<u>2回</u>ずつ，それぞれ1分間のチームタイムアウトを請求することができる。

(10) サッカーにおいて，ペナルティーキック(PK)の際，ゴールキーパーはインプレイになるまで<u>ゴールライン上</u>にいなければならない。

(11) サッカーにおいて，ボールが両ゴールポストの間と，クロスバ

ーの下でゴールラインを一部でも超えたとき，得点となる。

(12)　ラグビーにおいて，手または腕で，相手のデッドボールライン
　　の方向にボールを落とす，押す，たたくなどして押し進めた場合，
　　スローフォワードの反則が適用される。

(13)　バレーボールにおいて，リベロプレーヤーとは守備専門のプレ
　　ーヤーのことで，他の競技者と区別できるように色の異なったユニ
　　フォームを着用する。

(14)　バレーボールにおいて，サービス許可の吹笛後，10秒以内にサ
　　ービスをしなかったときはディレイインサービスの反則となる。

(15)　テニスのダブルスでは，右コートでレシーブする者と左コート
　　でレシーブする者を決め，1ゲームの間これを変更してはならない。

(16)　ソフトテニスにおいて，1ゲームは5点先取で，デュースになっ
　　たときは2点先取でゲームを取ることができる。

(17)　卓球において，逆回転のかかった打球およびその打ち方をドラ
　　イブという。

(18)　バドミントンにおいて，ネットぎわのところから相手のネット
　　ぎわに打つショットをプッシュという。

(19)　柔道において，内股，跳ね腰，払い腰などの技をかけながら体
　　を前方に低く曲げ，頭から突っ込むと指導となる。

(20)　剣道では，打突後も気を抜かず正しい姿勢でかまえ，すぐに攻
　　撃できる状態にあることを気剣体の一致という。

(21)　スキーをハの字に開き，そのスタンスを保ちながら進行方向を
　　変える技術をパラレルターンという。

(22)　国連では，70歳以上の人口が，全人口に占める割合が7％をこえ
　　た国を高齢の国としている。

(23)　1946年にUNICEFは，「健康とは，身体的・精神的・社会的に完
　　全に良好な状態であり，たんに病気あるいは虚弱でないことではな
　　い」と定義した。

(24)　高脂血症とは，血液中の脂質が異常に増加した状態であるが，
　　自覚症状にはあらわれない。高脂血症は動脈硬化をもたらし，それ

がさらに，心臓病や脳卒中につながる。

(25)　たばこの煙に含まれる有害物質の一つである<u>タール</u>はヘモグロビンと強く結合し，血液が運ぶ酸素の量を減少させる。

(26)　「食べたい」「眠りたい」「休みたい」などのように生まれながらに持っている本能的な欲求は，<u>大脳新皮質</u>の働きによるものである。

(27)　15〜24歳の人の死亡原因の割合で，自殺の次に多いのは<u>心臓病</u>である。

(28)　食品添加物の使用許可は，<u>環境省</u>が所管している。

(29)　医薬品を医療の目的からはずれて使用したり，医薬品でない薬物を不適切な目的で使用することを<u>麻薬中毒</u>という。

(30)　<u>ユニバーサルデザイン</u>とはデンマークで「精神遅滞者にふつうに近い生活を確保する」という意味で使われはじめ，その後世界中に広まった社会福祉の理念である。

(☆☆☆◎◎◎)

【2】次の各文の(　　)の中に適切な語句を記せ。

(1)　体つくり運動の実践の内容は，体ほぐし運動と(　　　)によって構成されている。

(2)　武道の授業においては，伝統的な行動の仕方に留意して，互いに相手を尊重し，練習や試合ができるようにするとともに，勝敗に対して(　　　)な態度がとれるようにする。

(3)　鉄棒運動には，支持系の技と(　　　)系の技がある。

(4)　球技は，ゲームとそれを成立させている集団的技能及び個人的技能で内容を構成しており，ゲームの構造的特性から，①ゴール型，②(　　)型，③野球型の3つに大別できる。

(5)　妊娠するとホルモンの働きによって(　　　)がなくなり，月経も休止する。

(6)　直射日光や高温多湿の環境下で激しい労働やスポーツをおこなうと，体温調節機能や血液循環機能が十分に働かなくなり，さまざ

な障害があらわれてくることがある。これらをまとめて(　　　)という。

(7)　医師によって妊娠が確認され，妊娠届を役所に提出すると(　　　)が交付される。

(8)　女性は，(　　　)を毎朝測定することにより，その変化のようすから性周期を知ることができる。

(9)　大気に関わる環境問題は，かぎられた地域だけにはとどまらない。温室効果ガスの増加による(　　　)は世界の国々が協力して解決すべき問題である。

(10)　水域に流れでた有害物質は，分解されずに(　　　)の過程で濃縮されることがあり，それを人間が食べることによって中毒症状をおこすことがある。

(11)　ダイオキシンなどの汚染物質は，土壌のもっている(　　　)では分解されず，長期間にわたって地中に残留するため，その影響が心配されている。

(12)　現在，働く人の大きな健康問題となっているのは，生活習慣病と(　　　)的なストレスである。

(13)　我が国における健康のための活動は，民間機関でもおこなわれており，その代表的なものに，災害救護活動・血液事業・国際救援など幅広い活動を中立の立場でおこなっている(　　　)がある。

(14)　欲求不満による不安や悩みなどをやわらげ，心の安定を保とうとする働きを(　　　)という。

(15)　心身相関のしくみが働いて，下痢や便秘になったり，胃が痛くなったりすることがあります。不安や悩みなどによって，体に何らかの病的な症状があらわれた場合，それを(　　　)という。

(16)　1997年に施行された臓器移植法には，脳死状態にある本人の生前の意思と家族の同意にもとづいて臓器移植が成り立つことが明記されており，そのために登場したのが(　　　)カードである。

(17)　富山県神通川流域で発生した(　　　)病は1950年代に広く知られるようになった。原因は神通川上流にある金属鉱山から流出したカ

ドミウムである。

(18) (　　　　)は骨にふくまれるカルシウムなどの量が極端にへってしまう病気で，50歳以上の女性に多く見られる。

(19) (　　　　)とは，平均寿命から事故や病気で寝たきりになったり痴呆になったりする期間を差し引いて算出される指標である。

(20) 筋肉の種類には(　　　　)，心筋，平滑筋がある。

(☆☆☆◎◎◎)

【3】次の文および表の(　　　)の中に入る適切な語句を，それぞれ下の語群から選び，記号で答えよ。

(1) スポーツ振興法について

　　1961年に制定されたスポーツ振興法は，わが国のスポーツ振興にかんする施策の基本を明らかにした法律です。

　　(　①　)を制度化することや，各都道府県に(　②　)を置くことが示されました。

　　(　①　)は1957年以降，各自治体に配置され市町村のスポーツ振興に貢献しています。また，2000年にはスポーツ振興法にもとづいて，長期的・総合的な視点から国がめざすスポーツ振興の基本的方針を示す(　③　)が定められました。

〈語群〉

　ア：中央教育審議会　　　　イ：スポーツ振興審議会
　ウ：保健体育審議会　　　　エ：体力向上基本計画
　オ：スポーツ指導員　　　　カ：スポーツ振興基本計画
　キ：体育指導委員　　　　　ク：生涯スポーツプラン
　ケ：競技力向上委員会　　　コ：派遣スポーツ専門員
　サ：スポーツエキスパート　シ：健康日本21

(2) トレーニングの5原則について

　1,(　④　)性・・・・・トレーニングの意義をよく理解し，目的をもって積極的におこなう。

　2,(　⑤　)性・・・・・個人差をよく理解し，個人の特性におうじ

たトレーニングをおこなう。

3，(⑥)性・・・・・体力の向上とともに，しだいに運動の強さ
や量を高める。

4，反復性・・・・・・・運動はくり返しおこなうことによって効果
をあらわすので，(⑦)的に反復する。

5，(⑧)性・・・・・心身の機能が調和を保って(⑧)的に高
められるようにする。

〈語群〉

ア：具体　　イ：個別　　ウ：合理　　エ：年齢　　オ：意識

カ：規則　　キ：反動　　ク：漸進　　ケ：全面　　コ：意外

サ：機械　　シ：差別　　ス：物理　　セ：機能

(3)　筋肉へのエネルギー供給過程について

筋肉が収縮するための直接のエネルギー源は(⑨)です。(⑨)
は筋肉中にほんのわずかしかないので，運動をおこなうためには新
しく(⑨)をつくらなければなりません。この(⑨)をつくる
過程には3種類あります。

短時間に大きな力を発揮するような運動では，筋肉にある(⑩)を
分解することによって，(⑨)をつくります。この過程では，酸
素がいらないので無酸素的過程といい，(⑪)を発生すること も
ないので(⑫)といいます。(⑫)だけでエネルギーを供給で
きない，比較的強くて持続するような運動では，(⑬)を分解す
ることによって，(⑨)をつくります，これも無酸素的過程です
が，(⑪)が生じるため，(⑪)性機構といいます。一方，運
動強度が低く，単位時間あたりのエネルギーが少なくてすむ運動で
は，酸素を使って，(⑬)，脂肪，(⑭)を分解することによ
って，(⑨)をつくります。酸素を使うことから有酸素過程とい
います。

〈語群〉

ア：ADP　　　　　　イ：ATP

ウ：HDL　　　　　　エ：クレアチンリン酸

　　　オ：アドレナリン　　カ：酢酸
　　　キ：インシュリン　　ク：たんぱく質
　　　ケ：非乳酸性機構　　コ：尿酸
　　　サ：糖分　　　　　　シ：有酸素運動
　　　ス：無酸素運動　　　セ：グリコーゲン
　　　ソ：乳酸

(4)　栄養素の不足による障害について

栄　養　素	障　　　害　　　の　　　例		
たんぱく質	（⑮　　　）、　（⑯　　　　）		
カルシウム	（⑰　　　）		
鉄	（⑮　　　）、　顔色不良		
ビタミンA	（⑱　　　）、　抵抗力低下、　（⑲　　　）		
ビタミンB₁	食欲不振、　つかれやすい、　かっけ		
ビタミンB₂	発育不良、　（⑲　　　）		
ビタミンC	抵抗力低下、　（⑳　　　）		
ビタミンD	（⑰　　　）		

　　〈語群〉
　　　ア：骨や歯の発育不良　　イ：皮膚病　　　ウ：視力低下
　　　エ：貧血　　　　　　　　オ：体力低下　　カ：皮下出血

(5)　現行の高等学校学習指導要領の体育の性格について
　　　近年，都市化や生活の便利化等による日常生活における体を動か
　　す機会や場の減少，（　21　）の急速な進展，（　22　）の向上や（　23　）
　　の増大等の社会環境の変化，仕事中心から（　24　）へという国民の
　　意識や（　25　）の変化の中で，心身ともに健全な生活を営む上で運
　　動やスポーツが不可欠なものとの認識が国民に広く根付くととも
　　に，その重要性がますます高まっていると考えられる。
　　　運動やスポーツは，体を動かすという本源的な欲求にこたえ，精
　　神的にも達成感や（　26　）などを与えるとともに，健康の増進や
　　（　27　）にも寄与し，また，人生をより豊かに充実させる「（　28　）」

や「文化」の一部としても，生活に欠くことができない重要なものである。特に，児童生徒にとっては，(29)に影響を与えるなど心身の両面にわたる(30)な発達に大きく寄与するものである。

〈語群〉

ア：体力の向上　　　イ：労働時間　　　ウ：趣味

エ：少子・高齢化　　オ：優越感　　　　カ：自由時間

キ：生活水準　　　　ク：劣等感　　　　ケ：楽しさ

コ：学力の向上　　　サ：生きがい　　　シ：人間形成

ス：価値観　　　　　セ：健全　　　　　ソ：ヘルスプロモーション

タ：バーンアウト　　チ：生活重視

(☆☆☆◎◎◎)

【二次試験】

【1】運動種目の学習を進める場合，ある過程を計画的に繰り返して学ぶことが大切である。この計画的な学び方について具体的に説明せよ。

(☆☆☆◎◎)

【2】「体ほぐしの運動」が高等学校学習指導要領(平成11年3月告示)に位置付けられた背景とねらいについて記せ。

(背景)

(ねらい)

(☆☆◎◎◎)

【3】水泳のスタート指導をおこなう場合，留意すべきことがらを述べよ。

(☆☆☆◎◎◎)

【4】中学校学習指導要領(平成10年12月告示)に示されている保健分野の目標を記せ。

(☆☆☆☆◎◎◎◎)

【5】次のことについて説明せよ。

(1) (医療機関を受診する場合の)セカンドオピニオン

(2) ニュースポーツ

(3) 遺伝子組み換え食品

(4) 内分泌かく乱物質

(5) 心的外傷後ストレス障害(PTSD)

(☆☆☆◎◎◎)

【6】心肺蘇生法に関する，次の3つのことについてその手順を説明せよ。

(1) 気道確保

(2) 人工呼吸

(3) 心臓マッサージ

(☆☆☆◎◎◎)

解答・解説

【一次試験】

【1】(1) ○　(2) 10台　(3) 内側　(4) バタフライ
(5) 15cm　(6) 5秒　(7) 第一ピリオド　(8) ○　(9) 一回
(10) ○　(11) 完全に　(12) ノックオン　(13) ○
(14) 8秒　(15) 1セット　(16) 4点　(17) カット
(18) ヘアピン　(19) 反側負け　(20) 残心　(21) プルークボーゲン　(22) 65歳　(23) WHO　(24) ○　(25) 一酸化炭素　(26) 大脳辺縁系　(27) 交通事故　(28) 厚生労働
(29) 薬物乱用　(30) ノーマライゼーション

〈解説〉(4) 背泳ぎ・バタフライのゴールタッチは身体の一部，バタフライ・背泳ぎは両手同時に行わなければならない。　(5) バタフライではキックは何回でもよいが，かいた手は必ず水面に抜き挙げて前方に運ぶ。背泳ぎのターンでは仰向けの状態を崩してもいいが足が離れ

るまでに仰向けの状態に直さなければならない。　(6)　3秒ルール：相手側の制限区域内に3秒以上入れない。　8秒ルール：バックコートで保持したチームは8秒以内にフロントコートにボールを運ばなければならない。　24秒ルール：ボールを保持したチームは24秒以内にショットをうたなければならない。　(12)　スローフォワード：ボールを相手のデッドボールラインの方向に投げたり，パスする。

(13)　リベロプレーヤーはブロック，ネットの上端より高いボールの処理，サーブはできない。またリベロプレーヤーがフロントゾーン内またはその延長上でオーバーハンドパスしたボールを他のプレーヤーはネットより高いところから撃ってはいけない。　(15)　サービスの行う順も1セットの間変更してはならない。　(16)　デュース：3－3になった場合　(17)　ドライブ：前進回転球　(18)　プッシュ：ネットの高さ近くから，押し込むように打つ打ち方　(19)　指導：軽い犯し方をした場合。繰り返すと注意になる。　注意：犯した程度がさらに犯せば警告となる場合。　警告：犯した程度がさらに犯せば反側負けとなる場合。　反側負け：相手の身体に危害を及ぼす動作や言動があって，その程度が重い場合。　(20)　気剣体の一致：充実した気勢で，正しい竹刀さばきと体さばきが一致することをいい，攻撃する心と剣の技と，それに対応した打突の姿勢が一致することで有効な打突として判定される。　(21)　直滑降：両スキーを平行に揃えてまっすぐ滑る技術。　シュテムターン：ターンの後半にプルークスタンスにしながら，外スキーに加重を移すことによって，ターンのきっかけを作る技術。　パラレルターン：スキーを平行に揃えたまま左右のターンを連続して行う回転技術。　(22)　高齢化社会：65歳以上の人口が，全人口に占める割合が7％を超えた場合。　高齢社会：65歳以上の人口が，全人口に占める割合が14％を超えた場合。　(23)　UNICEF：国連児童基金。発展途上国の児童に対し直接の援助を与えることを目的とし，給食・結核予防対策などの衛生活動と教育・職業訓練を行う。

(25)　ニコチン：血管を収縮させる。　タール：発癌物質を含む。肺の機能低下を引き起こす。　シアン化水素：組織内での酸素交換を阻

害する。　(26)　大脳新皮質：精神活動を生み出す。　(29)　薬物乱用 (drug abuse)は，薬物を医療や使用目的以外に快感を得る目的で使用すること。医療の必要からでない薬物使用，または不当な量の使用をさす。薬物使用による障害の性質とは関係なく，個人または社会に有害である使用，違法な使用を含んでいる。この概念は，医療目的からの逸脱という社会価値規範をその基礎にもつ点で，次の薬物依存と異なる。　(30)　ユニバーサルデザイン：年齢や身体の状況等に関係なく，誰もが安全に使いやすく，わかりやすい暮らし作りを目指したものや環境・サービスを設計デザインすること。

【2】(1)　体力を高める運動　　(2)　公正　　(3)　懸垂　　(4)　ネット
(5)　排卵　　(6)　熱中症　　(7)　母子健康手帳　　(8)　基礎体温
(9)　地球温暖化　　(10)　食物連鎖　　(11)　自浄作用　　(12)　精神
(13)　日本赤十字　　(14)　適応機制　　(15)　心身症　　(16)　ドナー
(17)　イタイイタイ　　(18)　骨粗しょう症　　(19)　健康寿命
(20)　骨格筋

〈解説〉(1)　体ほぐしの運動の内容：自己の体に気付き，体の調子を整えたり，仲間と交流したりするためのいろいろな手軽な運動や律動的な運動。　体力を高める運動：体の柔らかさ及び巧みな動きを高めるための運動・力強い動きを高めるための運動・動きを持続する能力を高めるための運動。　(4)　スポーツの類型：競争型・克服型・達成型
(6)　熱中症とは，体の中と外の"あつさ"によって引き起こされる，様々な体の不調であり，専門的には，「暑熱環境下にさらされる，あるいは運動などによって体の中でたくさんの熱を作るような条件下にあった者が発症し，体温を維持するための生理的な反応より生じた失調状態から，全身の臓器の機能不全に至るまでの，連続的な病態」とされている。　(7)　母子健康手帳は，1965年の母子保健法の成立から改訂を続け，最近では2001年に実施された。母子の健康状態を把握し，改善する手がかりとして作成され，記載内容は，妊婦の健康状態，妊婦の職業と環境，妊娠中の経過，出産の状態，新生児の記録，子ども

の健康審査予防接種の記録などに，乳幼児からの肥満予防，育児・介護休業法の説明を追加した。妊産婦手帳(1942)，母子手帳(1948)からの継続。 (9) 地球温暖化は，二酸化炭素などの温室効果ガスの増加により，地表面の熱を吸収して大気温が上昇し，海面の上昇や砂漠化が起こってくる。 (10) 食物連鎖は，小さな生物を大きな生物が食べるような生態系の物質循環のこと。 (11) ダイオキシン：農地・農薬の中に不純物としてできたもの。土壌や河川に広がり，食物連鎖を得て食品から人体へと取り込まれる。 (13) 国境なき医師団：戦災地や難民キャンプ，自然災害の被災地などで救助にあたる国際医療ボランティア団体。 (14) 適応機制の種類：合理的機制・代償機制・防御機制・逃避機制・攻撃機制 (15) 心身相関：心の働きと体の働きが互いに密接に関係していること。(16) 15歳以上であれば記入できる。 (17) 骨軟化症を引き起こす。水俣病：水銀により，知覚異常，難聴，歩行や会話の障害，視野の障害などの中枢神経系の障害を伴う。 (18) 骨の量が減って骨が弱くなり，骨折しやすくなる病気。古くは古代エジプト文明時代からある病気だが，近年寿命が延び，高齢者人口が増えてきたため，特に問題になってきている。

(19)「健康寿命」は，平均寿命から「痴呆」や「寝たきり」の時期を差し引いたもの。平均寿命から日常生活を大きく損ねる病気やけがの期間を差し引いたもので，健康体で生活できる寿命ということになる。2002年WHO(世界保健機関)の調査によると，日本の男性の健康寿命は71.4歳，女性の健康寿命は75.8歳となっている。こちらも世界一ではあるが，平均寿命に比べ，6.7歳～9.1歳短い。

【3】① キ 体育指導委員 ② イ スポーツ振興審議会
③ カ スポーツ振興基本計画 ④ オ 意識 ⑤ イ 個別
⑥ ク 漸進 ⑦ カ 規則 ⑧ ケ 全面 ⑨ イ ATP
⑩ エ クレアチンリン酸 ⑪ ソ 乳酸 ⑫ ケ 非乳酸性機構
⑬ セ グリコーゲン ⑭ ク たんぱく質 ⑮ エ 貧血
⑯ オ 体力低下 ⑰ ア 骨や歯の発育不良 ⑱ ウ 視力低下

⑲　イ　皮膚病　　⑳　カ　皮下出血　　21　エ　少子・高齢化

22　キ　生活水準　　23　カ　自由時間　　24　チ　生活重視

25　ス　価値観　　26　ケ　楽しさ　　27　ア　体力向上

28　サ　生きがい　　29　シ　人間形成　　30　セ　健全

〈解説〉(1)　①～③スポーツ振興法参照　　(2)　④～⑧トレーニング3大原理：①過負荷の原理　②可逆性の原理　③特異性の原理　　(3)　筋肉はアデノシン三燐酸(ATP)の分解によるエネルギーで収縮する。クレアチン燐酸(CP)とグリコーゲンはATPを再合成し，運動を継続させる。グリコーゲンは酸素が不足する状態では乳酸となり，これが筋肉内にたくさんたまると収縮できなくなる。ATP(アデノシン三燐酸)は，筋肉中に存在し，ATPの分解によって発生するエネルギーで筋肉が収縮する。分解したATPの再合成は，①クレアチンりん酸の分解，②グリコーゲンの乳酸への分解，および③グリコーゲンの酸化の3つの過程で行われる。　　(4)　⑮～⑰たんぱく質：人間の体に不可欠な栄養素で，皮膚，骨，筋肉，毛髪，血液などの構成成分となる。酵素，ペプチドホルモン，神経伝達物質などもたんぱく質からつくられている。カルシウム：丈夫な骨と歯をつくる。鉄：ヘモグロビンの合成に必要で，体の各器官に酸素を運ぶ。ビタミンA：目の健康維持，肌の健康維持。ビタミンB_1：糖質を分解する酵素を助け，エネルギーにかえていく。ビタミンB_2：細胞の再生や成長を促進するはたらきのあるビタミンで，健康な皮膚，髪，爪をつくる。脂質の代謝を促進。ビタミンC：抗酸化作用コラーゲンの生成鉄の吸収促進メラニン色素の生成を抑える。ビタミンD：カルシウムの吸収促進筋肉の機能をよくする。

(5)　高等学校学習指導要領解説　保健体育編p21　参照

【二次試験】

【１】自己の能力に応じて運動技能を高めるなど運動に親しむための運動の学び方については，各種の運動の学習において，自ら学び，自ら考える力を育成するとともに，運動の楽しさや喜びを深く味わうことを念頭に置いて，①自己に適した目標の設定，②個人や集団の運動課題の把握，③課題を解決するための練習内容の選定，その順序，練習の

質や量など合理的な練習計画の作成，④練習，ゲーム，試合，発表交流会などにおける成果の確認といった手順で進めることを運動の実践に即して理解できるようにする。

【2】背景：日常生活におけるストレスの増大

ねらい：(a)自分や仲間の体や心の状態に気付いたり，(b)体の調子を整えたり，(c)仲間との交流を豊かにする。

〈解説〉高等学校学習指導要領解説　保健体育編　p27　参照

【3】・段階的に取り扱う　・生徒の能力に応じて，順次高い位置から出来るようにする　・入水か角度　・約束やきまりを守りながら自己の能力に応じた練習をする習慣を身に付けさせる。

〈解説〉中学校学習指導要領解説　保健体育編P41を参照。(低い位置・姿勢から入水角度，浮き上がりの要領つかめたら，姿勢を次第に高くし，蹴り出し，空中姿勢，水中での伸びなどを学習するなど)

【4】個人生活における健康・安全に関する理解を通して，生涯を通じて自らの健康を適切に管理し，改善していく資質や能力を育てる。

〈解説〉中学校学習指導要領解説　保健体育編P87

【5】(1)　主治医以外の医師の意見　　(2)　新しく考案された，あるいは新しく日本に紹介されたスポーツの総称。競技性を重視せず誰でも参加できることを目的としたスポーツの総称。　(3)　遺伝子組換え技術で作り出した作物やその作物を原料として使った食品。

(4)　通称「環境ホルモン」といわれるもの。内分泌系に影響を及ぼすことにより，生体に障害や有害な影響をひきおこす外因性の化学物質。(日本政府)　無処置の生物やその子孫や固体群の内分泌系の機能を変化させ，その結果として健康に有害な影響を生ずる単一の外因性物質または混合物(WHO)　(5)　衝撃的なことや脅威的な事件や状況にさらされ，強い恐怖などの体験した後にその後遺症として起こるトラウマ。

〈解説〉(1)　医師や歯科医師の診察の段階から，複数の専門家の意見を

聞くこと，患者の基本的な権利であり治療の選択肢が広がる可能性も
ある。直訳すると「第二の意見」となる，インフォームド・コンセン
トとセカンド・オピニオンは，患者の治療法選択の両輪に例えられる。

(2)　例，インディアカ，スカッシュ，キックベースボールなど。

(3)　遺伝子組換え技術⇒細菌などの遺伝子の一部を切り取って，別の
生物の遺伝子に組み入れたりすること。長所：種の壁を超えて生物の
改良ができる。目的とする性質のみに付与できる。しかし成長障害・
死亡事故も起こっている。

【6】(1)　片手の手のひらで額部分を，もう一方の手の人差し指と中指
の二本指で，顎先を持ちゆっくりと頭部を後屈させる。　(2)　気道確
保の状態で額を押さえていた方の手の親指と人差し指で鼻をつまみ，
自分の口を開けて，傷病者の口を覆う。胸の膨らみを横目で確認しな
がら，2回吹き込む。　(3)　傷病者を堅い床に水平に仰向けに寝かせ
る。両側肋骨に沿って，中央部に向かって指を這わせ，肋骨縁の合流
点を見つけ，そこから頭に向かって指二本を置きその隣にもう一方の
手の根元を置く。位置が決まったら両手首を重ねて手首お起こし，ひ
じを伸ばし垂直に圧迫を行う。心臓マッサージは1分間に100回の速さ
(割合)で行う。

〈解説〉(1)　今までは意識の確認から呼吸の観察を行い，口腔内の異物
の確認を行ってから気道の確保を行うという手順であった。変更後は
口腔内の異物を確認することなく気道を確保して人工呼吸を行うとな
っている。これは,緊急時において異物の確認に時間をとられてしまう
よりは，すばやく人工呼吸を実施することを優先するものであり，気
道の確保をしながら口腔内の異物を確認することは可能であるという
判断からでもある。　(2)　呼吸が停止しているか，非常に小さい場合，
直ちに行う。吹き込みの目安は傷病者が大人の場合は800～1200mlを
1.5秒かけて行う。　(3)　圧迫の目安は大人の場合は3.5～5cm押し一回
一回元の位置に戻すようにする。

2005年度　実施問題

【一次試験】

【1】次の文を読んで，正しいものに○，誤っているものに×を記せ。

(1) 近年，わが国においては，従来の抗生物質が効きにくい薬剤耐性菌の出現が問題になってきている。

(2) 「健康日本21」（21世紀における国民健康運動）では，健康づくりは，「専門家が指導を行い，健康的な行動の実現は個人の責任である。」としている。

(3) 感染症法の1類感染症には，ペスト，エボラ出血熱，エイズ，腸管出血性大腸菌感染症，ラッサ熱が指定されている。

(4) 日本の初期のHIVの感染は，米国から輸入されたHIVに汚染された非加熱製剤により，血友病患者を中心に広まった。

(5) 健康に関わる意志決定・行動選択に影響を及ぼす社会的な要因として，周囲の人びとの影響や，人間関係，マスメディアの影響，社会規範や文化があげられる。

(6) 体にストレスを生じる環境の変化，あるいは刺激をストレッサーという。

(7) 医療費の財源は，それぞれの保険ごとにたくわえられた保険料と税金からの補助金のほか，患者負担分からなっている。

(8) 環境汚染に対しては，総合的で計画的な対策が必要となる。わが国では，環境基準法にもとづき様々な対策がとられている。

(9) たばこの煙に含まれている有害物質には，タール，一酸化炭素，ニコチン，シアン化物，アンモニア，カドミウム等がある。

(10) 肝硬変とは，肝臓に中性脂肪が蓄積し，肝臓の機能が低下した状態のことをいう。

(11) 開発途上国の子どもの栄養改善や病気の予防のために活動する国際機関としてユニセフがある。

(12) 16歳から19歳の若者においては，原付自転車を含む二輪車によ

る死亡が交通事故の死者数全体の約半数を占めている。

(13) 人工呼吸では，救助者の呼気を傷病者に吹きこむ。人の呼気中には，約21％の酸素が含まれており，緊急時の生命維持には十分有効である。

(14) 介護保険は，30歳から64歳までの人びとがあらかじめお金を出し合ってたくわえ，それらを基金として介護が必要と認定された高齢者の介護費用の一部にあてるという仕組みである。

(15) 心臓が止まっている場合には，呼吸も停止しているので，心臓マッサージと人工呼吸をおこなう。

(16) 医師によって妊娠が確認されたら，妊娠届を役所に提出して，誰もが母子健康手帳を受け取ることができる。

(17) 2000年から施行された，家電リサイクル法により，テレビ，エアコン，冷蔵庫，洗濯機などの家電製品のリサイクルが義務づけられた。

(18) 生まれたばかりの赤ちゃん（0歳）の平均余命のことを，特に平均寿命とよぶ。

(19) わが国における近年の交通事故の発生状況を見ると，発生件数や負傷者数・死者数は減少傾向にある。

(20) 個人の健康状態，体力水準，日常の生活内容などを検討したうえで，その人に最適な運動種目を選択し，その運動の強度・時間・頻度をきめることを運動処方とよんでいる。

(21) 瞬発力のトレーニングで，もっとも大切なことは，精神を集中して1回1回の運動をできるだけ早く，瞬発的に行うことである。効果的な運動強度は，最大筋力の3分の1から3分の2である。この強度は，10〜60回反復できる負荷である。

(22) 陸上競技の競走競技でフィニッシュラインに手や腕，足，脚のいずれかが到達したらフィニッシュとなる。

(23) 空気中の二酸化炭素の濃度は，普通0.03％ほどであるが，0.5％をこえている場合は，空気が汚れていると考えられる。学校環境衛生の基準では，0.6％をこえないこととなっている。

(24) 1996年にクリーン購入ネットワークシステムがつくられた。企業，行政，消費者による穏やかなネットワークシステムであり，環境に配慮した商品の情報提供などを行っている。

(25) ウォークラリーは，北欧で生まれたスポーツで，自然の野山に設置されたコントロールを，専用の地図と磁石を用いて，自分でルートを選択しながら，できるだけ短時間で回ってくるのを競う競技である。

(26) ペタンクは，アメリカインディアンの伝承ゲーム「ペティカ」の略のことであり，日本には1970年に紹介された。

(27) 「最高の健康水準を確保することは，人種，宗教，政治的信条，経済状態のいかんにかかわらず，すべての人間の基本的な権利である。」これは，世界保健機関憲章前文の一文である。

(28) 駅伝競走は，日本で生まれた長距離のリレー競走である。駅伝という名は，大宝律令（701年）に定められた駅制に関連ある駅馬伝馬からとったものである。

(☆☆☆◎◎◎)

【2】次の各文の（　　　）の中に適切な語句を記せ。

(1) 健康を保持増進するために，個人に対して教育面と環境面での支援を組み合わせて行うことが重要であるという（　　　）という考え方が重視されている。

(2) 平均寿命から，事故や病気で寝たきりになったり痴呆になったりする期間を差し引いて算出される指数を（　　　）という。

(3) たばこの煙には，喫煙者が吸う主流煙とたばこの点火部からたちのぼる（　　　）がある。

(4) 人間が持っている病気やけがを治そうとする働きを（　　　）という。

(5) 体内でのアルコールの分解はいくつかの経路があるが，まずアルコール脱水素酵素によって（　　　）に分解される。

(6) 欲求が満たされない状態を欲求不満といい，不安や悩みなどの形であらわれる。これを和らげる働きに（　　　）がある。

(7) 感染症対策は，感染源，感染経路，（　　　　　）への対策の三つ
に分けて考えることができる。

(8) 1946年に，WHOは健康について「健康とは，身体的・（　　　　）・
社会的に完全に良好な状態であり，たんに病気あるいは病弱でない
ことではない。」と定義している。

(9) 薬物乱用をやめることができても，突然，乱用していたときと同
じように幻覚や妄想があらわれることがある。これは（　　　　　）
と呼ばれる現象である。

(10) 「〜になりたい」「〜してみたい」など，自分なりの目標をかか
げて，それに近づこうとしたり，その達成を目指したりすること
を（　　　　）という。

(11) 性周期は，（　　　　）の変化によって知ることができる。高校
を卒業するぐらいまでには，排卵と月経が周期性をもって規則的に
おこる体へと成熟している。

(12) 人工妊娠中絶は，（　　　　）という法律によって認められてい
る。

(13) 保健行政の組織には，一般保健行政・環境行政・産業保健行
政・（　　　　）がある。

(14) 医療保険には，勤め人とその家族を対象とした被用者保険と，
自営業者とその家族などを対象とする（　　　　）がある。

(15) 患者に対して積極的に必要な情報を伝え，同意を得た上で治療
にあたることを（　　　　）という。

(16) オゾン層は，人体に有害な（　　　　）が地上にとどくのを防
いでいる。

(17) 水質汚濁の大きな原因になっているのは，私たちの日常生活に
ともなって生じる（　　　　）です。

(18) 近年，ごみ焼却施設や廃棄物最終処理場などから排出された
（　　　）が，周囲の土壌を汚染している例がみられ，社会問題と
なっている。

(19) 空き缶，ガラスビン，プラスチックなどの分別収集を促すため

の法律として（　　　　）法が1995年に制定された。

(20)　害虫や農薬に強くなったり，栄養素を増やす効果を持たせることを目的として操作を加え，品種改良した農作物と，それを材料として作られた加工品を総称して（　　　　）食品という。

(21)　製造から廃棄までに，その商品がどの程度の負荷を環境に与えるかの情報が必要である。その代表的ものに（　　　　）マークがあり，商品選択に生かされている。

(22)　健康的な職業生活が送れるよう，ストレスへの気づきの援助や，心身の緊張を解きほぐすリラクセーションの指導などの心の健康づくりのため重視されている措置を（　　　　）という。

(23)　ケガをしたり，病気になったりしたときに，できるだけ障害を残さず，またできるだけ心身の機能を回復し，もとの生活に復帰できるようにする活動のことを（　　　　）という。

(24)　バスケットボールでは，バックコート内でボールをコントロールしたチームは，（　　　　）秒以内にボールをフロントコート内に進めなければならない。

(25)　6人制バレーボールで1チームには，1セットに最大（　　　　）回の競技者交代が認められる。

(26)　ラグビー競技では，ペナルティキックによるゴールには（　　　　）点が与えられる。

(27)　陸上競技砲丸投げの高校女子及び中学男子が用いる砲丸の重さは（　　　　）Kg以上となっている。

(28)　サッカー競技では試合開始に先立ちトスを行い，勝ったチームがエンドを選択し，負けたチームが（　　　　）を行う。

(29)　バドミントンでバックバウンダリーライン近くに落ちるようにできるだけ高く，遠くに打つショットのことを（　　　　）という。

(30)　剣道競技では，場外反則を2回宣せられると，相手に（　　　　）が与えられる。

(31)　（　　　　）は，柔道における基本の姿勢であり，安定度のある変化しやすい姿勢である。

(32) ダンスでは，左右対称な動きを（　　　　）という。

(33) 運動処方の3原則とは，運動の強度，運動頻度，（　　　　）の3
つである。

(34) 運動によって筋肉が太くなるのは，（　　　　）が太くなるから
である。

(35) 筋収縮の直接のエネルギーは，筋肉内にある（　　　　）とい
う化学物質が分解するときに出される。

(36) 人間の筋肉には，赤筋と白筋がある。赤筋の色調は（　　　　）
によるもので，赤筋に多く，白筋に少ないという特徴がある。

(37) 全身的な運動を続ける能力である（　　　　）は，健康を支え
る重要な体力の要素である。

(38) 骨格筋が収縮すると，その圧迫で静脈血がしぼりだされる。こ
の働きを（　　　　）という。

(39) 多数の人々の利益の増進に社会的に寄与する意味で，法律上，
非営利的な活動を促進する組織のことを（　　　　）といい，総合
型地域スポーツクラブには，これに該当すると認められたものもあ
る。

(40) 平成11年3月に改訂された高等学校学習指導要領では「体育理論」
の内容を，「社会の変化とスポーツ」「運動技能の構造と運動の学び
方」及び「（　　　　）」で構成している。

(41) ソフトボールでは，攻撃側と防御側とに分かれ，攻防を交替し
ながら得点を競う（　　　　）型のゲームの特性を理解し，既習の
集団的技能や個人的技能を活用して，学習段階に応じた作戦を立て，
ゲームができるようにする。

(42) 平泳ぎで，長い距離を泳ぐ場合は（　　　　）を中心として進
み，十分な伸びをとるようにすることが大切である。

(43) マット運動は，回転系の技と（　　　　）系の技に，大きく分
けることができる。

(44) 武道では，単に勝敗の結果を目指すだけでなく，技能の習得な
どを通して人間として望ましい（　　　　）を重視するという武道

の伝統的な考え方を理解し，それに基づく行動の仕方を尊重することができるようにすることが大切である。

(45)　平成11年3月に改訂された高等学校学習指導要領では，自然とのかかわりの深い活動について，従前の「スキー」，「スケート」に（　　　　）活動を新たに加え，地域や学校の実態に応じて積極的に行うことに留意することとした。

(46)　平成11年3月に改訂された高等学校学習指導要領において，「ダンス」の内容は，「創作ダンス」，「（　　　　）」，「現代的なリズムのダンス」，及び「社交ダンス」で構成している。

(47)　体育の授業における評価の観点は，①関心・意欲・態度，②思考・判断，③運動の（　　　　），④知識・理解の4つがある。

(☆☆☆○○○)

【3】人体には，脳からの命令を受けて，血液の中にホルモンを分泌する内分泌系器官がある。次にあげる①から⑤の器官から分泌されるホルモンの名称を「語群Ⅰ」から，また，そのホルモンの働きを「語群Ⅱ」からそれぞれ選び，その記号を記せ。

器官	ホルモンの名称	ホルモンの働き
①膵臓		
②副腎髄質		
③精巣		
④卵巣		
⑤甲状腺		

[語群Ⅰ]

　　A：テストステロン　　　B：エストロゲン　　　C：インシュリン

　　D：サイロキシン　　　　E：アドレナリン

[語群Ⅱ]

　　ア：血糖量を減少させる。

　　イ：基礎代謝や成長を促進させる。

　　ウ：子宮内膜を肥厚させる。

　　エ：男性を男性特有の体つきに発育させる。

　　オ：心拍数や血圧を上げ，瞳孔を開き，ブドウ糖の血中濃度を上げる。

(☆☆☆◎◎◎)

【４】次の文及び図の（　　）の中に入る適切な語句をあとの語群から選び，その記号を記せ。

(1)　オリンピック競技大会は，スポーツによる（（a）　　　　）を通じて，（（b）　　　　）と国際平和の促進を願って行われる世界のビッグイベントである。オリンピック競技大会は，1896年にフランスの（（c）　　　　）によって，フェアプレイの精神にもとづいて，平和でよりよい世界をつくることを目的に，古代オリンピックにならって再興された。わが国では，（（d）　　　　）で夏季大会を，（（e）　　　　）と長野で冬季大会を開催し，スポーツによる（（b）　　　　）の促進に大きく貢献してきた。

(2)　次の図は，体力の身体的要素を分類したものである。

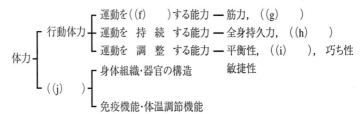

(3)　次の文は平成11年3月に改訂された高等学校学習指導要領の第2章普通教育に関する各教科「保健体育」における「体育」の目標を述べた文である。

　　各種の運動の合理的な実践を通して，（（k）　　　　）を高め運動の楽しさや喜びを深く味わうことができるようにするとともに，（（l）　　　）を整え，体力の向上を図り，公正，（（m）　　　　），責任などの態度を育て，生涯を通じて（（n）　　　　）に運動ができる（（o）　　　　）や能力を育てる。

268

〔語群〕

ア	表現力	イ	ディベート	ウ	国際協力
エ	体力	オ	クーベルタン	カ	ドゴール
キ	東京	ク	青森	ケ	札幌
コ	大阪	サ	発表	シ	発現
ス	瞬発力	セ	柔軟性	ソ	回復力
タ	防衛体力	チ	国際交流	ツ	生命力
テ	運動技能	ト	体の調子	ナ	精神状態
ニ	協力	ヌ	断続的	ネ	継続的
ノ	態度	ハ	資質	ヒ	姿勢
フ	サマランチ	ヘ	抵抗力	ホ	国際紛争
マ	意欲	ミ	適応性	ム	筋持久力
メ	国際理解	モ	恒久的		

(☆☆☆○○○)

【二次試験】

【1】平成10年12月に中学校学習指導要領が改訂され，高等学校学習指導要領は平成11年3月に改訂された。保健体育についてはその改訂のポイントとして「運動の取り上げ方の弾力化」があげられている。次の表は，中学校における弾力化の基本的考えと，弾力化の方法について示しているが，高等学校について記せ。

	中学校	高等学校
弾力化の基本的考え	・ 選択幅を緩やかにする。	
弾力化の方法	・ 第2学年において「器械運動」「陸上競技」「水泳」については,第3学年と同様に1領域または2領域を選択して履修することができる。 ・ 「器械運動」領域では,マット運動,鉄棒運動,平均台運動,跳び箱運動での選択する運動の数を示さない。	

(☆☆☆○○○)

269

【２】小学校・中学校・高等学校の12年間を見通して，体力の向上や，運動に親しむ態度の育成が図られ，さらには豊かな人間性がはぐくまれるようにすることが重要である。

　　体力の向上について，小学校段階の課題を参考にしながら，中学校及び高等学校段階で漸進的・重点的に実現を目指すべき課題を記せ。

　　・小学校……主として巧みに動ける体つくり。

（☆☆☆◎◎◎）

【３】健康についてはさまざまな考え方がある。QOL（クオリティオブライフ）からとらえた健康についての考え方を記せ。

（☆☆☆◎◎◎）

【４】複数校による合同の運動部活動の実施が検討されているが，どういう部活動形態をいうのか記せ。また，こうした部活動の実施が検討される背景は何か記せ。

（☆☆☆◎◎◎）

【５】文部省は，昭和40年6月に文部省体育局長から各都道府県教育委員教育長等に「水泳，登山等の野外活動における事故防止について」通知している。この通知から，学校において集団登山を実施する場合，指導の適正を期すために留意すべきことを5点記せ。

（☆☆☆◎◎◎）

【６】平成11年3月に改訂された高等学校学習指導要領の第2章普通教育に関する各教科「保健体育」の目標を記せ。

（☆☆☆◎◎◎）

【７】平成11年3月に改訂された高等学校学習指導要領第2章普通教育に関する各教科「保健体育」第1体育のE「球技」の中から「ゴール型」種目を1種目を選び，その種目の①特性，②目的，③集団的技能，④個人的技能をそれぞれ記せ。

（☆☆☆◎◎◎）

【8】次のことについて説明せよ。

(1) SARS

(2) ポストハーベスト農薬

(3) シンスプリント

(4) エクストリームスポーツ

(5) AIDS

(☆☆☆◎◎◎)

解答・解説

【一次試験】

【1】(1) ○　(2) ○　(3) ×　(4) ○　(5) ○　(6) ○
(7) ○　(8) ×　(9) ×　(10) ○　(11) ○　(12) ○
(13) ○　(14) ×　(15) ○　(16) ○　(17) ×　(18) ○
(19) ×　(20) ○　(21) ×　(22) ×　(23) ○　(24) ×
(25) ×　(26) ×　(27) ○　(28) ○

【2】(1) ヘルスプロモーション　(2) 平均健康寿命　(3) 副流煙
(4) 治癒力　(5) アセトアルデヒド　(6) 適応機制
(7) 感受性者　(8) 精神的　(9) フラッシュバック
(10) 代償機制　(11) 体温　(12) 母体保護法
(13) 年金福祉行政　(14) 国民健康保険
(15) インフォームド・コンセント　(16) 紫外線
(17) 生活排水　(18) ダイオキシン　(19) 容器包装リサイクル
(20) 遺伝子組み換え　(21) エコ　(22) ストレス脆弱性モデル
(23) リハビリテーション　(24) 8　(25) 6　(26) 3
(27) 4.0　(28) キックオフ　(29) オーバーヘッドスローク
(30) 1本　(31) 自然本体　(32) シンメトリー

(33)　運動時間　　(34)　筋線維　　(35)　アデノシンミ燐酸（ATP）

(36)　ミオグロビン　　(37)　行動体力

(38)　ミルキングアクション　　(39)　NPO

(40)　体ほぐしの意義と体力の高め方　　(41)　野球

(42)　足のけり　　(43)　巧技　　(44)　自己の形成　　(45)　水辺

【3】ホルモンの名称　①　C　　②　E　　③　A　　④　B　　⑤　D
　　　ホルモンの働き　①　ア　　②　オ　　③　エ　　④　ウ　　⑤　イ

【4】(1)　(a)　ウ　　(b)　チ　　(c)　オ　　(d)　キ　　(e)　ケ

　　　(2)　(f)　シ　　(g)　ス　　(h)　ム　　(i)　セ　　(j)　タ

　　　(3)　(k)　テ　　(l)　ト　　(m)　ニ　　(n)　ネ　　(o)　ハ

【二次試験】

【1】弾力化の基本的考え

生涯にわたる豊かなスポーツライフの基礎を培う観点を重視し，生徒の発達的特性を考慮して，運動を一層選択して履習できるようにする弾力化の方法

・示している内容の中から選択して履習できるようにする。この場合履習できる運動種目等については，特に制限を設けない

・器械運動については，個に応じた指導の充実を図る観点から，「自己の能力に応じて」運動の技能を高めることに改めた。

【2】・中学校…各種の運動を合理的に実践することによって，活力ある生活を支え，たくましく生きるための体力の向上を図るということである。

・高等学校…心と体を一体としてとらえ，各種の運動の合理的実践を通して，生徒が自己の能力に応じた課題を解決することなどにより，「体ほぐしをしたり，体力の向上を図ったりすること」とある。

〈解説〉保健体育科の目標については，心と体を一体としてとらえること

を重視し，生涯にわたる豊かなスポーツライフの実現及び自らの健康を適切に管理し，改善していくための資質や能力を培うことを目指し，「生涯にわたって計画的に運動に親しむ資質や能力の育成」「健康の保持増進のための実践力の育成」及び「体力の向上」の3つの具体的目標をあげている。

　そのうち「体力の向上を図る」とは，各種の運動を合理的に実践することによって活力ある生活を支え，たくましく生きるための体力の向上を図るということを意味している。そのためには，自己の体力や生活に応じて体力の高め方を学ぶなど，体力の向上を図るための実践力を身たつけることができるようにすることが必要である。

【3】「生活の質」と訳される。

　7989年にWHOが癌の診断から終末斯に至る全過程にQOLを重視した医療を提唱し却光を浴びた。

　最近は幅広く，一般には心理・社会的な豊かさも含めた健康観に立っている。

〈解説〉WHOは5年前の総会において世界保健憲章にある「健康」の定義を51年ぶりに見直した。

その中で，健康の定義を「完全な肉体的，精神的及び社会的に良好な状態であり，単に疾病または病弱でないことではない」としていた。

　制定から半世紀を経て，WHOは憲章の見直し作業に着手し，健康の確保のためには「生きがい」「生きていることの意味」の追求が重要と判断した。

　つまり，真の健康とは，生かに生きるべきかといった人間としての尊厳や創造的な生き方，質を重視した健康観のことである。

【4】①　形態：複数校による運動チームの形態　　②　背景：1　少子化の影響で生徒数が減り，部員確保がむずかしくなり特に集団で行う種目はメンバーの確保がむずかしくなった。　　2　異動などにより指導教員が変った場合，指導できる教員のいる学校で合同で行う

　　3　施設設備の関係で，特殊な施設が必要な種目などは整っている学校で一緒に活動　　4　外部指導者による一斉指導に近隣の学校が一緒に活動

〈解説〉生徒減で運動部員が足らず，他校と合同で活動を続ける学校が増えている。このため，日本中学校体育連盟（中体連）は03年度から複数校合同チームの全国大会参加を認める方針を固めた。全国高校体育連盟（高体連）も容認の方向で検討を始めた。一方，文部科学省も合同運動部支援の方向に乗り出す。少子化の中で運動部を維持する窮余の一策だが，公認されることで各地に拡大しそうである。

【5】①　計画にあたって，事前にコースの状況，気象状況などについて実地踏査を行う　　②　指導者のうち少なくとも一人は選定した山の登山経験を有する　　③　実施する参加者は直前に健康診断を実施する　　④　往路にやむを得ず夜行列車を利用するときは，翌日の行動に適切な制限をする　　⑤　実施計画書の提出は実施日の2週間前に提出する

〈解説〉その他に　⑥　実施期日は試験等で体力の低下している時期をさける　　⑦　高等学校生徒については，原則として冬山の登山は禁止する　　⑧　事故や悪天候の場合の安全な下山コースを明示する緊急下山コースの確保　　⑨　事故等の場合の緊急連絡先を決めておく　⑩　保護者～の説明と承諾書　計画にあたっては「生命の安全」を他のすべてに優先させることが重要と思う。

【6】心と体を一体としてとらえ，健康，安全や運動についての理解と運動の合理的実践を通して，生涯にわたって計画的に運動に親しむ資質や能力を育てるとともに，健康の保持増進のための実践力の育成と体力の向上を図り，明るく豊かで活力ある生活を営む態度を育てる。

〈解説〉保健体育科の目標は，高等学校教育における保健体育科の特性を総括的に示すとともに，小学校・中学校及び高等学校の教科の一貫性を踏まえ。高等学校としての指導の重点や方向及びねらいを明確にし

たものである。

【7】① 種目名　バスケットボール　② 特性　5名ずつ2チームが相手との攻防の中で，ボールを運びコールにシュートして得点を競う，ボールは手で扱う。　③ 目的　既習の個人技能や集団技能を活用して，学習段階に応じた計画的な練習を行い，作戦を立て，ゲームや審判ができるようにする。公正といったフェアプレーの精神も学ぶようにする。　④ 集団的技能　速攻，セットオフェンス，マンツーマンディフェンスゾーンディフェンス等での自己の役割を理解し，ゲームで生かせるようにする。　⑤ 個人的技能　パス，キャッチ，ドリブル，シュート，フットワーク，フェイントなど。

〈解説〉球技では，チームにおける自己の役割を自覚して，その責任を果たし，お互いに協力して練習やゲームができるようにするとともに，ゲームの楽しさや勝ったときの喜び，また勝敗に対して公正な態度がとれるようにする。また，練習場などの安全を確かめ，健康・安全に留意して練習やゲームができるようにすることが大切である。

【8】(1)　SARS：重症急性呼吸器症候群といい，38℃を超す高熱咳や呼吸器困難などを主症状とし，肺炎による死亡例も少なくない感染症。2003年2月下旬，ベトナム，香港などで患者が発生，さらに台湾，カナダーヨーロッパなどに広がり，「謎の新型肺炎」としておそれられている。SARSウイルスとよばれ，感冒などを起こすコロナウィルスの変種である可能性が高い。

(2)　ポストハーベスト農薬：「ポスト」は後，「ハーベスト」は収穫を意味し，収穫後の農産物に散布する農薬のことを言う。日本では「ポストハーベスト農薬」の使用は認められていないが，諸外国では農産物を長期保管する目的で，また輸送中の害虫やカビなどの発生を防ぐため，広くその使用が認められている。日本でも輸入レモンなどのポストハーベスト農薬残留が問題となったことがある。保健の分野で「食品と健康」などで取りあげるテーマである。

(3)　シンスプリント：脛骨過労骨膜炎のことである。ランニングやジャンプダッシュなどを繰り返すスポーツ活動などで発生する。下腿中央から下部にかけての内側の痛みを言う。成長期の生徒があまり過激な運動を続けると発生することがある。診断にはレントゲン検査が不可欠で，脛骨疲労性骨折との見極めが大切である。

(4)　エクストリームスポーツ：新たなアウトドアスポーツで，たとえば，マウンテンバイク，インラインローラースケート，スケートボード，パラグライダーなど，従来はレジャーとされていたアイテムをスポーツとしてとらえたもの。エクストリームスポーツの「エクストリーム」というのは英語で，究極や過激といった意味で，単に速さや得点を競うだけでなく，その過激さやチャレンジ精神，そのチャレンジが成功するか否かといった部分も勝敗に影響する。

(5)　AIDS：後天性免疫不全症候群といい，HIVという病原体が体内に侵入し，感染をおこす。感染ののち，発病すると体の免疫機能がこわされ肺炎にかかったり，ガンにおかされやすくなる。

エイズは1981年に最初に患者が発見されて以来世界中に広まった。現在でも広がり続け01年の1年間で新たに500万人がHIVに感染したと見積もられている。

2003年度　実施問題

【1】次の文について正しいものには○印，誤っているものには×を付けなさい。

① サッカーで中盤からボールを運ぶ人をフォワードという。

② バレーボールでサーブで得点することをサービスエースという。

③ 陸上競技のリレーで走者が黄色い旗のポイントを通過したらオープンコースになりその時点でトップになっているチームが順番で次走者が待つ。

④ 「駅伝」競技の名前の由来は701年の大宝律令で定められた駅伝・駅制からきている。

⑤ 陸上競技の走り幅跳びでは片足で踏み切れば，バーを越えるときはどんな姿勢でもかまわない。

⑥ ペタンクとはインディアンの「ペティカ」からきている。

⑦ グランドゴルフとはゴルフをグランドや広場でできるように改良されたスポーツである。

⑧ 冬季オリンピックのフリースタイルスキーでは急なこぶをターンとエアーの点数で競うモーグルと，空中動作で競うエアリアル，雪上で行うダンスの3種類がある。

(☆☆☆◎◎◎)

【2】次の文にあてはまる解答を下記の5つの中より選べ。

① 水泳の個人メドレーの順番は次の内どれか。

ア バタフライ	背泳ぎ	平泳ぎ	自由形
イ 背泳ぎ	平泳ぎ	バタフライ	自由形
ウ バタフライ	平泳ぎ	背泳ぎ	自由形
エ 背泳ぎ	バタフライ	平泳ぎ	自由形
オ バタフライ	自由形	背泳ぎ	平泳ぎ

②　水泳のメドレーリレーの順番は次のうちどれか。

ア　バタフライ　　背泳ぎ　　　平泳ぎ　　　自由形

イ　背泳ぎ　　　　平泳ぎ　　　バタフライ　自由形

ウ　バタフライ　　平泳ぎ　　　背泳ぎ　　　自由形

エ　背泳ぎ　　　　バタフライ　平泳ぎ　　　自由形

オ　バタフライ　　自由形　　　背泳ぎ　　　平泳ぎ

(☆☆◎◎◎◎)

【３】次の文中の(　　)に適語を入れよ。

(1)　ハンドボールではボールを持っている人は(　　)を超えて歩いてはいけない。

(2)　剣道で満身の力を込めて打突したあとも相手の次の動きや打突に対して直ちに応ずることができるように心構えのことを(　　)という。

(3)　サッカーでボールがサイドラインより外に出た時の再開方法は(　　)である。

(4)　バレーボールはバスケットボールと(　　)からヒントを得て生まれたスポーツである。

(5)　J.　ネイスミスが紹介し，東京YMCAの大森兵蔵が紹介したスポーツは(　　)である。

(6)　陸上競技のリレーにおけるテークオーバーゾーンは(　　)である。

(7)　20世紀最後のオリンピックは(　　)であり，日本でも夏季オリンピックが(　　)，冬季オリンピックが(　　)と長野で行われている。

(8)　オリンピックが始まってすぐのころに正式競技として行われていた(　　)は，当時は体つくりのためだった。しかし最近は公式競技として各地で行われ，世界大会も行われている。

(9)　オリンピックでは行われない種目を集めて行う世界大会のことを(　　)という。

(10)　バスケットボールではバックコートでボールを保持したチームは(　　)秒以内にボールをフロントコートに進めなければならない。

(11)　柔道の基本の構えを(　　)という。

(12)　バドミントンで相手の取りにくいようにできるだけ遠くに打ち返すことを(　　)という。

(☆☆☆○○○)

【4】次のフォークダンスが生まれた国はどこか。マイムマイム，オスローワルツ，タンゴミクサー，ミザルー，トウ・トゥース
① ノルウェー　　② フィンランド　　③ イスラエル
④ デンマーク　　⑤ アメリカ　　　　⑥ ギリシャ

(☆☆☆☆○○)

【5】次の文は中学校学習指導要領(平成10年12月)の保健体育科の目標について述べたものである，下記の語群より選んで $\boxed{1}$ ～ $\boxed{6}$ 内に適語を入れよ。

　　心と $\boxed{1}$ を一体としてとらえ，運動や健康・ $\boxed{2}$ についての理解と $\boxed{3}$ の合理的な実践を通して， $\boxed{4}$ 運動に親しむ習慣や能力を育てるとともに， $\boxed{5}$ の保持増進のための実践力の育成と $\boxed{6}$ の向上を図り，明るく豊かな生活を営む態度を育てる。

　　語群
　　ア　積極的に　　イ　運動　　ウ　栄養改善　　エ　安全
　　オ　生活　　カ　体　　キ　体力　　ク　健康　　ケ　環境

(☆☆☆○○○○○)

【6】次の文は中学校学習指導要領(平成10年12月)の保健の指導内容について述べたものである，下記の語群より選んで $\boxed{7}$ ～ $\boxed{10}$ 内に適語を入れよ。

　　保健の指導内容は，「 $\boxed{7}$ の機能の発達と心の健康」，「健康と $\boxed{8}$ 」，「 $\boxed{9}$ の防止」，健康な生活と $\boxed{10}$ の予防の4項目である。

　　語群
　　ア　環境　　イ　公害　　ウ　疾病　　エ　心　　オ　傷害
　　カ　けが　　キ　心身　　ク　交通事故

(☆☆☆○○○○)

【7】次の文は中学校指導要領(平成10年12月)の体育分野の運動領域について述べたものである，下記の語群より選んで 11 ～ 13 内に適語を入れよ。

　体育分野の運動領域については， 11 において，「 12 運動」，「 13 競技」，「水泳」については，第3学年と同様1領域または2領域を選択して履修できるようにした。

語群
ア　第1学年　　イ　陸上　　ウ　鉄棒　　エ　器械
オ　第2学年

(☆☆☆○○○○)

【8】次の各文で正しいものには○印，間違っているものには×印をつけなさい。

(1)　空気中の二酸化炭素の割合は，日中1時間値で0.03～0.06ppmと定められている。0.06ppm以上にならないよう大気汚染防止法により総量規制がある。

(2)　水道水の場合は水質検査を行わなければならないが，近くの井戸水をひいて飲用する時も水質検査は行わなければならない。

(3)　疾病に対する抵抗力を高めるためには，休養・睡眠を十分に取り，心身を鍛錬し，栄養のバランスを取る，の三原則が必要である。

(4)　精子は卵管を通っているときに受精能力を得るので，それより先に卵子に入っても受精することはない。

(5)　温度・湿度で示されるものを感覚温度といい，温度・湿度・気流で表させるものを快感帯という。

(6)　体の器官の発達は脳等の神経系は早い段階で発達するが，生殖器は成長がある程度進んだ段階で発達する。

(7)　受動喫煙とは，自分が煙草を吸っていなくとも，煙草から立ち上る煙や吸っている人のはいた煙を吸うことである。

(8)　止血法には直接止血法と間接止血法があり，傷口から心臓に近い部分を圧迫して止血する方法を直接止血法という。

(9)　人体の約70％は水分であるが，その水分は酸素の運搬，老廃物や
　　ホルモンの運搬などの働きをしている。

(☆☆☆◎◎◎)

【9】次の文に適する語句を文中の(　　)の中の語句より選べ。

(1)　食品添加物の規定は(文部科学省，厚生労働省，農林水産省，総
　　務省，通商産業省)で行っている。

(2)　感染症の流行を防ぐためには感染源対策，感染経路対策，感受性
　　者対策の(すべて，3つのうちどれか一つ，3つのうち少なくとも二
　　つ)を行わなければ，流行は食い止められない。

(3)　勉強ができないのは「先生の教え方が悪いのだ」と他人のせいに
　　して，自分を正当化しようとするのは(逃避，攻撃，合理化，昇華，
　　代償)機制である。

(4)　かつての死亡率の上位は結核などであったが，最近はがん，脳血
　　管疾患，(不慮の事故，心臓病，肝硬変，自殺，老衰)で全体の60％
　　を占めている。

(☆☆☆◎◎)

解答・解説

【1】①　×　　②　○　　③　○　　④　○　　⑤　○　　⑥　×
　　⑦　○　　⑧　×

〈解説〉①　サッカーで中盤からボールを運ぶ人を，ミッドフィルダーと
いう。最近はサッカーもメジャーになってきているのでルールもだい
ぶ知られるようになってきた。　⑥　ペタンクは1900年代にフランス
で行われていた「プロバンサル」というゲームから派生したスポーツ
である。1965年に国際ペタンク連盟が設立された。　⑧　雪上で行うの

はフィギアである。

【２】①　ア　　②　イ

〈解説〉水泳の場合個人メドレーとメドレーリレーでは泳ぐ順序が違うの
　　で良くねらわれる問題である。水泳の問題は事故防止の問題が良く出
　　題される。

【３】(1)　4歩　　(2)　残心　　(3)　スローイン　　(4)　テニス
　　(5)　バスケットボール　　(6)　20m　　(7)　2000年シドニー　1964年
　　東京，札幌　　(8)　綱引き　　(9)　ワールドゲームズ（World Games）
　　(10)　8　　(11)　自然体　　(12)　クリアー

〈解説〉この問題は資料が少ないので穴埋め問題として組み立てたが，実
　　際に出題された問題は5つの解答からの選択式の問題の可能性もある。
　　しかし，どんな問題の出され方をしても正解は変わらないのであるか
　　ら，対処できるようにしておくこと。いずれにしても正確な知識が求
　　められている。　　(9)　ワールドゲームズは第2のオリンピックとも呼
　　ばれている。主催は国際ワールドゲームズ協会(IWGA)。第6回にあた
　　る2001年大会は，秋田で8月16日から26日まで行われた。第7回大会は
　　2005年，デュイスブルク（ドイツ）の予定。

【４】マイムマイム　③　　オスローワルツ　①　　タンゴミクサー　⑤
　　ミザルー　⑥　　トウ・トゥース　④

〈解説〉フォークダンスの生まれは民族舞踊であるので国名も現在の国名
　　でなく地方・地域の名前で言われることが多い。どちらかというとそ
　　の地方・地域名で覚えておいたほうがいいでしょう。もっとも採点の
　　ことを考えると，選択式の問題になることが多い。

【5】1 カ　2 エ　3 イ　4 ア　5 ク　6 キ

〈解説〉中学校学習指導要領からの出題である。各県必ず出題される問題である。また，保健体育科で生徒をどう育てていくかの基礎的知識になるので，現場ではすぐ必要な知識であるが，表に出てくる内容ではない。指導する上で基礎となることであり日常忘れがちであるのでしっかり理解しておこう。

【6】6 キ　7 ア　8 オ　9 ウ

〈解説〉中学校学習指導要領からの出題である。保健科の指導内容について問うた問題である。学習の展開の基本的な方向として，小学校での実践的に理解できるようにという考え方を生かすとともに，抽象的な思考も可能になる発達段階を踏まえて，心身の健康の保持増進に関する基礎的・基本的な内容について科学的に思考し，理解することを目指したものである。

【7】11 オ　12 エ　13 イ

〈解説〉中学校学習指導要領からの出題である。体育分野の領域内容について問うた問題である。改善の基本方針に従って，中学校の学習指導要領が作成されるが，それを生かした文章になっている。

【8】(1) ×　(2) ×　(3) ○　(4) ×　(5) ○　(6) ○
(7) ○　(8) ×　(9) ○

〈解説〉(1)　二酸化炭素ではなく二酸化窒素である。単位のppmから分かる。　(2)　使用者が責任を持って管理をする。しかし，年に一度は水質検査を受けたほうが良い。　(4)　そんなことはない。受精は卵管内のみで行われるわけではない。　(5)　感覚温度とは湿度100％，風速0mで等しく感覚する場合の寒暖計の示す湿度で表す。　(8)　傷口から心臓に近い部分を圧迫して止血する方法は間接圧迫法である。その他に止血帯を使う方法がある。

【9】(1)　厚生労働省　　(2)　3つの内どれかひとつ　　(3)　合理化機制
　　(4)　心臓病

〈解説〉(1)　食品添加物は食品衛生法にもとづいて行われている。これ
　　は飲食が原因となる衛生上の危害の発生を予防し，公衆衛生の向上と
　　増進を図ることを目的としたもので，食品添加物，器具・容器包装な
　　ども含まれる。　　(2)　感染症対策は3つの内どれか一つを行えば流行
　　は食い止められる。しかし感受性者対策は難しいので，普通は感染源
　　と感染経路の遮断を考える。　　(4)　最近の死因は生活習慣に関するも
　　のが多いのでそちらの対策が多くとられている。

第3部

チェックテスト

過去の全国各県の教員採用試験において出題された問題を分析し作成しています。実力診断のためのチェックテストとしてご使用ください。

保健体育科

【1】 次の(1)～(10)の各問いに答えなさい。

（各2点　計20点）

(1)　オリンピックの創始者クーベルタンの呼びかけによってアジアで最初のIOC委員となり，スポーツによる世界平和の運動を日本に定着させた人物は誰か答えよ。

(2)　陸上競技，水泳(競泳)，体操競技などでは，競争する相手から直接影響を受けることが少なく，解決すべき課題やそれに対応する技術は大きく変化しない。このように安定した環境の中で用いられる技能を何というか答えよ。

(3)　筋収縮によって発揮される力を筋力というが，そのエネルギー源は，おもに細胞呼吸によって合成される何という物質か答えよ。

(4)　練習やトレーニングによって技能や体力を向上させるためには，それまでにおこなっていた運動より難度や強度が高い運動をおこなう必要があるが，この原理を何というか答えよ。

(5)　国際オリンピック委員会は現在，オリンピックの中心的な価値を3つととらえ普及に努めているが「卓越」「友情」ともう1つは何か答えよ。

(6)　1回の大きな力による骨折と違い，何回も繰り返す負荷にたえきれず，骨が折れることを何というか答えよ。

(7)　国際オリンピック委員会が正式に「オリンピック」を名称に用いてよいと認可した障害者スポーツの国際総合競技大会の中で聴覚障害者のみを対象とした大会を答えよ。

(8)　筋肉の筋線維の中でミトコンドリアが少なく白筋線維とも呼ばれる筋線維を何というか答えよ。

(9)　1967年にドーピングコントロールの導入が決定し，翌年のオリンピックから実施された。この時のオリンピック開催国はどこか答えよ。

(10)　反復練習ともいわれ，全力のランニングを十分な休息時間をとって数本繰り返すトレーニングを何というか答えよ。

【2】次の文中の[　①　]から[　⑫　]にあてはまる最も適切な語句を，以下のアからネのうちからそれぞれ一つずつ選び，記号で答えよ。

（各1点　計12点）

A　柔道において，技をかけたときに，相手の防御に応じて，更に効率よく相手を投げたり抑えたりするためにかける技のことを[　①　]という。相手がかけてきた技に対し，そのまま切り返して投げたり，その技の力を利用して効率よく投げたりするためにかける技のことを[　②　]という。

B　砲丸投げにおけるグライド投法とは，右投げの場合，投射方向に対して[　③　]に立ち，右足でホップして投げ動作に移る。[　④　]を利用することができる。

C　バドミントンにおいて，サービスが打たれる瞬間のシャトル全体の位置は，コート面から[　⑤　]m以下でなければならない。また，サービングサイドのスコアが0か偶数の時，サーバーは[　⑥　]サービスコートからサービスする。

D　創作ダンスにおいて，表現したい動きの特徴を明確にとらえ，その特徴を強調したり誇張したりすることを[　⑦　]という。また，作品にまとめる際，集団の動きを少しずつずらした動きをカノンといい，一斉の同じ動きを[　⑧　]という。

E　ソフトボールにおいて，打者がストライクゾーンで投球に触れた場合，[　⑨　]になる。また，打者が[　⑩　]にバントした打球が，ファウルボールになった場合，アウトになる。

F　パラリンピック種目であるシッティングバレーボールは，[　⑪　]を床につけた状態で競技するバレーボールであり，プレー中に[　⑪　]が床から離れると[　⑫　]というファウルになる。

ア　リフティング　　イ　ゲネプロ　　　　ウ　変化技
エ　1.35　　　　　　オ　右　　　　　　　カ　前向き

キ	出ばな技	ク	上体のひねり	ケ	デッドボール
コ	左	サ	デフォルメ	シ	1.15
ス	臀部	セ	オノマトペ	ソ	後ろ向き
タ	後背部	チ	ホールディング	ツ	連絡技
テ	ストライク	ト	初球	ナ	ユニゾン
ニ	引き技	ヌ	ツーストライク後	ネ	手首のスナップ

【3】 鉄棒運動(支持系)の技について，次の空欄に適する技を下のア～キから1つずつ選び，記号で答えよ。

(各1点　計4点)

支持系
- 前方支持回転技群
  - 前転グループ —— 前方支持回転・(①) 等
  - 前方足かけ回転グループ —— (②)・け上がり・前方膝かけ回転 等
- 後方支持回転技群
  - 後転グループ —— 後方支持回転・(③)・棒下振り出し下り 等
  - 後方足かけ回転グループ —— (④)・後方ももかけ回転 等

ア	逆上がり	イ	転向前下り
ウ	ももかけ上がり	エ	前転
オ	後方膝かけ回転	カ	懸垂振動から前振り跳び下り
キ	伸膝後転		

【4】 次の(1)～(4)の文は，体力トレーニングについて説明したものです。それぞれにあてはまるものを以下のア～シから一つずつ選び，その記号を書きなさい。

(各1点　計4点)

(1) 心拍数が毎分180拍程度の運動強度のランニングを短い休息時間(不完全休息)をはさんで繰り返すトレーニング

(2) 高くなりすぎた興奮(過緊張)を呼吸法や筋弛緩法，自律訓練法などによってしずめさせる心理的スキル

(3) 筋肉にかかる抵抗負荷が一定であるという「筋の等張性収縮」を利用したトレーニング

(4) ほぼ全力(最大負荷)での運動と十分な休息(完全休息)とを繰り返

すトレーニング

ア	インターバルトレーニング	イ	サーキットトレーニング
ウ	アイソメトリックトレーニング	エ	ストレッチング
オ	リラクセーショントレーニング	カ	ウォーミングアップ
キ	クールダウン	ク	アイソキネティックトレーニング
ケ	レペティショントレーニング	コ	プライオメトリックトレーニング
サ	レジスタンストレーニング	シ	アイソトニックトレーニング

【5】「体つくり運動」について，次の各問いに答えなさい。

（各2点　計4点）

問1　次の各文は，中学校学習指導要領(平成29年告示)解説「体つくり運動」の内容について示したものです。誤りを含むものを，次の1～4のうちから1つ選びなさい。

1　体つくり運動の領域は，各学年において，全ての生徒に履修させることとしている。

2　体ほぐしの運動は，手軽な運動を行い，心と体は互いに影響し変化することや心身の状態に気付き，自分自身と向き合うことなどをねらいとしている。

3　体の動きを高める運動では，体の柔らかさ，巧みな動き，力強い動き，動きを持続する能力を高めるための運動を示している。

4　実生活に生かす運動の計画においては，学校教育活動全体や実生活で生かすことができるよう日常的に取り組める簡単な運動の組合せを取り上げるなど，指導方法の工夫を図ることに留意することとしている。

問2　体つくり運動の特性に関する次のa～dについて，正誤の組合せとして正しいものを，以下の1～4のうちから1つ選びなさい。

a　体つくり運動は，いつでも・どこでも・だれでもできる運動であり，「器具や用具を用いない運動」と「器具や用具を用いる運動」に大別できる。

b　動きの工夫や仲間同士で動くことにより，一体感や楽しさを得

ることができる。

c　他者と勝ち負けを競い合いながら，各自のライフスタイルに合わせて，心と体をほぐしたり，よく動ける体を獲得したり，体力を高めたりするための運動である。

d　体力やねらいに応じて，おこない方が限られているので，それらに応じて計画を立てて取り組むと，より健康を保ったり，体力を向上させたりできる。

	a	b	c	d
1	正	正	誤	誤
2	正	誤	正	誤
3	誤	正	誤	正
4	誤	誤	正	正

【6】次の表は，新体力テストの項目と測定される体力要素を示したものである。空欄に適するテスト項目名及び体力要素を答えよ。

(各2点　計10点)

テ ス ト 項 目	体 力 要 素
50m走	スピード
（　①　）	筋パワー
ハンドボール投げ	（　②　）・筋パワー
持久走又は（　③　）	全身持久力
反復横とび	（　④　）
握力	筋力
上体起こし	筋力・筋持久力
（　⑤　）	柔軟性

【7】一次救命処置について，次の各問いに答えよ。

((1) 各2点，(2) 4点　計10点)

(1)　次は「JRC蘇生ガイドライン2015」(平成27年10月)の「一次救命

処置」に関する文である。文中の各空欄に適する語句を答えよ。

傷病者に反応がなく，呼吸がないか異常な呼吸(死戦期呼吸)が認められる場合，あるいはその判断に自信が持てない場合は心停止，すなわちCPRの適応と判断し，ただちに（　①　）を開始する。

市民救助者が呼吸の有無を確認するときには，医療従事者や救急隊員などとは異なり，（　②　）を行う必要はない。胸と腹部の動きを観察し，動きがなければ「呼吸なし」と判断する。死戦期呼吸はしゃくりあげるような不規則な呼吸であり，心停止直後の傷病者でしばしば認められる。死戦期呼吸であれば，胸と腹部の動きがあっても「呼吸なし」すなわち心停止と判断する。なお，呼吸の確認には（　③　）以上かけないようにする。

(2)　一次救命処置で使用されるAEDの主な働きを簡潔に書け。

【8】次の代表的な生活習慣病について，（　①　）〜（　⑮　）に当てはまる言葉を以下のア〜ホからそれぞれ一つずつ選び，記号で答えよ。ただし，同じ番号には同じ言葉が入る。

(各1点　計15点)

(1)　がん
正式には（　①　）という。特徴は，細胞が無制限に増殖することと，（　②　）すること。肺，胃，肝臓，大腸，乳房などのがんが代表的。

(2)　心臓病
（　③　）はその代表で，心筋に栄養と酸素を補給している冠状動脈の硬化がもとになって起こる病気。冠状動脈が詰まり，心筋が壊死するものが（　④　），血液が流れにくくなって胸に痛みなどが生じるものが（　⑤　）。

(3)　脳卒中
脳内の血管が破れて出血をおこす（　⑥　）と，脳内の血管が詰まって血流がとだえてしまう（　⑦　）などがある。食塩の過

剰摂取や(⑧)が危険な要因とされている。

(4) 脂質異常症

　血液中の脂質のうち，(⑨)やLDL(悪玉)コレステロールが過剰な状態，あるいはHDL(善玉)コレステロールが少ない状態。(⑩)をもたらす。

(5) 糖尿病

　(⑪)というホルモンの作用不足により，血液中の糖の濃度が高くなってしまう病気。血液中の糖の濃度が高い状態が続き，(⑫)すると失明や(⑬)の障害，足の壊疽(組織の死)が起きたり，心臓病や脳卒中になりやすくなる。肥満と(⑭)が発病に関係する。

(6) 歯周病

　歯ぐきや歯ぐきのなかの(⑮)など，歯を支える組織の病気。口がくさい，歯ぐきが出血しやすいなどの症状から始まり，(⑫)すると歯がグラグラになり，最後には抜けてしまう。

ア	中性脂肪	イ	寝たきり	ウ	骨
エ	飲酒	オ	拒食	カ	悪性新生物
キ	肝臓	ク	進行	ケ	尿酸
コ	インスリン	サ	慢性気管支炎	シ	経過
ス	心筋梗塞	セ	腎臓	ソ	心室細動
タ	肺気腫	チ	分裂	ツ	運動不足
テ	虚血性心疾患	ト	貧血	ナ	脳梗塞
ニ	狭心症	ヌ	疲労	ネ	転移
ノ	グルカゴン	ハ	動脈硬化	ヒ	高尿酸血症
フ	喫煙	ヘ	脳出血	ホ	悪性リンパ腫

【9】 次の各問いに答えなさい。

(各1点　計2点)

1　精神疾患をめぐる全体的な理解についての説明として誤っている
ものを，次のa〜eの中から一つ選びなさい。

a　精神疾患に罹患することは誰にも起こりえるものではない。

b　精神疾患の発症には，睡眠などの生活習慣が影響する。

c　精神疾患や心の不調を疑ったら，早めに誰かに相談する。

d　学齢期においては，周囲の大人に相談を持ち掛けやすい環境づ
くりが重要である。

e　思春期の心性に配慮した診療を得意とする精神科医の所在は，
保健所，保健センターなどに情報がある。

2　精神疾患の早期発見・治療の重要性についての説明として誤って
いるものを，次のa〜eの中から一つ選びなさい。

a　心の病気についてもできるだけ早くその症状に気づき，正しい
対処や治療が速やかになされれば，回復も早く軽症で済む可能性
がある。

b　精神疾患を最も発病しやすいのは，10〜20代の若者といわれて
いる。

c　一般的に心の病気を発病してから治療開始までの期間は短い。

d　精神病未治療期間(DUP)が短ければ短いほど予後が良いといわれ
ている。

e　統合失調症などの病気を発症してから最初の2〜3年の状態は，
その後の長期的な経過に大きな影響を与える。

【10】 次の図は，喫煙，飲酒，薬物乱用防止に関する指導参考資料中学
校編(公益財団法人日本学校保健会　令和2年度改訂)に示されている日
本における各薬物の推定経験者数(生涯経験)のグラフである。グラフ
中の(ア)〜(エ)に当てはまる言葉の組合せとして最も適切なも
のを以下のA〜Dから一つ選び，その記号を書け。

(計1点)

チェックテスト

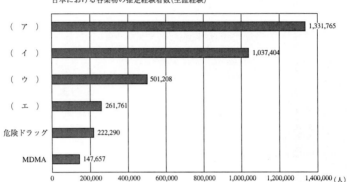

日本における各薬物の推定経験者数(生涯経験)

※15～64歳までの一般住民を対象とした全国調査(n=2,899)から推定された使用者数

(平成29年度厚生労働科学研究費補助金「薬物乱用 依存状況等のモニタリング調査と
薬物依存症者 家族に対する回復支援に関する研究」)

	ア	イ	ウ	エ
A	覚醒剤	コカイン	大麻	有機溶剤(シンナー等)
B	コカイン	大麻	有機溶剤(シンナー等)	覚醒剤
C	大麻	有機溶剤(シンナー等)	覚醒剤	コカイン
D	有機溶剤(シンナー等)	覚醒剤	コカイン	大麻

【11】 中央教育審議会答申(平成28年12月)の保健体育科の具体的な改善事項について，次の文中の空欄に適する語句を答えよ。

(各2点　計16点)

・ 体育については，スポーツとの多様な関わり方を楽しむことができるようにする観点から，(①)に対する興味や関心を高め，技能の指導に偏ることなく，「する，みる，支える」に「(②)」を加え，三つの資質・能力をバランスよく育むことができる学習過程を工夫し，充実を図る。また，粘り強く意欲的に課題の解決に取り組むとともに，自らの学習活動を振り返りつつ，(③)と共に課題を解決し，次の学びにつなげる主体的・(④)的な学習過程を工夫し，充実を図る。

・ 保健については，(⑤)に関心をもち，自他の(⑤)の保持増

294

進や回復を目指して，(⑥)等のリスクを減らしたり，(⑦)を高めたりすることができるよう，(⑧)に偏ることなく，三つの資質・能力をバランスよく育むことができる学習過程を工夫し，充実を図る。また，健康課題に関する課題解決的な学習過程や，主体的・(④)的な学習過程を工夫し，充実を図る。

【12】「運動部活動の在り方に関する総合的なガイドライン」(スポーツ庁平成30年3月)に関する記述として適切なものは，次の1〜4のうちのどれか。

(計2点)

1 部活動指導員は，指導内容の充実，生徒の安全の確保の観点から，各学校の生徒や教師の数，校務分担の実態等を踏まえて任用され，学校に配置されなければならないが，実技指導が中心で，大会・練習試合等の引率を行うことはできない。

2 長期休業中は，生徒が十分な休養をとることができ，運動部活動以外にも多様な活動を行うことができるので，あらためて，ある程度長期の休養期間(オフシーズン)を設ける必要はない。

3 校長は，生徒の1週間の総運動時間が男女ともに二極化の状況にあることから，より多くの生徒の運動機会の創出が図られるよう，レクリエーション志向ではなく，競技志向で活動を行うことができる運動部を設置する。

4 都道府県，学校の設置者及び校長は，学校や地域の実態に応じて，地域のスポーツ団体との連携，保護者の理解と協力，民間事業者の活用等による，学校と地域が共に子供を育てるという視点に立った，学校と地域が協働・融合した形での地域におけるスポーツ環境整備を進める。

解答・解説

【1】(1) 嘉納治五郎　(2) クローズドスキル　(3) ATP(アデノシン3リン酸)　(4) オーバーロード(過負荷)の原理　(5) 敬意(RESPECT)　(6) 疲労骨折　(7) デフリンピック　(8) 速筋線維　(9) メキシコ　(10) レペティショントレーニング

解説 (1) 柔道の創始者として有名な嘉納治五郎は，柔道を国際的に普及させるとともに，「日本オリンピックの父」と称される。アジア初のIOC委員として，日本をはじめとするアジアのオリンピック・ムーブメントに貢献した。　(2) 「クローズドスキル」は，陸上競技，水泳，器械運動などのように，外的要因に左右されない状況下で発揮される技能。「オープンスキル」は，球技や武道などのように，外的要因に左右される状況下で発揮される技能である。　(3) 人間が筋肉を動かすためのエネルギーには，ATP(アデノシン3リン酸)が利用される。しかし，筋内に貯蔵されているATPの量は限られているため，運動を続けるには，これを再合成する必要がある。ATPは，クレアチリン酸やグリコーゲンを分解することや(無酸素運動)，酸素を使って糖質や脂肪，たんぱく質を分解することで生成される(有酸素運動)。
(4) トレーニングには，3原理として「オーバーロード(過負荷)の原理」，「可逆性の原理」，「特異性の原理」がある。また，5原則として「意識性の原則」，「全面性の原則」，「漸進性の原則」，「個別性の原則」，「反復性の原則」がある。それぞれの特徴をおさえておくこと。　(5) 近代オリンピックの創始者ピエール・ド・クーベルタンの理念から，国際オリンピック委員会(IOC)は，オリンピック精神の中でも「卓越」，「友情」，「敬意」が3つの中心的な価値であると強調している。
(6) 疲労骨折は強打等によっておこる外傷性骨折とは異なり，ランニングやジャンプなどのように骨の同じ部分に繰り返し力が加わることによりおこる。　(7) デフリンピックは夏季大会が1924年，冬季大会が1949年に初めて開催されている。かつては，聴覚障害者もパラリン

ピックに出場していたが，独自性を追求するという理由から1995年に
パラリンピックから離脱している。　(8)　速筋線維は，収縮力が大き
く，収縮スピードも速い線維で，おもに大きな筋力や短時間での高い
パワーが求められる競技や運動において働く。ミトコンドリアの密度
が低く，疲労しやすい。遅筋線維は，収縮力が小さく，収縮スピード
も遅い線維で，長時間にわたって力を発揮するような持久力が求めら
れる競技や運動において働く。ミトコンドリアの密度が高く，疲労し
にくい。　(9)「ドーピングコントロール」とは，ドーピング検査や検
体の分析，検査結果の管理など，ドーピングを規制する一連のプロセ
スをいい，1968年のグルノーブル冬季オリンピック，メキシコ夏季オ
リンピックからドーピング検査が正式に実施された。　(10)「レペティ
ショントレーニング」は，スピード，スピード持久力，筋力などを
高めることをねらいとして，毎回全力での運動と完全休息とを繰り返
す方式のトレーニング方法。なお「インターバルトレーニング」は，
持久力を高めるのに効果的な方法で，高強度の運動の間に心拍数を静
める軽い運動(不完全休養)を挟み，繰り返すトレーニング方法である。

【2】① ツ　② ウ　③ ソ　④ ク　⑤ シ　⑥ オ
　　⑦ サ　⑧ ナ　⑨ テ　⑩ ヌ　⑪ ス　⑫ ア

解説　A　柔道の技の連絡変化に関して，①の連絡技は技から技をつな
げて連続してかけること。実戦では一つの技で勝敗がつくことは少な
く，最初の技で相手を崩しながら次の技につなげていくことが重要と
なる。投げ技では，同じ方向にかける技(大内刈りから大外刈り，内股
から体落とし)や違う方向にかける技(釣り込み腰から大内刈り，内股
から大内刈り)がある。　B　砲丸投げのグライド投法(オブライエン投
法)の構えは，投げる方向に背を向け，前かがみの状態となる。突き出
し(投げ)では，腰を回転させて身体をひねり，右手を斜め上方向に真
っ直ぐ突き出す。投法には，グライド投法のほか，回転投法，サイド
ステップ投法がある。　C　バドミントンのサービスのルールに関し
て，サービスを打つ瞬間は，シャトルの位置はコート面から1.15m以

下で，上方へ向けて打たなければならない。また，サーバー側の得点が，奇数のときは左側のサービスコートからサービスを行う。
D　創作ダンスに関して，⑦のデフォルメは動きを変形して特徴を強調すること，⑧のユニゾンは複数人が同じ動きを同時に行うことである。そのほか，問題文にある同じ動きをずらして行うカノンや，対称的な動きを行うシンメトリー等もある。　E　投球がストライクゾーンで打者に触れた場合には，打者がこれを避けようとしたかどうかを問わず，すべてストライクが宣告される。ツーストライク後にバントが失敗してファールになった場合は，3バントアウトとなる。　F　シッティングバレーボールは，足などに障がいのある選手がプレーをする球技で，特徴は試合中に選手が座ったままプレーをする点である。スパイクやブロックなどで臀部が床から離れるとリフティングの反則となる。

【3】① イ　② ウ　③ ア　④ オ
解説　第1学年及び第2学年の鉄棒運動では，支持系や懸垂系の基本的な技を滑らかに行うこと，条件を変えた技，発展技を行うこと，それらを組み合わせること，第3学年の鉄棒運動では，支持系や懸垂系の基本的な技を滑らかに安定して行うこと，条件を変えた技，発展技を行うこと，それらを構成し演技すること，と技能の内容が示されている。
　上掲の解説には，マット運動・平均台運動・跳び箱運動についても主な技が表で例示されているので，必ず学習し，正しく理解しておく。

【4】(1) ア　(2) オ　(3) シ　(4) ケ
解説　(1)　やや強い負荷の運動と弱い負荷の運動(不完全休息)を交互に繰り返し，全身持久力を高めるトレーニングである。　(2)　リラクセーションの方法にはゆっくり深く呼吸をする呼吸法や，筋肉の緊張と弛緩を繰り返す漸進的筋弛緩法などがある。　(3)　一定の大きさの負荷を動かして行う動的トレーニングである。例えばダンベルを上下させる運動のように，関節動作を伴う動的な等張性筋収縮で，物体を引

っ張る力の張力は常に等しく一定である。それに対して，アイソメトリックトレーニングは，一定の体勢を持続させるなどの静的トレーニングである。例えば背中を壁につけて椅子に座ったような姿勢をキープする空気イスのように，関節動作を伴わない静的な等尺性筋収縮で，運動中に筋の長さは常に等しく一定である。　(4)　負荷の大きさの大小を繰り返すインターバルトレーニングと違い，全力での運動(最大負荷)と十分な休息(完全休息)を繰り返すトレーニングである。

【5】問1　2　　問2　1

解説　問1　2について正しくは，第1学年及び第2学年では「体ほぐしの運動は，心と体の関係や心身の状態に気付くこと，仲間と積極的に関わり合うことをねらいとして行われる運動である。」としている。中学校第3学年では「仲間と自主的に関わり合うこと」がねらいであるとしている。　問2　誤りについて，cは他者と勝ち負けを競いながらではなく，他者と勝ち負けを競うものではなくが正しい。dは体力やねらいに応じておこない方が限られているではなく，おこない方を自由に構成できるが正しい。

【6】①　立ち幅跳び　　②　巧緻性　　③　20mシャトルラン
④　敏捷性　　⑤　長座体前屈

解説　平成11年度から「新体力テスト」を用いて，体力・運動能力調査が実施されている。この新体力テストの項目と測定評価される体力要素の出題頻度も，かなり高い。また，各テスト項目の準備や実施方法，記録の取り方，実施上の注意などもよく出題される。「新体力テスト有意義な活用のために」(文部科学省)を参考にして，正しく理解しておきたい。なお，筋パワーとは瞬発力のことである。

【7】(1)　①　胸骨圧迫　　②　気道確保　　③　10秒　　(2)　心室細動を取り除く(除細動)

解説　(1)　このガイドラインは心肺蘇生法の大本で，消防署や赤十字が

行う心肺蘇生法やAEDの救命講習の内容はこのガイドラインに従って作成されている。このガイドラインは5年毎に更新されており，2005年版，2010年版に続いて，2015年版が発表された。オンライン版もあるので，読んでおくこと。　(2)　突然心臓が止まって倒れた人の多くは，心室細動という状態にある。心室細動を起こした心臓に，電気ショックを与える(除細動をおこなう)ことで，心臓の拍動を正常に戻す機器をAED(自動体外式除細動器)という。

【8】①　カ　②　ネ　③　テ　④　ス　⑤　ニ　⑥　ヘ　⑦　ナ　⑧　エ　⑨　ア　⑩　ハ　⑪　コ　⑫　ク　⑬　セ　⑭　ツ　⑮　ウ

解説　①　組織，細胞が生体内の制御に従わずに，自律的に増殖することによってできる組織の塊(かたまり)を腫瘍といい，病理学的にいう新生物と同義である。腫瘍には良性と悪性があり，悪性の腫瘍(新生物)が「がん」と呼ばれる。　②　がん細胞が，無秩序に増え続けて周囲の組織に広がり，他の臓器にも移動してその場所でも増えていくことを転移という。　③　虚血とは血がない状態を意味し，心臓に十分に血がいきわたらない状態の心筋梗塞や狭心症をまとめて虚血性心疾患という。　④　血管の内側にコレステロールがかたまり(プラーク)，そこに何かの拍子で亀裂が入ると，かさぶたのような血液のかたまりができてくる。このかたまりを血栓といい，血管を完全にふさいでしまうと，その先の心臓の筋肉に酸素が届かなくなり細胞が死んでしまうことを心筋梗塞という。　⑤　心臓の筋肉(心筋)に血液を送り酸素と栄養素を供給する冠動脈が，動脈硬化等で狭くなったり，血管がけいれんを起こしたりすると，血液が十分に心筋にいきわたらなくなり，心臓は酸欠状態となり，胸痛等の症状としてあらわれることを狭心症という。　⑥　脳の血管が破れて脳内で出血することが脳出血。⑦　脳の血管が詰まったり閉塞したりすることで脳への血流量が減ってしまうことが脳梗塞。　⑧　過度の飲酒が続くと血圧は上昇し，脳卒中のリスクが高まる。なお，脳卒中は，脳に血液が流れなくなるこ

とによって脳の神経細胞が壊死する病気全般を指し，原因によって「脳梗塞」「脳出血」などに分類される。　⑨　血液中に含まれる脂質を血中脂質といい，主なものはコレステロールと中性脂肪である。脂質異常症とは，血中脂質が基準値より高くなる病気である。

⑩　HDLコレステロールは動脈硬化を進行させないように働く善玉コレステロール，LDLコレステロールは増えすぎる動脈硬化を進める悪玉コレステロールで，コレステロール値に異常がある(特にLDLコレステロール値が高い)と，動脈硬化が進み，脳梗塞，心筋梗塞など血管系の病気が起きやすくなる。　⑪　インスリンは膵臓から分泌されるホルモンの一種。食後に血糖値が上昇すると，それに反応して膵臓のランゲルハンス島から分泌され，糖の代謝を調節し，血糖値を一定に保つ働きをもつ。　⑫　病気がより悪い状態になっていくことを進行するという。　⑬　腎臓は，血液から老廃物や不要な電解質をろ過して，尿を作る働きをしている。腎不全は，腎臓の機能が低下することによって尿量が減少したり，体内の水分や電解質のバランスが乱れたりする状態のことをいう。　⑭　肥満や運動不足などが原因でインスリンが効きにくくなると，筋肉や肝臓，脂肪細胞でブドウ糖が吸収されにくくなり，血糖値が上がりやすくなる。　⑮　歯周組織は，歯を支える周囲の組織のことをいい，歯の周囲組織の病気が歯周病である。進行すると，歯ぐきや歯を支える骨などが溶けてしまい支えられなくなって歯が抜けてしまう。

【9】1　a　　2　c

解説　1　aは，精神疾患は誰でもなりえる疾患である。　2　一般的に心の病気を発病してから治療開始までの期間は決して短くない。この発病してから治療開始までの未治療期間のことを精神病未治療期間(DUP)とよぶ。

【10】C

解説　この2017年の調査によると，薬物の経験者は約220万人と推定さ

れている。各薬物の推定使用者数は大麻が最も多く約130万人，次いで有機溶剤が約100万人，覚醒剤が約50万人であり，大麻乱用が拡大している結果となっている。(出題の資料より)

【11】 ① 運動　② 知る　③ 仲間　④ 協働　⑤ 健康
⑥ 疾病　⑦ 生活の質　⑧ 知識の指導

解説 この答申を受けて，平成29年3月に小中学校の新学習指導要領が告示された。中学校保健体育科では，生涯にわたって運動やスポーツに親しみ，スポーツとの多様な関わり方を場面に応じて選択し，実践することができるよう，「知識及び技能」，「思考力，判断力，表現力等」，「学びに向かう力，人間性等」(資質・能力の三つの柱)の育成を重視するとともに，個人生活における健康・安全についての「知識及び技能」，「思考力，判断力，表現力等」，「学びに向かう力，人間性等」(資質・能力の三つの柱)の育成を重視して改善を図っている。

【12】 4

解説 1については，「運動部活動の在り方に関する総合的なガイドライン」では，部活動指導員は学校教育法施行規則第78条の2に基づき，「中学校におけるスポーツ，文化，科学等に関する教育活動(中学校の教育課程として行われるものを除く。)に係る技術的な指導に従事する」学校の職員であり，学校の教育計画に基づき，校長の監督を受け，部活動の実技指導，大会・練習試合等の引率等を行うとしている。2の長期休業中の休養日の設定は，学期中に準じた扱いを行う。また，生徒が十分な休養を取ることができるとともに，運動部活動以外にも多様な活動を行うことができるよう，ある程度長期の休養期間(オフシーズン)を設けるとしている。3は，「〜より多くの生徒の運動機会の創出が図られるよう」までの記述は正しいが，続く「競技志向で活動を行うことができる運動部を設置」が誤り。生徒の運動・スポーツに関するニーズが多様化する中，現在の運動部活動は，女子や障害のある生徒等も含めて，生徒の潜在的なスポーツニーズに必ずしも応えられて

いないことを踏まえ，校長は生徒の多様なニーズに応じた活動を行う
ことができる運動部を設置する，である。

第4部

保健体育科
実践問題演習

実践問題演習 体つくり運動

ポイント

　体つくり運動は，体ほぐしの運動と体の動きを高める運動，実生活に活かす運動の計画で構成され，自他の心と体に向き合って，体を動かす楽しさや心地よさを味わい，心と体をほぐしたり，体の動きを高める方法を学んだりすることができる領域である。

　小学校では，体つくり運動で学んだことを授業以外でも生かすことをねらいとした学習をしている。

　中学校では，これらの学習を受けて，より具体的なねらいをもった運動を行い，学校の教育活動全体や実生活で生かすことができるようにすることが求められる。

　高等学校では，これまでの学習を踏まえて，「体を動かす楽しさや心地よさを味わい，自己の体力や生活に応じた継続的な運動の計画を立て，実生活に役立てること」などが求められる。

実践問題演習

【1】次の文は，中学校学習指導要領解説(平成29年7月)「保健体育編」に示されている「A　体つくり運動」[第1学年及び第2学年]の内容の一部である。文中の(ア)～(ウ)に当てはまる言葉を下のA～Fから1つずつ選び，記号で答えよ。ただし，同じ記号には同じ言葉が入る。

　○　体つくり運動は，体ほぐしの運動と体の動きを高める運動及び(ア)に生かす運動の計画で構成され，(イ)の心と体に向き合って，体を動かす楽しさや心地よさを味わい，心と体をほぐしたり，体の動きを高める方法を学んだりすることができる領域である。

　○　小学校では，体つくり運動で学んだことを(ウ)以外でも行う

ことをねらいとした学習をしている。

○ 中学校では，これらの学習を受けて，より具体的なねらいをもった運動を行い，学校の教育活動全体や(ア)で生かすことが求められる。

A 授業　　B 仲間　　C 実生活　　D 自他　　E 体育
F 学校生活

【2】 次の(1)～(3)の各問いに答えよ。

(1) 「中学校学習指導要領(平成29年告示)解説　保健体育編」(文部科学省)及び「高等学校学習指導要領(平成30年告示)解説　保健体育編 体育編」(文部科学省)に示されている中学校[第3学年]及び高等学校[入学年次]の体ほぐしの運動に関する記述として適切なものを，次の1～5から1つ選べ。

1　大きくリズミカルに全身や体の各部位を振ったり，回したり，ねじったり，曲げ伸ばしたりすること。

2　体の各部位をゆっくり伸展し，そのままの状態で約10秒間維持すること。

3　大きな動作で，ボールなどの用具を，力を調整して投げたり受けたりすること。

4　二人組で上体を起こしたり，脚を上げたり，背負って移動したりすること。

5　のびのびとした動作で用具などを用いた運動を行うことを通して，気付いたり関わり合ったりすること。

(2)　次の文章は，中学校学習指導要領(平成29年3月告示)「保健体育」の一部である。下の各問いに答えよ。

体つくり運動について，次の事項を身に付けることができるよう指導する。

(1)　次の運動を通して，体を動かす楽しさや心地よさを味わい，体つくり運動の意義と行い方，体の動きを高める方法などを理解し，目的に適した運動を身に付け，組み合わせること。

> ア　(略)
> イ　体の動きを高める運動では，ねらいに応じて，体の柔らかさ，（　①　）動き，（　②　）動き，<u>動きを持続する能力を高めるための運動</u>を行うとともに，それらを組み合わせること。

1　（　①　），（　②　）の各空欄に適する語句を答えよ。

2　下線部の「動きを持続する能力を高めるための運動」の指導に際して，中学校学習指導要領解説(平成29年7月)ではどのようにすることが大切とされているか，答えよ。

(3)　次の文は，高等学校学習指導要領解説(平成30年7月)「保健体育編・体育編」に示されている「実生活に生かす運動の計画」に関するものである。文中の各空欄に適する語句を答えよ。ただし，同じ問いの空欄には，同じ解答が入るものとする。

> 　実生活に生かす運動の計画では，自己の日常生活を振り返り，自己のねらいに応じて，健康の保持増進や調和のとれた体力の向上を図るために，継続的な運動の計画を立てて取り組むこととする。
>
> 　指導に際しては，①自己の(　ア　)に応じた目標の設定，②目標を達成するための課題の設定，③課題解決のための(　イ　)の選択，④選んだ運動に基づく計画の作成，⑤(　ウ　)とその内容の記録，⑥測定，評価による学習成果の確認及び新たな目標の設定といった計画と(　ウ　)の過程に着目して継続的な計画を立てて取り組めるようにすることが大切である。その際，指導の成果を求めすぎたり(　エ　)な取組になったりすることのないよう，自らの体力や生活の状況に応じて，(　オ　)意欲をもって継続的に取り組むことができるよう配慮することが大切である。
>
> 　また，一部の体力の要素のみの向上を図るのではなく，(　カ　)に体の動きを高めることで調和のとれた体力の向上が図られるよう配慮する必要がある。

【3】 体つくり運動について，中学校学習指導要領解説保健体育編の内容を踏まえ，次の(1)～(3)に答えなさい。

(1) 第1学年及び第2学年において，「体の柔らかさを高める運動」の指導に際して留意することを2つ書きなさい。

(2) 第3学年において学習する「体の構造」のうち，①関節，②筋肉について生徒に指導する内容をそれぞれ1つずつ書きなさい。

(3) 次の文は，第3学年において学習する「実生活に生かす運動の計画の行い方の例」である。(①)，(②)に適する語句を以下のア～クから1つ選び，その記号を書きなさい。

○健康に生活するための体力の向上を図る運動の計画と実践
　・運動不足の解消や(①)維持のために，食事や睡眠などの生活習慣の改善も含め，(②)や家庭などで日常的に行うことができるよう効率のよい組合せやバランスのよい組合せで運動の計画を立てて取り組むこと。

ア　休憩時間　　イ　体形　　ウ　職場　　エ　学校
オ　心身の健康　カ　体調　　キ　代謝　　ク　スポーツクラブ

【4】 中学校学習指導要領解説(平成29年7月)「保健体育編」における「Ａ　体つくり運動」に示されている内容について，次の各問いに答えよ。

(1) 体つくり運動領域の授業時数は各学年で何単位時間以上を配当することとしているか答えよ。

(2) 次の文は，第1学年及び第2学年における体ほぐしの運動に示されている＜行い方の例＞である。

① a～fに適語を記せ。

＜行い方の例＞
・　のびのびとした(a)で用具などを用いた運動を行うことを通して，(g)。
・　リズムに乗って(b)が弾むような運動を行うことを通して，(g)。

- ・ 緊張したり緊張を解いて(c)したりする運動を行うことを通して, (g)。
- ・ いろいろな(d)で, 歩いたり走ったり跳びはねたりする運動を行うことを通して, (g)。
- ・ 仲間と動きを合わせたり, (e)したりする運動を行うことを通して, (g)。
- ・ 仲間と協力して課題を達成するなど, (f)で挑戦するような運動を行うことを通して, (g)。

② 今回の改訂により, 上の文の(g)の部分が新たに加えられた。(g)に入る内容を記せ。

(3) 従前の「体力を高める運動」と示していたものを, 第1学年及び第2学年で新たに「体の動きを高める運動」と示した理由を記せ。

【5】 次の各問いに答えなさい。

1 トレーニングの原則に関する用語とその説明として誤っているものを, 次のa～eの中から一つ選びなさい。

	用語	説明
a	漸進性	体力の向上とともに, しだいに運動の強さや量を高める。
b	反復性	不規則に様々な動きを継続することで, 効果を高める。
c	意識性	トレーニングの意義をよく理解し, 目的をもって積極的におこなう。
d	個別性	個人差をよく理解し, 個人の特徴に応じたトレーニングをおこなう。
e	全面性	心身の機能が調和を保って全面的に高められるようにする。

2 次の ____ の中の文は, 「筋力」を高めるトレーニングの方法を説明したものである。文中の( )の①～⑤に当てはまる語句の組み合わせとして適切なものを, 以下のa～eの中から一つ選びなさい。

ただし，（　　）の同じ番号には，同じ語句が入るものとする。

> 筋力を高める方法には，（　①　）を静的におこなう（　②　）と動的におこなう（　③　）がある。（　②　）は，筋肉が長さを変えずに力を発揮するトレーニング法で，その効果は，発揮する力が強ければ強いほど，短時間で筋力が効果的に強化される。（　③　）は，筋肉が長さを変えながら力を発揮するトレーニング法で，（　④　）が10回以下の比較的重い（　⑤　）を用いると，筋力を効果的に高めることができる。

	①	②	③	④	⑤
a	筋収縮	アイソメトリックトレーニング	アイソトニックトレーニング	最大筋力	負荷
b	酸素供給	アイソトニックトレーニング	アイソメトリックトレーニング	最大筋力	摩擦
c	筋収縮	アイソトニックトレーニング	アイソメトリックトレーニング	最大反復回数	負荷
d	筋収縮	アイソメトリックトレーニング	アイソトニックトレーニング	最大反復回数	負荷
e	酸素供給	アイソトニックトレーニング	アイソメトリックトレーニング	最大筋力	摩擦

【6】次の記述は，体力トレーニングの内容について述べたものである。記述ア～エについて，正誤の組合せとして最も適切なものを，あとの①～⑥から1つ選べ。

ア　全力に近い強度の運動と，不完全な休息を交互に繰り返しておこなうトレーニングをインターバルトレーニングという。

イ　負荷が変化しても速度を一定に保つトレーニング方法は，アイソトニック・トレーニングと呼ばれている。

ウ　全力ペースの運動と十分な休息を交互に繰り返しておこなうトレーニングをレペティショントレーニングという。

エ　筋肉が長さを変えずに力を発揮する運動は，アイソキネティック・トレーニングと呼ばれている。

①	アー正	イー正	ウー誤	エー誤
②	アー正	イー誤	ウー正	エー誤
③	アー正	イー正	ウー誤	エー正
④	アー誤	イー誤	ウー正	エー正
⑤	アー誤	イー正	ウー誤	エー正
⑥	アー誤	イー誤	ウー正	エー誤

【7】新体力テストについて説明した文として誤っているものを，次のa ～eの中から一つ選びなさい。

a　上体起こしは，30秒間の回数を記録し，1回のみ計測する。

b　反復横跳びは，外側のラインを踏まないとき，こえないときや中央ラインをまたがなかったときは点数としない。

c　ハンドボール投げは，地面に描かれた円内から，40°の枠内に力いっぱい投げる。

d　50m走は，スタートの合図から，ゴールライン上に胴(頭，肩，手，足ではない)が達するまでの時間を計測する。

e　20mシャトルラン「往復持久走」は，最後にラインをこえる(触れる)ことができた地点での折り返しの総回数を記録する。

【8】次の文章は，「体力トレーニング」について述べたものである。文中の各空欄に適する語句を答えよ。

体力トレーニングを指導する際には，トレーニングの原則を守って行うことが大切であり，成果を急いで原則を無視して行うと，効果がないばかりでなく，事故や傷害を起こす原因となる。そのため，トレーニングを進めていく上で守るべき「トレーニングの5大原則」がよく知られており，スポーツに伴うケガや故障予防の観点からいえば，次の3つの原則がとくに重要である。

1つ目は(　①　)の原則であり，トレーニングをする各個人の状況を考慮してトレーニング内容を組み立てるということである。考慮すべき因子としては，性，年齢，技術レベル，体力レベル，経験年数，健

康状態，性格などがあげられる。

　2つ目は(②)の原則であり，負荷量は段階的に増やしていき，短期間に急激に量を増大させないということである。例えば，「走り込み」では，走行距離，走行時間を一挙に倍増したり，「制限タイム」を設定して急に速いスピードを要求したり，坂道を急に長く走らせる等の方法はこの原則からはずれるものである。

　3つ目は(③)の原則であり，あるスポーツ種目の競技力を向上させるためには，スポーツに必要な全般的な体力を向上させるということである。そのスポーツのみに関係した技術・体力の養成を図ることばかりを強いていると，からだのある一部分しか使われないために，基礎体力の強さが獲得できないばかりか，その部分のケガ・故障をきたすことになる。

　一方，トレーニングの効果は，運動の刺激に対する体の適応現象として現れるものである。よって，望ましいトレーニング効果をあげるためには，現在もっている体力レベルより高い運動刺激を与える必要があり，このことを(④)の原則と呼んでいる。

【9】次は体力トレーニングについて述べたものである。文中の各空欄に適する語句を答えよ。

・体の(①)は，関節の構造と，筋肉，腱，靭帯などの柔らかさが関係しているので，いろいろな方向に関節を大きくゆすったり曲げたりのばしたりするストレッチングが効果的である。

・筋力，瞬発力，持久力，(①)などを適切に組み合わせて，スポーツなどの動作を積極的に調整するのは神経系，すなわち動作を指令したり調整したりする「(②)神経」と，その指令や感覚を伝える「(③)神経」の役割である。神経系の働きによって，運動中の姿勢のバランスをうまく調節し，運動をすばやく，じょうずにおこなう能力を調整力という。

・力強い運動の原動力となる筋力の強さは，筋肉の太さと密接な関係にある。この筋力を高める方法には，筋収縮を静的におこなう

「（ ④ ）トレーニング」と動的におこなう「（ ⑤ ）トレーニング」
がある。

■■■ ■■■■■ ■■■ 解答・解説 ■■■ ■■■■■ ■■■

【1】ア C　イ D　ウ A

解説 体ほぐしの運動は，運動を行うことがねらいではなく，心と体の
関係に気付いたり仲間と関わり合ったりすることがねらいであると示
された。また，心と体の関係だけでなく，心身の状態にも気付くこと
が加えられた。さらに，交流は，関わり合うという表現になり，第1
学年及び第2学年では仲間と積極的に，第3学年では仲間と自主的に関
わり合うという系統性が示されていることを押さえておきたい。

【2】(1) 5　(2) 1 ① 巧みな　② 力強い　2 心拍数や疲労
感などを手掛かりにして，無理のない運動の強度と時間を選んで行う
ようにする。　(3) ア ねらい　イ 運動例　ウ 実践　エ
強制的　オ 楽しく　カ 総合的

解説 (1)　体ほぐしの運動は，手軽な運動を行うことを通して，心と体
の関係や心身の状態に気付いたり，仲間と積極的に関わり合ったりす
ることが重要である。　(2) 1　①　巧みな動きを高めるための運動
は，自分自身で，あるいは人や物の動きに対応してタイミングよく動
くこと，力を調整して動くこと，バランスをとって動くこと，リズミ
カルに動くこと，素早く動くことができる能力を高めることをねらい
として行われる運動である。　②　力強い動きを高めるための運動と
は，自己の体重，人や物などの抵抗を負荷として，それらを動かした
り，移動したりすることによって，力強い動きを高めることをねらい
として行われる運動である。　2　動きを持続する能力を高めるため
の運動とは，一つの運動又は複数の運動を組み合わせて一定の時間に
連続して行ったり，あるいは，一定の回数を反復して行ったりするこ
とによって，動きを持続する能力を高めることをねらいとして行われ
る運動である。　(3)　学習指導要領の改訂により，「体つくり運動」

については，生徒の運動経験，能力，興味，関心等の多様化の現状を踏まえ，体を動かす楽しさや心地よさを味わわせるとともに，健康や体力の状況に応じて自ら体力を高める方法を身に付けさせ，地域などの実社会で生かせるよう改善を図った。そこで，従前「体力を高める運動」として示していたものを，体力の必要性を認識し，日常的に継続して高める能力の向上が重要であることから，「実生活に生かす運動の計画」として新たに示した。

【3】(1) ・体のどの部位が伸展や収縮をしているのかを意識できるようにすること ・可動範囲を徐々に広げたり，負荷の少ない動的な運動から始めたりして行うようにすること (2) ① 関節には可動範囲があること ② 体温が上がると筋肉は伸展しやすくなること (3) ① カ ② ア

解説 (1) 体の柔らかさを高める運動とは，全身や体の各部位を振ったり回したりすることや，曲げたり伸ばしたりすることによって，体の各部位の可動範囲を広げることをねらいとして行われる運動である。第1学年及び第2学年の体の動きを高める運動には，体の柔らかさを高める運動，巧みな動きを高める運動，力強い動きを高める運動，動きを持続する能力を高める運動がある。 (2) 体の構造ではほかに，同じ運動をしすぎると関節に負担がかかること，関節に大きな負荷がかからない姿勢であることなどの理解の指導が行われる。 (3) 実生活に生かす運動の計画では，運動不足を解消する，体調を維持するなどの，健康に生活するための体力や運動を行うための，調和のとれた体力を高めていく運動の計画を立てて取り組むことが，指導のねらいとなる。

【4】(1) 7単位時間 (2) ① a 動作 b 心 c 脱力 d 条件 e 対応 f 集団 ② 気付いたり関わり合ったりすること (3) 〈解答例〉体力の向上に特化した反復トレーニングとなりがちな傾向が見られたことによる。新学習指導要領では，新体力テ

ストの結果等に見られる回数や記録ではなく，体の基本的な動きを高めることをねらいとしている。

解説 (1) 体つくり運動は，各学年において，すべての生徒に履修させることとし，授業時数は各学年とも，7単位時間配当される。

(2) 体ほぐしの運動は，運動を行うことだけではなく，運動を行うことを通して，心と体の関係や心身の状態に気付いたり，仲間と積極的に関わり合うことが重要であると示された。〈行い方の例〉として，第1学年・第2学年では6項目，第3学年では5項目が示されている。それぞれのねらいの違いを理解しておきたい。 (3) 公式解答の評価基準には，「体力の向上，回数・記録，体の基本的な動き等のキーワードを主な観点として相対的に評価する」とある。体の動きを高める運動は，体の柔らかさ，巧みな動き，力強い動き，動きを持続する能力を高めることがねらいとされている。それぞれの動きを高めるための運動を行い，調和のとれた体力を高めることが大切となる。なお，新学習指導要領で「体の動きを高める運動」と示されたのは，運動の回数や記録にこだわるのではなく，体の基本的な動きを高めることを目指すためである。また，体の動きを高める方法では，ねらいや体力の程度に応じて，適切な強度，時間，回数，頻度などを考慮した運動の組合せが大切となる。

【5】1 b 2 d

解説 1 反復性とはトレーニングを規則的に繰り返し行うことで，効果を高めることである。 2 筋力を高めるトレーニングには筋収縮を静的に行うアイソメトリックトレーニングと動的に行うアイソトニックトレーニングの二つに分けられる。筋力を高めるトレーニングの指標としては最大反復回数と負荷がある。

【6】②

解説 体力トレーニングの種類に関する問題は出題頻度が高く，また混同しやすい名前なので正しく理解すること。イはアイソキネティック・トレーニング，エはアイソメトリック・トレーニングが正しい。

【7】c
解説 cのハンドボール投げの枠は，40°ではなく30°である。

【8】① **個別性** ② **漸進性** ③ **全面性** ④ **オーバーロード**
(過負荷)
解説 オーバーロード(過負荷)の原則及びトレーニングの5原則は，非常に出題頻度が高いので，正しく説明できるようにしておく。トレーニングの5原則は，①個別性，②漸進性，③全面性，④意識性の原則：運動処方の意義，手段，方法などを理解し，目的や目標を持って運動を行う，⑤反復性の原則：運動は繰り返し行うことで効果が現れるので，規則的に継続して行う，である。

【9】① **柔軟性** ② **中枢** ③ **末梢** ④ **アイソメトリック**
⑤ **アイソトニック**
解説 体力トレーニングの方法と内容及び運動と筋・骨の働き，運動と神経の働きに関する内容も，出題頻度が高いので学習しておく必要がある。筋力トレーニングには筋肉の収縮の方法によって，次の2つに分けることができる。 アイソメトリックトレーニング：筋肉の等尺性収縮によって筋肉の緊張を一定時間持続させ，筋肉を収縮させないで，特別な器具を使用せず動かないものに対する抵抗を利用して力を発揮する静的な筋力トレーニング。 アイソトニックトレーニング：筋肉の等張性収縮によって抵抗に対抗して，筋肉を収縮させながら，断続的に重量物を用いて繰り返して力を発揮する動的な筋力トレーニング。

実践問題演習 器械運動

ポイント

　器械運動は，マット運動，鉄棒運動，平均台運動，跳び箱運動で構成され，器械の特性に応じて多くの「技」がある。これらの技に挑戦し，その技ができる楽しさや喜びを味わうことのできる運動である。

　小学校では，技ができることや技を繰り返したり組み合わせたりすることを学習している。

　中学校では，これらの学習を受けて，技がよりよくできることや自己に適した技で演技することが求められる。したがって，第1学年及び第2学年では，技ができる楽しさや喜びを味わい，その技がよりよくできるようにする。また，器械運動の学習に積極的に取り組み，よい演技を認めることや一人一人の違いに応じた課題や挑戦を認めることなどに意欲をもち，健康や安全に気を配るとともに，技の行い方や練習の仕方などを理解し，課題に応じた運動の取り組み方を工夫できるようにすることが大切である。

　高等学校では，これまでの学習を踏まえて，技がよりよくできたり，自己や仲間の課題を解決したりするなどの多様な楽しさや喜びを味わい，「自己に適した技で演技する」ことなどが求められている。

　したがって，技がよりよくできる楽しさや喜びを深く味わい，器械運動の学習に主体的に取り組み，技などの自己や仲間の課題を発見し，合理的な解決に向けて運動の取り組み方を工夫するとともに，自己の考えたことを他者に伝えることができるようにすることが大切である。また，よい演技を讃たたえることや一人一人の違いに応じた課題や挑戦を大切にすることなどに意欲をもち，健康や安全を確保することができるようにする。

　なお，高等学校では，中学校第3学年との接続を踏まえ，入学年次においては，これまでの学習の定着を確実に図ることが求められることから，入学年次とその次の年次以降に分けて，学習のねらいを段階的に示している。

実践問題演習

【1】 次の文は，器械運動について述べた文である。文中の各空欄に適する語句を答えよ。

(1)　ドイツの(①)は，巧技的な運動を教育の一環として，鉄棒・跳び箱・平均台・平行棒などの原型になるような器械を用いて，トゥルネンという運動を創始した。

(2)　器械運動は日本には明治初期に学校体育の中に導入されたが，(②)体操の影響を強く受け，徒手体操や器械体操として跳び箱運動や鉄棒運動が体力づくりや姿勢訓練のための運動として行われた時期があった。

(3)　第17回ローマオリンピック以降，(③)オリンピック，メキシコオリンピック，ミュンヘンオリンピック，モントリオールオリンピックの5大会で日本男子体操は団体総合の金メダルを獲得した。

(4)　高等学校学習指導要領(平成30年3月告示)の器械運動領域に示す技能の内容は，マット運動，鉄棒運動，(④)運動，跳び箱運動の4種目である。

(5)　鉄棒運動には，け上がりや逆上がりなどの(⑤)系の技と高鉄棒での手の握り方(順手，片逆手)や懸垂の仕方(正面，背面)を変えての懸垂振動などの懸垂系に分類することができる。

【2】 「器械運動」について，(A)〜(D)にあてはまる正しい語句の組合せを，下の①〜⑤から1つ選べ。

(1)　鉄棒運動の「け上がり」は(A)系の技である。

(2)　跳び箱運動の「かかえ込み跳び」は(B)系の技である。

(3)　平均台運動の「ギャロップ」は(C)系の技である。

(4)　マット運動の「倒立」は(D)系の技である。

	A		B		C		D	
①	A	支持	B	切り返し	C	バランス	D	回転
②	A	懸垂	B	回転	C	バランス	D	巧技
③	A	支持	B	回転	C	体操	D	回転
④	A	支持	B	切り返し	C	体操	D	巧技

⑤　A　懸垂　　B　切り返し　　C　バランス　　D　巧技

【3】次の文は，器械運動に関して説明したものである。文中の各空欄に適する語句を答えよ。

　器械運動は，マット運動，鉄棒運動，平均台運動，跳び箱運動で構成されている。マット運動には，後転，頭はねおきなどの回転系の技と，Y字バランスや倒立などの（　①　）系の技がある。鉄棒運動には，け上がり，逆上がりなどの（　②　）系の技と，前振り跳び下りなどの（　③　）系の技がある。平均台運動には，前方走，伸身跳びなどの（　④　）系の技と，立ちポーズ，片足ターンなどの（　⑤　）系の技がある。跳び箱運動には，屈身跳びなどの（　⑥　）系の技と，頭はね跳びなどの回転系の技がある。

【4】次は，「B　器械運動[第1学年及び第2学年](1)　知識及び技能」の一部である。以下の①〜②に答えよ。

(1)　次の運動について，技ができる楽しさや喜びを味わい，器械運動の特性や成り立ち，技の名称や行い方，その運動に関連して高まる体力などを理解するとともに，技をよりよく行うこと。
　ア　マット運動では，A回転系や巧技系の基本的な技を滑らかに行うこと，B条件を変えた技や発展技を行うこと及びそれらを組み合わせること。

①　下線部Aは，2つの技群に分類することができる。それぞれの技群の名称を分けて記せ。また，各技群における「基本的な技」及び「発展技」を一つずつ記せ。
②　下線部Bについて，次の文の（　ⅰ　），（　ⅱ　）にあてはまることばをそれぞれ記せ。
　　条件を変えた技とは，同じ技でも，開始姿勢や（　ⅰ　）を変えて行う，その技の前や後に動きを組み合わせて行う，手の（　ⅱ　）や握りを変えて行うことなどを示している。

【5】器械運動について，以下の(1)～(5)の各問いに答えよ。

(1) 図1は，マット運動における回転系の技の一つを連続する動作に
分けて示したものである。技の名称を答えよ。

図1

(2) 次の文と図1～4は，器械運動指導の手引(平成27年3月　文部科学
省)「第5章　『器械運動系』領域のQ＆A」「1．施設や用具を活用す
る際の留意点と活用方法」「段差や傾斜などの効果的な活用方法」
に示されている内容である。文中の[　ア　]～[　オ　]に当てはま
ることばをa～eから選び，その記号を書きなさい。

> (1) [　ア　]技群(特にはね跳びや前方倒立回転跳びなど)の技
> で，起き上がりやすくするための練習の場として，跳び箱や
> 体育館のステージ(段差がありすぎる場合は危険)等の段差を
> 活用できます。
>
> (2) マットを縦に二つ折りにして段差を付けた場は，[　イ　]
> などの練習に効果的です。
>
> (3) マットの上に別のマットを，間隔を置いておき，幅のある
> 溝をつくることで，[　ウ　]の練習に効果的です。
>
> (4) マットを2～3枚重ね，角から斜めに使用すると，[　エ　]
> の段階練習に効果的です。
>
> (5) マットの下に踏切板を入れて浅い角度の傾斜(坂)をつくる
> ことにより，[　ウ　]グループの技や[　オ　]などで回転を加
> 速する際に有効です。

図1 段差の活用

図2 マットを重ねて幅のある溝をつくった場

図3 2～3枚マットを重ね斜めから使用

図4 踏切版を入れて浅い角度の傾斜（坂）をつくった場

a 後転　　b 開脚前転　　c ほん転　　d 伸膝前転
e 倒立前転

(3)　図3は，鉄棒運動における懸垂系の技の一つを，連続する動作に分けて示したものである。技の名称を答えよ。

図3

(4)　図4の①，②は，鉄棒運動における鉄棒の握り方を示したものである。それぞれの名称を答えよ。

図4

① 　　　　　 ②

(5) 鉄棒運動の上がり技，支持回転技，下り技について，現行中学校学習指導要領解説保健体育編に例示されている技の中から，それぞれ2つずつ答えよ。

【6】下線部(A)〜(E)のうち，「学校体育実技指導資料 第10集 『器械運動指導の手引』(平成27年3月 文部科学省) 第3章 技の指導の要点 第4節 跳び箱運動 2. 基本となる動き」について記載した内容として，言葉が正しいものを○，誤っているものを×としたとき，○×の正しい組合せを以下の①〜⑤の中から一つ選べ。

---

2. 基本となる動き

　ここでは，技の学習のベースとなる能力を身に付ける運動を，跳び箱運動における基本となる動きとして捉えます。跳び箱運動の技は一般に，助走→(A)踏み込み→踏み切り→第一空中局面→着手→第二空中局面→着地という運動経過をたどります。技の学習のベースとなる能力として，大きく「助走から踏み切り」，「(B)突き放し」，「着地」の三つの要素を挙げることができます。そしてこれらを，(C)全体の一連の流れとして行えることが必要になります。

　まず「助走から踏み切り」については，助走と両足踏み切りをリズミカルに組み合わせ，両足踏み切りを効果的に行い，踏み切り後には(D)空中前方に跳び出していけるような能力が必要です。そのための基本となる動きとして，最初は助走距離を長くしないで，(E)6〜7歩踏み出して，踏切板を両足で踏み切り，踏切板の前に置いたマットに着地したり，踏切板を壁の手前において，両足踏み切りから壁に両手を着いてから着地するようにします。

(以下略)

	(A)	(B)	(C)	(D)	(E)
①	○	○	○	×	×
②	×	×	×	○	○
③	○	×	×	×	○
④	○	×	○	○	×
⑤	×	○	○	×	○

【7】器械運動について，次の各問いに答えよ。

(1) 中学2年生のマット運動の授業で，倒立前転に取り組ませたところ，倒立姿勢から前に倒れながら肘を曲げて前転しようとしたとき，マットに背中から倒れた生徒がいました。この生徒について，倒立姿勢から体を順々にマットに接触しながら回転する動きにつなげる練習をする際，取り組むとよい技や運動名を2つ答えよ。

(2) 中学1年生の跳び箱運動の授業で，かかえ込み跳びに取り組ませたところ，跳び箱の手前の方に着手したものの，手を跳び箱に着いたまま，跳び箱の上に正座してしまう生徒がいました。この生徒について，手で力強く突き放す動きや膝を胸の方に抱え込む動きにつなげる練習をする際，取り組むとよい運動や練習方法を2つ答えよ。

【8】中学校第1学年の器械運動「マット運動」の学習について，次の各問いに答えよ。

(1) 第1学年で扱う倒立グループの基本的な技を2つ書け。

(2) 倒立グループの基本的な技の指導について，次の①，②の問いに答えよ。

① 振り上げ足が十分に上がらない生徒に対して，どのような支援をするとよいか書け。

② 足は上がるが，バランスを保って倒立姿勢を維持することができない生徒に対して，頭の位置と目線について，どのように助言するとよいか書け。

(3) 図1の技について，下の①，②の問いに答えよ。

図1

① この技の名称を書け。
② この技を練習するにあたって，体がまっすぐ伸びないという技能面での課題が見られた。その課題を解決するための練習の場を図示し，その練習の留意点を具体的に説明せよ。

━━━ ■ 解答・解説 ■ ━━━

【1】① ヤーン ② スウェーデン ③ 東京 ④ 平均台
⑤ 支持

解説 器械体操についての問題。①～③は歴史問題でやや難易度が高い。②のスウェーデン体操は1897年に日本に伝えられ，師範学校を中心に行き渡った。

【2】④

解説 器械運動の各種目には多くの技があることから，それらの技を，系，技群，グループの視点によって分類している。学習指導要領解説書に，各種目の主な技が例示されているので，必ず学習しておくようにする。

【3】① 巧技 ② 支持 ③ 懸垂 ④ 体操 ⑤ バランス
⑥ 切り返し

解説 器械運動の各種目には多くの技があることから，それらの技が，系，技群，グループの視点によって分類されている(学習指導要領解説参照)。系とは各種目の特性を踏まえて技の運動課題の視点から大きく

分類したものである。技群とは類似の運動課題や運動技術の視点から分類したものである。グループとは類似の運動課題や運動技術に加えて，運動の方向や運動の経過，さらには技の系統性や発展性も考慮して技を分類したものである。なお，平均台運動と跳び箱運動については，技の数が少ないことから系とグループのみで分類されている。この分類については，中学校と高等学校との一貫性を図ったものである。

【4】① ・技群…接転　基本的な技…前転(開脚前転，補助倒立前転，後転，開脚後転)　発展技…伸膝前転(倒立前転，跳び前転，伸膝後転，後転倒立)　・技群…ほん転　基本的な技…側方倒立回転(倒立ブリッジ，頭はねおき)　発展技…側方倒立回転跳び(ロンダート)(前方倒立回転，前方倒立回転跳び)　② ⅰ 終末姿勢　ⅱ 着き方

解説 ① 接転技群は，背中をマットに接して回転する技群，ほん転技群は，手や足の支えで回転する技群である。　② 条件を変えた技について同資料では次のように説明している。「例えば，マット運動の回転系のうち，接転技群の前転グループでは前転が基本的な技にあたる。」「条件を変えた技では，その前転を，足を前後に開いた直立の開始姿勢からや歩行から組み合わせて行ったり，回転後の終末姿勢を片足立ちに変えたり，両足で立ち上がった直後にジャンプしたりするなど，動きを組み合わせて行うことを示している。」

【5】(1) 後転倒立　(2) ア ｃ　イ ｂ　ウ ａ　エ ｅ　オ ｄ (3) 懸垂振動ひねり　(4) ① 順手　② 片逆手　(5) 上がり技…逆上がり，け上がり　支持回転技…前方支持回転，後方支持回転　下り技…踏み越し下り，支持跳び越し下り

解説 (1) 後転倒立は回転系の接点技群，後転グループの伸膝後転の発展技である。　(2) ア ほん転技群のはね跳びや前方倒立回転跳びで，回転力を高めて起き上がるためには，腰における屈伸動作で体を反らせ，手の押しを同調させることが大切である。回転が十分でなく起き

上がることができない場合には，段差を利用して低いところに着地することで，体を反ったまま回転し，着地の準備をする感覚をつかむようにする。　イ　開脚前転で，脚を開けない人には，段差を利用して高い所から転がり低い所に足を下におろすようにすると，脚が開かなくても，腰の位置をあまり上げずに立つことができ，感覚をつかむことができる。　ウ　後転は，上体を後ろに倒し，頭がマットに触れる直前に脚を振り上げ，手の押しと腰の開きを同調させることによって，頭を抜くようにする。頭を抜くことができない場合には，幅のある溝を用いて頭を抜く感覚をつかむ。　エ　倒立前転は，倒れる勢いを利用して前転に移行していく。倒立前転のコツは，頭の後ろからマットにつけ，背中，腰，お尻，膝と，順に丸くしていく。重ねたマットはセーフティマットよりも固いので，前転の感覚はつかみやすく，段階的な練習をしやすい。　オ　伸膝前転は，膝を伸ばして大きく回り，かかとと手を同時に床へつけて，体を大きく前に倒して起き上がる技である。坂道を使うと回転の勢いが増すので，手をつくタイミングや，起き上がる時の体を前に倒すタイミングを身につけやすい。　(3)　懸垂振動ひねりは，懸垂系の懸垂技群，懸垂グループの懸垂振動の発展技である。　(4)　鉄棒の握り方は，順手，逆手，片逆手の3つがある。(5)　他に上がり技には，膝かけ振り上がり，膝かけ上がり，ももかけ上がりがある。支持回転技には，前方伸膝支持回転，後方伸膝支持回転，後方浮き支持回転がある。下り技には，転向前下り，後ろ振り跳び下り，前振り跳び下り，棒下振り出し下りがある。

【6】③

解説 (B)　「着手」が正しい。「突き放し」は，切り返し系の技の着手の方法で，着手と同時に突き放すことによって，上体を起こす切り返しの動きにつながる。なお，回転系の技の着手は，両腕で体を支えるように着手する。　(E)　「2〜3歩」が正しい。助走の役割は，踏み切りの際に，技の実施に最適な勢いが得られることにあるので，技の学習の初期段階では，短い助走から両足踏み切りへとスムースに行えるようする。

【7】(1) ・ゆりかご　　・大きな前転　　・背支持倒立から転がり立ち　・壁倒立から前転　　・壁登り倒立から前転　　・頭倒立から前転　・補助倒立から補助をつけて前転　から2つ　　(2)　・腕立て伏臥姿勢でジャンプ　　・ウサギ跳び　　・馬跳び　　・タイヤ跳び　・カエル跳びでラインを跳び越す　　・連結跳び箱でかかえ込み支え跳び乗り　　　・横向きの跳び箱で高い着地台へかかえ込み跳び　から2つ

解説 目標とする技の動きや感覚から，系統性を考えて段階的な技術指導を心がけたい。　(1)　倒立前転では，倒立の姿勢両手で体を支えた後，肘を曲げて後頭部から背中，腰が順にマットに触れるようにして滑らかな前転をすることがポイントとなる。この生徒には，倒立前転につながるよう，「倒立姿勢から体を順々にマットに接触しながら回転する動き」を学ばせたい。そこで，技の基礎となる動き(ここでは「ゆりかご」)から，目標とする技(ここでは倒立前転)への系統性を考えるとわかりやすい。解答例に挙げられている技は，いずれも体を順々にマットに接触しながら回転する動きがポイントとなる技である。(2)　かかえ込み跳びでは，膝をかかえ込んで跳び箱を跳び越すために，腕の突き放しと素早い膝のかかえ込みがポイントとなる。この生徒には「手で力強く突き放す動き」，「膝を胸の方にかかえ込む動き」を学ばせたい。解答例について「腕立て伏臥姿勢でジャンプ」，「馬跳び」，「タイヤ跳び」「カエル跳びでラインを跳び越す」は，「手で力強く突き放す動き」の練習となる。「ウサギ跳び」，「連結跳び箱でかかえ込み支え跳び乗り」「横向きの跳び箱で高い着地台へかかえ込み跳び」は，「膝を胸の方にかかえ込む動き」の練習となる。具体的な練習方法の他，跳び箱の高さを低くしたり，補助台で高低差を少なくしたり，跳び箱の周りにセーフティーマットを置いたりすることで，恐怖心を持たずに練習に取り組むことができることについても学習しておくこと。

【8】(1)　頭倒立，補助倒立　　(2)　①　生徒の横に位置し，片方の振り
上げた足を持つように支えてから，両足をそろえて持ってあげる。
②　アゴを出すように頭を上げ，両手と目線の先で三角形を作るよう
にするとよい。　　　(3)　①　側方倒立回転
②　練習の場…

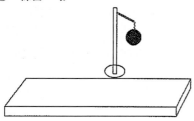

練習の留意点…腰を伸ばして足を高く上げ，回転できるよう，足が通
過する高さにボール等を取りつける。

解説　(1)　なお，第1～2学年における発展技は「倒立」であり，これは
第3学年の基本技になっている。このように第1～2学年と第3学年で基
本技・発展技が異なる場合があるので注意すること。　　(2)　①　補助
者は横に立ち，振りあがってくる脚を早くもつように準備をして待つ。
脚を両手で挟むように持って，倒立になったとき，上に伸ばすように
引き上げる。　　②　頭はアゴを出すようにすると，体を伸ばしやすく
なる。視線は肩幅と正三角形になる地点を見るとようにするとよい。
練習方法として，マットに手マークと視線マークを付け，見る場所を
意識して練習するとよい。　　(3)　腰を高くあげ，膝を伸ばして回ると
いう感覚をつかむため，ゴムひもやボールなどをつかって，それらを
けるなどの練習が考えられる。

実践 問題演習　陸上競技

ポイント

　陸上競技は，「走る」「跳ぶ」「投げる」などの運動で構成され，記録に挑戦したり，相手と競争したりする楽しさや喜びを味わうことのできる運動である。

　中学校では，記録の向上や競争の楽しさや喜びを味わい，各種目特有の技能を身に付けることができるようにすることをねらいとして，第1学年及び第2学年は，「基本的な動きや効率のよい動きを身に付ける」ことなどを，第3学年は，「各種目特有の技能を身に付ける」ことなどを学習している。

　高等学校では，これまでの学習を踏まえて，記録の向上や競争及び自己や仲間の課題を解決するなどの多様な楽しさや喜びを味わい，「各種目特有の技能を身に付ける」ことなどができるようにすることが求められる。

　したがって，記録の向上や競争の楽しさや喜びを深く味わい，体力の高め方や運動観察の方法などを理解するとともに，各種目特有の技能を身に付けることができるようにする。その際，動きなどの自己や仲間の課題を発見し，合理的な解決に向けて運動の取り組み方を工夫するとともに，自己の考えたことを他者に伝えることができるようにする。また，陸上競技の学習に自主的に取り組み，ルールやマナーを大切にすることや一人一人の違いに応じた課題や挑戦を大切にすることなどに意欲をもち，健康や安全を確保することができるようにする。

　なお，高等学校では，中学校第3学年との接続を踏まえ，入学年次においては，これまでの学習の定着を確実に図ることが求められることから，入学年次とその次の年次以降に分けて，学習のねらいを段階的に示している。

実践問題演習

【1】 次の(A)〜(E)の文章は，「日本陸上競技連盟競技規則(2022年4月修改正) 競技規則・第2部　トラック競技，競技規則・第3部　フィールド競技」について記載内容をまとめたものである。正しいものの組合せを以下の①〜⑤の中から一つ選べ。

(A)　スタート

400mまでのレース(4×200mリレー，メドレーリレー，4×400mリレーの第1走者を含む)において，クラウチング・スタートとスターティング・ブロックの使用は必須である。位置についた時，競技者はスタートラインおよびその前方のグラウンドに手や足を触れてはならない。

(以下略)

(B)　フィニッシュ

競技者の順位は，その胴体(頭，首を含む)のいずれかの部分がフィニッシュラインのスタートラインに近い端の垂直面に到達したことで決める。

(C)　ハードル競走

手や体，振り上げ脚の前側で，いずれかのハードルを倒すか移動させたときは，競技者は失格となる。

(D)　走高跳

助走して跳躍せずにバーまたは支柱の垂直部分に接触した時は，その試技は無効試技とする。

(E)　走幅跳

助走の途中，助走路を示す白線の外側にはみ出た場合は，その試技は無効試技とする。

---

①　(A), (C), (D)　　②　(A), (B), (E)　　③　(B), (C), (D)

④　(B), (C), (E)　　⑤　(A), (D), (E)

【2】陸上競技のルールについて述べた次の(1)～(5)について，正しいものには○を，間違っているものには×を書け。

(1) リレーの競技者はバトンをしっかり受け取る目的で手袋をはめることができる。

(2) 走り幅跳びは，空中で一回転するような回転式跳躍は禁止されている。

(3) 走り高跳びは，必ずしも片足で踏み切る必要はない。

(4) 投てき競技において，その距離は，cm未満の端数を切り捨てた1cm単位で記録しなければならない。

(5) ハードル競技で競走中にバランスを崩したために他のレーンのハードルを跳び，再び自分のレーンに戻れば失格とはならない。

【3】陸上競技について，次の各問いに答えよ。

(1) 次の文中の(①)～(⑥)にあてはまる語句を書け。

走り幅跳びでは，(①)のスピードとリズミカルな動きを生かして力強く踏み切り，より遠くへ跳んだり，競争したりできるようにする。また，かがみ跳びやそり跳びなどの(②)動作からの流れの中で，脚を前に投げ出す(③)動作をとることが重要である。ハードル走では，ハードルを(④)素早く越えながら(⑤)をリズミカルにスピードを維持して走り，タイムを短縮したり，競走したりできるようにする。走り高跳びでは，はさみ跳びや(⑥)跳びなどの跳び方で，より高いバーを越えたり，競争したりできるようにする。

(2) 次の①～⑥は，各種目の公式ルールについて述べたものである。正しいものには○，間違っているものには×を書け。

① 800m走におけるスタートは，クラウチングスタート及びスタンディングスタートのどちらでもよい。

② 短距離走(混成競技を除く)のスタートにおいて，2回目にフライング(不正出発)をした競技者は，1回目と同じ競技者であるかどうかにかかわらず失格になる。

③　走り高跳びで，跳躍後，風でバーが落下した場合も無効試技となる。

④　リレー競技において，バトンパスは，20mのテークオーバーゾーンの中でバトンの受け渡しを完了しなければならない。次走者はテークオーバーゾーンの手前10m以内であればどこからスタートしてもよい。

⑤　ハードル走において，故意でなければ何台ハードルを倒しても失格にはならない。

⑥　走り幅跳びにおいては，踏切足のつま先から着地したかかとまでの最短距離を計測する。

【4】陸上競技において，「失格」または「無効」の判定として適切でないものを，次の①～⑤から1つ選べ。

①　トラック競技において，出発合図の前にスタート動作を始める。

②　リレー競技において，出発合図の前に第一走者のバトンがスタートラインやその前方の地面に触れる。

③　砲丸投げの投てき動作中に，砲丸を落とした。

④　ハードル走において，足または脚がハードルの外側にはみ出て通った。

⑤　三段跳びの跳躍中に振り出し足が地面に触れた。

【5】走り幅跳び，走り高跳びについて，次の各問いに答えよ。

1　次の図の矢印は，走り幅跳びにおいて，計測距離を示したものである。正しく計測をしているものを(ア)～(エ)から一つ選び記号で答えよ。●●● は踏み切り位置及び着地位置を示している。

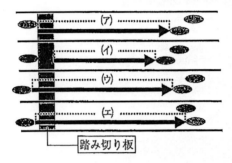

2　次の写真は，走り高跳びの跳び方を示したものである。名称を書け。

【6】 陸上競技の走り高跳びについて，**(1)**，**(2)**の各問いに答えなさい。

(1)　次の図a～cは，助走(破線部)を示している。背面跳びに適した助走を選びa～cの記号で答えなさい。

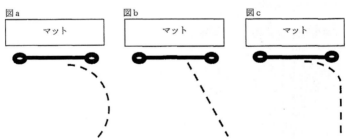

(2)　次の表は，競技結果を示している。2022年度日本陸上競技連盟競技規則に準じて，競技者A～Eの順位を数字で答えなさい。なお，無効試技の欄は，回答する際の参考として使用しても構わない。

競技者	1m85	1m90	1m95	2m00	2m03	2m06	2m09	無効試技	順位
A	○	×○	－	×○	×××				
B		×○	○	××○	×－	××			
C	○	○	×○	××○	○	××○	×r		
D			××○	××○	×××				
E		○	×－	××○	×××				

○：成功　×：失敗　－：パス　r：試技放棄

【7】 陸上競技のリレーについて，次の(1)，(2)に答えよ。

(1) 競技中に，前走者が次走者にバトンの受け渡しを行う前に，テイクオーバーゾーン内でバトンを落とし，レーン外にバトンが転がった場合，適用されると考えられるルールについて，次の①～③の語を用いてそれぞれ書け。

① バトン，継続

② レーン，距離

③ 妨害

(2) 「利得距離」とは何か，書け。また，授業において，生徒が「利得距離」を伸ばすための練習方法を1つ書け。

【8】 陸上競技の4×100mリレーに関する記述として，「陸上競技ルールブック2022年度版」(公益財団法人日本陸上競技連盟　2022年4月)に照らして適切なものは，次の1～4のうちのどれか。

1 第一走者がクラウチングスタートで位置についたとき，競技者は，出発の合図が鳴るまでは，スタートライン及び前方のグラウンドに手や足を触れたりバトンを触れさせたりしてはならない。

2 全走者間のテイク・オーバー・ゾーンは20mとする。テイク・オーバー・ゾーンを示すライン上はテイク・オーバー・ゾーン外のため，バトンを受け取る競技者はラインを含まないゾーン内であれば，どこから走り出してもよい。

3 バトンの受け渡しは，受け取る競技者にバトンが触れた時点に始まり，受け取る競技者の手の中に完全に渡り，唯一の保持者となった瞬間に成立することから，渡し手と受け手の両者の身体の位置がテイク・オーバー・ゾーンの中でなければならない。

4 バトンパスが完了し，受け手が唯一の保持者となった後にバトンを落としたら，受け手が拾わなくてはならない。この場合，競技者は距離が短くならないことを条件にバトンを拾うために自分のレーンから離れてもよい。

【9】陸上競技のハードル競走について，次の問いに答えなさい。

日本陸上競技連盟競技規則(2022年4月修改正)において，ハードル競走は「競技者はスタートからフィニッシュまで自分に決められたレーンのハードルを越え，そのレーンを走らなくてはならない」とされています。競技者は，これに違反した場合，失格となります。他にも，競技者は次のことをすると失格となります。文中の(①)～(⑤)に適する語句を答えなさい。

○ ハードルを越える瞬間に，(①)がハードルをはみ出て(どちら側でも)バーの高さより(②)位置を通ったとき。
○ 手や体，(③)の前側で，いずれかのハードルを倒すか(④)させたとき。
○ 直接間接を問わず，レース中に自分のレーンまたは他のレーンのハードルを倒したり(④)させたりして，他の競技者に影響を与えたり(⑤)したり，他の規則に違反する行為をしたとき。

【10】次の文章は，学習指導要領解説における陸上競技について述べたものである。文中の[a]，[b]にあてはまる語句の組み合わせとして最も適当なものを，それぞれ次の①から④までの中から一つ選び，記号で答えよ。

(1) 中学校学習指導要領(平成29年告示)解説　保健体育編(平成29年7月)「第2章　保健体育科の目標及び内容　第2節　各分野の目標及び内容　〔体育分野〕　2　内容」の「C　陸上競技　[第3学年] (1) 知識及び技能　○　知識」では，次のように示されている。

> 　技術の名称や行い方では，陸上競技の各種目で用いられる技術の名称があり，それぞれの技術には，[a]につながる重要な動きのポイントがあることを理解できるようにする。例えば，走り幅跳びには「かがみ跳び」，「そり跳び」など，走り高跳びには，「はさみ跳び」，「[b]」などの跳び方があり，それぞれの跳び方で留意すべき特有の動きのポイントがあることを理解できるようにする。
>
> ア　記録の向上　　イ　怪我の防止　　ウ　背面跳び
> エ　ベリーロール

① a－ア　b－ウ　　② a－ア　b－エ
③ a－イ　b－ウ　　④ a－イ　b－エ

(2) 高等学校学習指導要領(平成30年告示)解説　保健体育編　体育編(平成30年7月)「第1部　保健体育編　第2章　保健体育科の目標及び内容　第2節　各科目の目標及び内容　「体育」　3　内容」の「C　陸上競技　[入学年次] (1) 知識及び技能　○　知識」では，次のように示されている。

> 　体力の高め方では，陸上競技のパフォーマンスは，体力要素の中でも，短距離走や跳躍種目などでは主として[a]や瞬発力に，長距離走では主として全身持久力などに強く影響される。そのため，[b]と関連させた補助運動や部分練習を取り入れ，繰り返したり，継続して行ったりすることで，結果として体力を高めることができることを理解できるようにする。
>
> ア　柔軟性　　イ　敏捷性　　ウ　技術　　エ　種目

① a－ア　b－ウ　　② a－ア　b－エ
③ a－イ　b－ウ　　④ a－イ　b－エ

【11】次の文は,「中学校学習指導要領解説　保健体育編(平成29年7月)」の「陸上競技」の「第1・2学年」の「知識・技能」の一部を抜粋したものである。文中の各空欄に適する語句を答えよ。ただし,同じ問いの空欄には,同じ解答が入るものとする。

> 　長距離走では,自己の(①)を維持できるフォームで(②)を守りながら,一定の距離を走り通し,タイムを短縮したり,競走したりできるようにする。
> 　指導に際しては,「体つくり運動」領域に,「動きを維持する能力を高めるための運動」として長く走り続けることを主眼におく(③)があるが,ここでは,長距離走の特性を捉え,取り扱うようにする。
> 　また,走る距離は,1,000～(④)m程度を目安とするが,生徒の体力や技能の程度や気候等に応じて(⑤)に扱うようにする。
> 　＜例示＞
> ・腕に余分な力を入れないで,リラックスして走ること。
> ・自己にあったピッチと(⑥)で,上下動の少ない動きで走ること。
> ・(②)を一定にして走ること。

■■■ 解答・解説 ■■■

【1】①

解説 (B)「胴体(頭,首を含む)」が誤りで,「胴体(トルソー:頭,首,腕,脚,手,足を含まない部分)」が正しい。トラック競技のフィニッシュは,胴体がフィニッシュラインに到達したかで順位が決められる。胴体とは頭,首,腕,脚,手,足を除いた部分のトルソーのことをさす。　(E)「無効試技とする」が誤りで,「無効試技とはならない」が

338

正しい。走幅跳の助走において，宙返りのようなフォームを使った場合は，無効試技となる。

【2】(1) ×　　(2) ○　　(3) ×　　(4) ○　　(5) ×

解説 (1)　バトンは競走中，素手で持ち運ばなければならない。競技者は，バトンをしっかり受け取る目的で手袋をはめたり，手に何かを塗ったりすることはできない。　(3)　競技者は片足で踏み切らなければならない。　(5)　ハードル競走はレーンを走る。レーンから出た時点で失格となる。

【3】(1) ① 助走　　② 空間　　③ 着地　　④ 低く　　⑤ インターバル　　⑥ 背面　(2) ① ×　　② ×　　③ ×　　④ ○　　⑤ ○　　⑥ ×

解説 (2)　①　400mまでの短距離走とリレーでは，スターティングブロックを用いた「クラウチングスタート」で行うが，それ以外の種目は「スタンディングスタート」で行う。　②　2010年にルールが改正され，1回目のフライングで失格となる。　③　走り高跳びで，跳躍後にバーが風で落ちたときは有効であるが，跳躍の途中で落ちたときはやり直しになる。　⑥　走り幅跳びで跳躍距離は，踏み切り線とその延長線上から，足またはからだのいずれかの部分が砂場に触れた印跡までの最短距離を計測する。

【4】②

解説 リレー競技のスタートは第一走者がクラウチングスタートで行うが，このとき手や足をスタート線あるいはその前方に触れてはいけない。ただし，バトンは前方の地面につけてもよい。

【5】1 (イ)　　2 ベリーロール

解説 1　走り幅跳びの計測は，砂場に残った跡のうち，踏み切り線にもっとも近い所から踏み切り線に対して直角に計測する。なお，踏み

切り線とは，踏み切り板の砂場側の線である。　2　ベリーロールは，バーに近い方の足で踏み切り，バーの上で腹ばいになるように回転しながら跳び越える跳び方である。走り高跳び，走り幅跳びの跳び方の種類は確認しておくこと。

【6】(1) c　(2) A 2　B 3　C 1　D 5　E 3

解説 (1)　背面跳びは，3〜6歩直線を走ってから4〜5歩曲線を走る「J字助走」からの踏み切りが一般的である。助走で曲線を走ることによってバーに背を向ける姿勢をつくりやすくなり，身体が内傾して重心が下げられることで踏み切り動作がしやすくなる。　(2)　走り高跳びの順位の決め方は，①同記録になった高さでの試技数が少ない方を上位とする。②同記録になった高さの一つ前の高さまでの無効試技数(×の数)が少ない方を上位とする。③それでも決まらない場合は，1位以外の同成績の競技者は同順位とする。1位が同成績の場合は追加試技による1位決定戦を行う。

【7】(1)　①　前走者がバトンを拾って継続する。　②　距離が短縮されなければ自分のレーンから離れることが認められる。　③　他のチームの走者を妨害したときは失格となる。　(2)　利得距離…バトンパスによって得られる距離　練習方法…テイクオーバーゾーンの手前に次走者のスタート用のマークを設置し，マークの位置を調整しながら，スタートのタイミングがとれるように繰り返し練習する。

解説 (1)　2018年度日本陸上競技連盟競技規則(ルール)第170条3では，テイクオーバーゾーン長さについて改訂がなされた。4×100mリレーと4×200mリレーの全走者間，およびメドレーリレーの第1走者と第2走者間，第2走者と第3走者間のテイクオーバーゾーンは30mとし，ゾーンの入口から20mが基準線となる。　(2)　次走者にスズランテープを付けさせ，それをテイクオーバーゾーン内で前走者がつかめるようにする活動も考えられる。

【8】4

解 説 1は，リレーの第一走者がクラウチングスタートで位置についた
とき，両手はスタートラインに接してはいけないが，バトンの先はラ
インを越えて地面に接地してもよい。2は，テイク・オーバー・ゾーン
は30mである。バトンパスにおいて次走者はテイク・オーバー・ゾ
ーンの外から走り出してはならない。3は，バトンの受け渡しは，受
け取る競技者にバトンが触れた時点に始まり，受け取る競技者の手の
中に完全に渡り，唯一のバトン保持者となった瞬間に成立する。それ
はテイク・オーバー・ゾーン内でのバトンの位置のみが決定的なもの
であり，競技者の身体の位置ではない。

【9】① 足(脚)　② 低い　③ 振り上げ脚　④ 移動
　　⑤ 妨害

解 説 2つめの規定のように倒してしまった場合は失格になるが，「この
場合を除いて，ハードルを倒しても失格にしてはならない。また記録
も認められる。」とされている。ハードル走の男子の110mと女子の
100mは、コースに10台のハードルが並べられ，インターバルは男子は
9.14m，女子は8.5mである。ハードルの高さは，男子一般は106.7cm，
中学生は91.4cm，女子一般は84cm，中学生は76.2cmである。

【10】(1)　①　(2)　③

解 説 (1)　同項目について，第1学年及び第2学年では「技術の名称や行
い方では，陸上競技の各種目において用いられる技術の名称があり，
それぞれの技術で動きのポイントがあることを理解できるようにす
る。例えば，競走に用いられるスタート法には，クラウチングスター
トとスタンディングスタートがあり，速くスタートするための技術と
して，前者は短距離走やハードル走などで，後者は長距離走で用いら
れており，それぞれに速く走るための腕や脚などの効果的な動かし方
があることを理解できるようにする。」と示されている。学年を追っ
て指導の系統性を意識し，整理して理解しておきたい。　(2)　入学年

次の次の年次以降では同項目について「体力の高め方では，陸上競技のパフォーマンスは体力要素の中でも，短距離走では主として瞬発力などに，長距離走では主として全身持久力などに強く影響される。そのため，それぞれの種目に必要な体力を技能に関連させながら高めることが重要であることを理解できるようにする。」と示されている。重要なので確認し覚えておきたい。陸上競技の知識について，技術の名称や行い方，体力の高め方，課題解決の方法，競技会の仕方などについてそれぞれ確認しておくこと。

【11】 ① スピード ② ペース ③ 持久走 ④ 3,000
⑤ 弾力的 ⑥ ストライド

解説 ①，② 長距離走において，スピードの維持とペース配分は重要な技能である。 ③ 長距離走と持久走は，同じような意味で用いられることが多いが，一定の距離を走り，タイムや順位を競う「長距離走」と，一定の時間を走り続ける「持久走」の違いを理解しておきたい。 ④，⑤ 走る距離は，1,000～3,000m程度が目安であるが，状況に応じて距離を調整したり，休憩や水分をとるなどして，安全面に十分に気をつけて実施する必要がある。 ⑥ ピッチとは，一歩を繰り返す速さのことである。ストライドとは，1歩の歩幅のことである。比較的ピッチの速い走りをピッチ走法，比較的ストライドの大きい走りをストライド走法と呼ぶ。

●書籍内容の訂正等について

　弊社では教員採用試験対策シリーズ（参考書，過去問，全国まるごと過去問題集），公務員試験対策シリーズ，公立幼稚園・保育士試験対策シリーズ，会社別就職試験対策シリーズについて，正誤表をホームページ（https://www.kyodo-s.jp）に掲載いたします。内容に訂正等，疑問点がございましたら，まずホームページをご確認ください。もし，正誤表に掲載されていない訂正等，疑問点がございましたら，下記項目をご記入の上，以下の送付先までお送りいただくようお願いいたします。

---

① **書籍名，都道府県（学校）名，年度**
　（例：教員採用試験過去問シリーズ　小学校教諭 過去問　2025 年度版）
② **ページ数**（書籍に記載されているページ数をご記入ください。）
③ **訂正等，疑問点**（内容は具体的にご記入ください。）
　（例：問題文では"ア〜オの中から選べ"とあるが，選択肢はエまでしかない）

〔ご注意〕

○ 電話での質問や相談等につきましては，受付けておりません。ご注意ください。

○ 正誤表の更新は適宜行います。

○ いただいた疑問点につきましては，当社編集制作部で検討の上，正誤表への反映を決定させていただきます（個別回答は，原則行いませんのであしからずご了承ください）。

●情報提供のお願い

　協同教育研究会では，これから教員採用試験を受験される方々に，より正確な問題を，より多くご提供できるよう情報の収集を行っております。つきましては，教員採用試験に関する次の項目の情報を，以下の送付先までお送りいただけますと幸いでございます。お送りいただきました方には謝礼を差し上げます。

（情報量があまりに少ない場合は，謝礼をご用意できかねる場合があります）。

◆あなたの受験された面接試験，論作文試験の実施方法や質問内容

◆教員採用試験の受験体験記

- -

送付先	○電子メール：edit@kyodo-s.jp
	○FAX：03-3233-1233（協同出版株式会社　編集制作部 行）
	○郵送：〒101-0054　東京都千代田区神田錦町2-5
	協同出版株式会社　編集制作部 行
	○HP：https://kyodo-s.jp/provision（右記のQRコードからもアクセスできます）

※謝礼をお送りする関係から，いずれの方法でお送りいただく際にも，「お名前」「ご住所」は，必ず明記いただきますよう，よろしくお願い申し上げます。

教員採用試験「過去問」シリーズ

富山県の
保健体育科 過去問

編　集	ⓒ 協同教育研究会
発　行	令和6年3月10日
発行者	小貫　輝雄
発行所	協同出版株式会社
	〒101-0054　東京都千代田区神田錦町2‐5
	電話　03－3295－1341
	振替　東京00190－4－94061
印刷所	協同出版・POD工場

落丁・乱丁はお取り替えいたします。